Jürgen Schmieder
Du sollst nicht lügen!

Jürgen Schmieder

Du sollst nicht lügen!

Von einem, der auszog, ehrlich zu sein

C. Bertelsmann

FSC
Mix
Produktgruppe aus vorbildlich
bewirtschafteten Wäldern und
anderen kontrollierten Herkünften
Zert.-Nr. SGS-COC-001940
www.fsc.org
© 1996 Forest Stewardship Council

Verlagsgruppe Random House FSC-DEU-0100
Das FSC-zertifizierte Papier *Munken Premium* für dieses Buch
liefert Arctic Paper Munkedals AB, Schweden.

4. Auflage
© 2010 by C. Bertelsmann Verlag, München,
in der Verlagsgruppe Random House GmbH
Umschlaggestaltung: R·M·E Roland Eschlbeck
und Rosemarie Kreuzer
Satz: Uhl+Massopust, Aalen
Druck und Bindung: GGP Media GmbH, Pößneck
Printed in Germany
ISBN 978-3-570-10044-8

www.cbertelsmann.de

Für Hanni und Finn

Inhalt

Kapitel 1
Tag 1 – Das erste Mal ehrlich sein 9

Kapitel 2
**Immer noch Tag 1 – Was ist eigentlich
ehrlich sein?** 26

Kapitel 3
Tag 3 – Ehrlich sein tut weh 45

Kapitel 4
Tag 5 – Sei ehrlich ehrlich 61

Kapitel 5
Tag 8 – Ehrlich sein ist teuer 71

Kapitel 6
Tag 9 – Mit Ehrlichkeit umgehen 86

Kapitel 7
Tag 12 – Ehrliche Verzweiflung 101

Kapitel 8
Tag 14 – Ehrlich sein macht einsam 125

Kapitel 9
Tag 17 – Ehrlichkeit ist uncool 138

Kapitel 10
Tag 19 – Ehrlichkeit ist eine Kunst 150

Kapitel 11
Tag 21 – Ehrlichkeit im Buch der Bücher 158

Kapitel 12
Tag 24 – Ehrlichkeit macht frei 174

Kapitel 13
Tag 25 – Ehrlich sein beim Zocken 182

Kapitel 14
Tag 28 – Ehrlich in den Ausschnitt starren 200

Kapitel 15
Tag 29 – Der ehrlichste Mensch der Welt 214

Kapitel 16
Tag 30 – »Werd' kein Arschloch« 222

Kapitel 17
Tag 32 – Wahrheit und Arbeit 235

Kapitel 18
Tag 33 – »Doch, es war ernst gemeint!« 251

Kapitel 19
Tag 35 – Ehrlichkeit ist nicht perfekt 271

Kapitel 20
Tag 38 – Wahrheit bei Liebe und Sex 282

Kapitel 21
Tag 39 – Ehrlichkeit sich selbst gegenüber 305

Kapitel 22
Nach 40 Tagen – Ehrlichkeit und Lüge 326

Kapitel 1

Tag 1 – Das erste Mal ehrlich sein

Soll ich sie eine *beschissene Schlampe* nennen? Oder eine *verdammte Schnepfe*? Oder reicht *blöde Kuh*?
Ich weiß es nicht.
Es ist mein erstes Mal – und ich will beim ersten Mal keinen Fehler machen. Niemand will beim ersten Mal einen Fehler machen, obwohl jedes erste Mal im Nachhinein betrachtet eines der unwichtigsten Ereignisse im Leben eines Menschen ist, aber das weiß man ja vorher nicht, weshalb ein erstes Mal mindestens so geplant sein muss wie der Start einer Rakete oder das Weihnachtsessen bei meinen Eltern.

Sie müssen überlegt sein, diese Worte, die ich gleich aussprechen werde, sie müssen ins Schwarze treffen, einen Fehlschuss darf ich mir nicht erlauben – und diese drei erwähnten Beleidigungen kommen mir als Erstes in den Sinn. Meine Kinderstube taugt zwar nicht als Vorbild für ein Kinderbenimmbuch, verbietet mir aber dennoch den übermäßigen Gebrauch von Schimpfwörtern und Beleidigungen. Meine Eltern haben mir in den wenigen Momenten, in denen ich ihnen erlaubt habe, mich tatsächlich zu erziehen, beigebracht, von den etwa 300 Schimpfwörtern, die mir täglich durch den Kopf gehen, höchstens 15 auszusprechen, und davon höchstens fünf für andere Menschen hörbar.

Meine Erziehung ist mir jetzt allerdings egal, denn es geht um höhere Ziele.

Es ist Aschermittwoch. In der Empfangshalle des Münchner Bahnhofs riecht es nach verschüttetem Alkohol, halb und rückwärts verdauten Cheeseburgern. Der Boden ist klebrig, jeder Schritt hört sich an, als würde man einen Klettverschluss öffnen. Ich muss daran denken, wann der Boden wohl das letzte Mal gewischt wurde und wie viele Keime bei jedem Schritt am Schuh kleben bleiben und so in meine Wohnung gelangen und dort eine lustige Kommune starten, weil ich zu faul bin, die Zimmer zu putzen. Überall liegen Luftschlangen und Bierflaschen und Cheeseburger-Papier. Hin und wieder rülpst einer. Ich frage mich immer, warum Menschen in Großstädten einfach alles auf den Boden werfen. Sie schnippen Zigaretten auf die Straße, sie lassen benutzte Papiertüten einfach fallen, und aus ihren CO_2-reduzierten Autos werfen sie so ziemlich alles, was durch das halb geöffnete Fenster passt – was ziemlich viel sein kann, wenn man gut genug knüllen kann. Vielleicht glauben die Menschen in Metropolen, dass es schon irgendjemand wegräumen wird, wenn schon so viele Leute da sind. Da, wo ich herkomme, in einem kleinen Städtchen zwei Stunden nördlich von München, liegt jedenfalls nicht so viel Müll auf der Straße. Vielleicht haben die Menschen dort nicht so viele Sachen zum Auf-die-Straße-Werfen, oder es gibt einen anderen Grund dafür.

Ich bin an diesem Morgen in der U-Bahn neun verkleideten Personen begegnet, von denen mindestens sieben stolz auf einen Fahr- und Gehuntüchtigkeit bewirkenden Promillegehalt sein konnten. Drei hielten sich aneinander fest und veranstalteten ein menschliches Extrem-Jenga. Bei jedem Halt stieß es einen der drei auf, als würde man einem Säugling auf den Rücken klopfen. Die anderen beiden fanden das lustig und applaudierten. Zwei der Betrunkenen knutschten wild miteinander. Ich habe grundsätzlich nichts gegen betrunkene Menschen, die sich einander festhalten und miteinander knutschen, aber an diesem Morgen muss ich meinem Gehirn doch 30 Sekunden Zeit geben, um wieder mit den Augen auf einer Wellenlänge zu sein. Ich meine, auf so etwas ist der verheiratete Endzwanziger nicht vorbereitet an einem Aschermittwoch.

Nun stehe ich in der Schlange vor dem Ticketschalter, für dessen Dienste die Deutsche Bahn tatsächlich einmal 2,50 Euro Schalter-Service-Gebühr verlangen wollte, um die Kunden dazu zu zwingen, beim Fahrkartenkauf lieber mit einer Maschine als mit einem anderen Menschen zu kommunizieren – und dann sämtliche Schalterangestellte entlassen zu können, weil so ein Automat natürlich weniger kostet als ein Mensch. Meiner Meinung nach diente diese Aktion eher dazu, Kulturpessimisten und jenen, die behaupten, dass früher sogar die Zukunft besser war, weitere Argumente für ihre Haltung zu liefern. Erst als die Bürger heftig protestierten und Angela Merkel höchstselbst beim damaligen Bahnchef Hartmut Mehdorn anrief, nahm die Bahn den unsinnigsten Aufpreis seit dem Topzuschlag für ein Spiel gegen Schalke 04 zurück.

Ich stehe in der Schlange, weil zwei Automaten defekt sind und an den anderen noch mehr Menschen anstehen als an den Schaltern – außerdem tippen die noch verwirrt auf dem Touchscreen herum, weil die Bahn zur Umsatzsteigerung durch die geplante Schalter-Service-Gebühr die Automaten bedienerunfreundlich programmiert hat. Und natürlich tue ich das auch deshalb, um die erwähnten Pessimisten, die jeden Computer und das Internet als Vorstufe zur Hölle betrachten, in ihrer Auffassung zu bestätigen.

Ich bin im Hauptbahnhof, weil mich mein Arbeitgeber nach Stuttgart schickt und bei Reisen auf öffentliche Verkehrsmittel setzt, was weniger mit Umweltschutz zu tun hat als vielmehr mit den Einsparmöglichkeiten durch das Bahn-Dauer-Spezial. Die Angestellten bekommen keine Bahncard, weil eine Bahncard ja zum Reisen animiert – und eigentlich soll ja nur im Notfall gereist werden. Also bin ich gezwungen, bereits um diese Uhrzeit am Bahnhof zu stehen, auch wenn ich nicht vor 18 Uhr in Stuttgart sein müsste. Ich möchte das Dauer-Spezial für 19 oder 29 Euro. Ohne Bahncard.

Es ist sechs Uhr morgens, was meine physischen und psychischen Fähigkeiten deutlich einschränkt, weil ich zum Leistungssternzeichen Hamster gehöre und meine besten und hellsten Momente nachts habe. Ich stehe am Anfang der Schlange und verlange das Dauer-Spezial nach Stuttgart. »Warten Sie einen Moment«, sagt die Frau am Schalter. Ich warte einen Moment. Sie hämmert auf die Tastatur ein, wie sonst nur das Bodenpersonal der Lufthansa auf Tastaturen einhämmert. Ich denke kurz daran, wie rasch eine Umschulung von Bahn auf Bodenpersonal möglich wäre, da antwortet sie: »Dauer-Spezial ist ausgebucht.« Ich kann nicht behaupten, dass ich sauer wäre. Vielmehr bin ich ernüchtert – als würde einem jemand erzählen, dass es auf der Geburtstagsparty regnen würde.

»Was kann ich sonst machen?« – »Warten Sie einen Moment.« Ich warte einen Moment. Sie hämmert auf die Tastatur ein. Ich bewundere kurz ihre Turmfrisur, bei der die Haare dreimal um den Kopf geschlungen und schließlich mit einer goldenen, tellergroßen Schmetterlingsspange festgezurrt sind. Ich bewundere die Frisur, weil ich mir zum einen kaum erklären kann, wie man einem Friseur beschreibt, was man gerne haben möchte. Wahrscheinlich hat sie einfach eine Zeitschrift aus den 50er-Jahren aufgehoben und auf die Titelseite gedeutet. Zudem bewundere ich den Ehrgeiz und die Ausdauer, jeden Morgen im Bad eine Stunde lang die Haare um den Kopf zu wickeln. Kurz: Diese Frau ist mir sympathisch, auch wenn sie mir kein Dauer-Spezial geben möchte.

»Ich habe etwas für Sie gefunden: Erst Bayern-Ticket, dann mit dem Regionalexpress nach Stuttgart. Kostet auch nur 41 Euro, die Fahrt dauert viereinhalb Stunden.«

Ich sehe sie an, wie ein Mann seinen Fernseher ansieht, wenn er statt des Pokalendspiels nur das Testbild geboten bekommt.

Mein geistiges Auge sieht gerade, wie sich in diesem Moment die Marketing-Strategen bei der Bahn gegenseitig auf die Schulter klopfen für die wahnsinnig tolle Kampagne, mit der sie die Menschen glauben machen, die Bahn würde einen für 29 Euro innerhalb von sechs Stunden von München nach Hamburg fahren – und weil die Menschen so blöd sind, es zu glauben, und morgens um sechs am Bahnhof stehen und so auch noch die Züge des Regionalverkehrs füllen.

Ich bin immer noch nicht sauer, aber doch gereizt – als würde einem jemand erzählen, dass es auf der Geburtstagsparty regnen würde und die Brauerei vergessen hat, Bier zu liefern.

Ich will gerade nach weiteren Möglichkeiten fragen und stelle mich schon darauf ein, noch einen weiteren Moment zu warten und dem Tastaturhämmern zuzusehen, da drängt sich ein junger Mann nach vorne. Die Menschen hinter mir haben ihn vorgelassen, ich als Erster der Reihe notgedrungen auch, obwohl ich grundsätzlich nicht zu den Vorlassern gehöre. Atemlos steht er vor dieser Panzerglasscheibe – als ob jemals jemand einen Raubüberfall auf einen Fahrkartenschalter verüben würde –, sein Erasmus-Aufkleber hängt ein wenig unmotiviert von seinem Rucksack. Er stinkt deutlich weniger nach Bier als die Bayern-Fans hinter mir und verlangt sein Ticket. Er fügt noch etwas hinzu, von dem ich aufgrund seiner Atemlosigkeit nur die Worte »Paris«, »bitte schnell« und »in fünf Minuten weg« verstanden habe.

Ich interpretiere das so, dass der Arme sich möglichst schnell eine Fahrkarte holen will, weil sein Zug nach Paris fünf Minuten später abfährt. Die Frau mit der Turmfrisur sieht ihn an: »Das ist nicht mein Problem, ich will den laufenden Vorgang jetzt nicht abbrechen. Dann verpassen Sie den Zug eben. Es fährt später bestimmt noch einer.«

Sie sieht ihn an, wie man jemanden ansieht, wenn sich kugelsicheres Glas dazwischen befindet. »Gehen Sie halt an einen Automaten, aber da stehen wohl auch Leute davor«, sagt sie und schüttelt sich ein bisschen, als würde ihr die Aussage Gänsehaut machen. Ich muss an Abraham Lincoln denken, der einmal sagte: »Jeder Mensch kann Trübsal aushalten. Wenn du seinen Charakter testen willst, dann gib ihm ein bisschen Macht.« Der Charakter dieser Frau würde wohl nur von einem GEZ-Mitarbeiter oder einem Kampfrichter beim 50-Kilometer-Gehen unterboten. Für diese Berufe muss man einfach mit einer gesunden Portion Sadismus ausgestattet sein.

Nun regnet es nicht nur auf der Geburtstagsparty, und es gibt kein Bier, sondern nun haben auch noch die meisten der Gäste abgesagt. So fühle ich mich.

Mein Herz pocht so, als wären keine schützenden Rippen vor der Haut. Nun bin ich richtig sauer. Erst bekomme ich kein Dauer-Spezial, dann wird mir eine Viereinhalbstundenfahrt vorgeschlagen – und jetzt wird der arme Mann noch daran gehindert, nach Paris zu fahren.

Normalerweise würde ich sie nun anlächeln, meine Fahrkarte bestellen und dann schweigend bezahlen. Ich würde mich kurz darüber ärgern, dass ich zu feige bin, etwas zu sagen. Die vier Schimpfwörter, die mir in den Kopf steigen, würden im Gehirn bleiben oder höchstens in den Magen abrutschen, um dort ein kleines Geschwür zu züchten. Dann würde ich herzhaft gähnen und die Angelegenheit bei einem Cheeseburger vergessen.

Aber nicht heute.

Heute will ich radikal ehrlich und absolut aufrichtig sein, zum ersten Mal in meinem Leben. Ich nehme meinen Mut zusammen und sage, was aus meinem Gedankenschatz ungebremst über die Lungenflügel in den Mund rauscht.

Ich sage erst einmal: »Entschuldigen Sie bitte?«

Ich muss mir eingestehen, dass die Beleidigungen weit weniger drastisch wären, wenn sie ein Nachwuchsmodel wäre, auch wenn ich ihre Turmfrisur zunächst klasse fand. Innerhalb von fünf Minuten und drei frechen Aussagen hat sie sich in meinem Weltbild von einer sympathischen Mittvierzigerin zu einer blöden Schlampe gewandelt. Ich wundere mich kurz, wie die Bahn ihre Mitarbeiter bespitzeln kann, aber niemals etwas gegen deren Unfreundlichkeit unternimmt, die sie doch auf jedem einzelnen Videoband sehen muss.

Dann muss ich das eben übernehmen, wenn es sonst keiner tut.

»Du blöde Schnepfe! Was glaubst du eigentlich, wer du bist? Und Sie wundern sich echt, dass jeder die Bahn hasst. Herrgott noch mal! Da wollen Sie zweifünfzig Bedienzuschlag, und dann hockt da eine dumme Schnepfe wie Sie und lässt den Mann seinen Zug verpassen. Verdammte Scheiße!« Zur Unterstützung meiner Aussage lasse ich meine Faust auf die Theke knallen, was weniger Effekt hat, als ich mir erhofft hatte.

Ich bin ein wenig von mir selbst schockiert wegen der Lautstärke und der Wortwahl, begeistere mich aber darüber, dass ich beim Übergang von Beleidigung zu Begründung auch das *Du* in ein *Sie* getauscht habe.

Es ist plötzlich still. Niemand tritt auf den Boden und macht Klettverschlussgeräusche. Niemand rülpst.

Die Frau sieht aus, als hätte man ihr erzählt, dass es gleich regnen würde, sie schüttelt sich: »Was soll ich jetzt machen?«

Ich bleibe hart: »Den Mann bedienen, weil das Ihr verdammter Job ist, Sie beschissene Kuh! Der verpasst seinen Zug, weil Sie nichts Besseres zu tun haben, als Ihre Arroganz an ihm auszulassen!« Die Faust lasse ich nun weg, ich stecke die Hand lieber in die Hosentasche. Sie zittert – und ich will nicht, dass sie das sieht.

Nun sieht sie aus, als würde es gleich regnen und sie dabei bemerken, dass sie das Dach ihres Cabrios offengelassen hat.

»Und ist es mein Job, mich *Arschloch* nennen zu lassen?«
»Ich habe nur *Schnepfe* und *blöde Kuh* oder so etwas gesagt. Ich weiß es nicht mehr genau, mir kamen so viele Schimpfwörter, und ich musste mich schnell entscheiden. Und das ist keine Beleidigung, sondern einfach nur ehrlich! Ich muss es wissen, weil ich keine Lügen mehr erzähle. Jetzt wissen Sie, was ich von Ihnen halte. Was wahrscheinlich alle in dieser Schlange von Ihnen halten. Beschissene Kuh! Jetzt kann ich gehen. Von Ihnen lasse ich mich nicht bedienen, da kämpfe ich lieber mit dem Automaten – und wenn das eine Stunde dauert. Der behandelt mich wenigstens mit Respekt. Auf Wiedersehen!« Ich verabschiede mich mit der international bekannten Geste eines wütenden Mannes – obwohl der mittlere nun wirklich nicht zu meinen Lieblingsfingern gehört – und frage mich, ob man modernen Automaten tatsächlich Respekt einprogrammieren könnte.

Nun sieht sie aus, als würde sie bei Regen in einem Cabrio mit offenem Dach sitzen.

Ich kann kaum atmen vor Aufregung. Meine linke Hand gebärdet sich wie kurz vor einem Epilepsieanfall, meine Gesichtsröte nähert sich derjenigen von Uli Hoeneß nach einer 1:5-Niederlage, meine Lunge fühlt sich an, als würde sie mit Stricknadeln malträtiert. So aufgeregt war ich nicht einmal, als sich meine Frau mir zum ersten Mal nackt zeigte – obwohl, war ich doch.

Ich habe es geschafft, ich war zum ersten Mal bewusst aufrichtig und ehrlich. Ich drehe mich um und sehe zwei Bayern-Fans im Komplett-Outfit. Sie haben ihre Münder so weit geöffnet, dass ein Hotdog hochkant hineinpassen würde. Der Mann dahinter, ein älterer Herr mit gezwirbeltem Schnurrbart und Schnupftabakresten an der Nase, sagt: »Jawohl. Das war sehr mutig, mein Junge! Bravo! Wird ja mal Zeit, dass denen jemand mal die Wahrheit sagt.« Er klopft mir auf die Schulter, als ich an ihm vorbeigehe.

Ich bin stolz. Ich fühle mich befreit. Endlich denke ich nicht: »Der müsste man mal die Meinung geigen.« Ich habe ihr gerade die Meinung gegeigt. Laut und deutlich. Es regnet auf der Party, es gibt kein Bier und es kommen auch keine Gäste – aber ich habe die Brauerei zusammengeschissen, den abwesenden Gästen erklärt, dass sie Idioten sind, und für Petrus hatte ich aufgrund seiner beschissenen Wetterwahl auch noch ein unfreundliches Gebet übrig. So fühle ich mich jetzt. Die Beleidigungen sind heraus und nicht in meinem Magen. Wenn es so läuft, wie ich mir das vorstelle, dann sind sie vom Ohr der Bahnmitarbeiterin in deren Magen gewandert und starten dort ein Geschwür und nicht bei mir.

Aber ich wäre vor Aufregung beinahe in Ohnmacht gefallen. Ich habe stärker gezittert als damals in der zehnten Klasse, als ich die unglaublich hübsche und aufregende Silke fragen musste, ob sie meine Partnerin beim Abschlussball sein möchte. Mir ist ein wenig schwindlig, als ich mich in der Bahnhofshalle umsehe.

Auf dem Boden vor mir liegt eine zerbrochene Bierflasche, die beim Aufprall mindestens halb voll gewesen sein muss. Zwanzig Meter entfernt steht vor der Bäckerei ein Mann und schiebt sich einen Hotdog in den Mund. Wäre er aus Marzipan, könnte er als menschliche Mozartkugel auftreten.

Ich könnte jetzt hinübergehen und ihm das sagen.

Aber ich traue mich nicht.

Einmal reicht erst mal, man soll es mit der Ehrlichkeit nicht übertreiben am Anfang.

Schon wieder rülpst einer, und ich frage mich, ob an diesem Tag im Münchner Hauptbahnhof die Weltmeisterschaft im Bäuerchen-Machen ausgetragen wird.

Zweihundertfünfzig Kilometer von mir entfernt steht

Horst Seehofer in einem nach Bier stinkenden Zelt, er hebt seinen Maßkrug und überzeugt mehr als 2000 Menschen davon, dass er ein prima Kerl ist. Im Zelt nebenan steht Franz Müntefering, er hebt seinen Maßkrug und überzeugt mehr als 2000 Menschen davon, dass er ein prima Kerl ist. Sie alle lügen, das ist ihr verdammter Job. Ich stehe im nach Bier stinkenden Hauptbahnhof, habe gerade meine Faust erhoben und eine mir fremde Frau davon überzeugt, dass ich garantiert kein prima Kerl bin. Wahlen werde ich so wohl nicht gewinnen, obwohl ich als Einziger von uns dreien nicht lüge. Obwohl ich als Einziger nicht verlogen lächle. Die Welt ist schon ungerecht.

Ich bin ehrlich, weil ich mir es vorgenommen habe.

Es war mein erstes Mal – und ich habe vor, diesem ersten Mal mindestens 8000 weitere Male folgen zu lassen. Ich werde es wieder und wieder und wieder tun. Ich habe für die Fastenzeit große Pläne. Ich werde weiterhin Alkohol trinken und Süßigkeiten essen und rauchen. Das aufzugeben habe ich die vergangenen fünf Jahre mit mäßigem Erfolg versucht. Deshalb gibt es nun ein neues Projekt:

Ich werde 40 Tage lang nicht lügen.

Um es gleich klarzustellen: Ich werde auch nicht die Wahrheit sagen. Ich werde ehrlich sein – und zwischen Ehrlichkeit und Wahrheit gibt es einen Unterschied. Denn ich weiß natürlich nicht, ob die Frau am Schalter tatsächlich eine beschissene Schlampe oder eine verdammte Schnepfe oder eine blöde Kuh ist. Vielleicht ist sie eine liebenswerte Person, die vier Kinder allein großziehen muss, diesen Job sorgfältig macht und nebenbei noch Suppe für Obdachlose kocht – und die einfach nur einen schlechten Tag oder einen noch schlechteren Moment erwischt hat. Aber ich halte sie in diesem Moment für eine beschissene Schlampe oder eine verdammte Schnepfe oder eine blöde Kuh – und das habe ich ihr ganz ehrlich mitgeteilt. Wahrheit und Ehrlichkeit führen eine komplexe Beziehung miteinander – und häufig verwechseln wir beide Begriffe. Wenn ich sage: »Der FC Bayern München ist deutscher Rekordmeister«, dann bin ich ehrlich, und ich sage die Wahrheit. Wenn jemand behauptet: »Der TSV 1860 München ist der am seriösesten geführte Verein der Welt«, dann mag diese Person ehrlich (wenn auch verrückt) sein, aber es ist definitiv nicht die Wahrheit. Und die Aussage »Du hast einen fetten Arsch« kann ebenfalls ehrlich sein, allerdings ist der Wahrheitsgehalt nur schwer zu überprüfen, denn wer kann schon sagen, ab welcher Größe ein Hintern als fett zu gelten hat.

Vielleicht ist tatsächlich wahr, was ich zu der Frau gesagt habe, aber das weiß ich nicht. Ich weiß nur, dass ich ehrlich war. Und darum geht es mir.

Es ist mein Vorsatz für die kommenden 40 Tage: Ehrlichkeit um jeden Preis. Jederzeit. Kein Taktgefühl, keine Diplomatie, keine Beschönigungen. Ohne Filter zwischen Gehirn und Mund. Radikale Ehrlichkeit, immerzu. »Wenn dir das Wort *Arschloch* durch den Kopf geht, dann sage nicht *Idiot*, auch wenn der andere beleidigt ist und dir aufs Maul haut. Nenn ihn *Arschloch*«, sagt Brad Blanton, der Begründer der amerikanischen Bewegung, die sich *Radical Honesty* nennt und aus der mittlerweile gar eine nihilistische Religion hervorgegangen ist mit Blanton als »Pope of No Hope«.

Mir ist jetzt schon klar, dass ich diesen Typen irgendwann einmal kennenlernen muss.

Sein Satz ist die MTV-Version des Aufklärers Immanuel Kant, der in seinem Werk »Über ein vermeintes Recht aus Menschenliebe zu lügen« schrieb: »Wahrhaftigkeit ist formale Pflicht des Menschen gegen jeden, es mag ihm oder einem anderen daraus auch noch so ein großer Nachteil erwachsen.« Die neuseeländische Schriftstellerin Katherine Mansfield schrieb in ihrem Tagebuch gar: »Ehrlichkeit ist das Einzige, was höher steht als Leben, Liebe, Tod, als alles andere. Sie allein ist beständig. Sie ist aufwühlender als

Liebe, freudvoller und leidenschaftlicher. Sie kann einfach nicht versagen. Alles andere versagt. Ich jedenfalls weihe den Rest meines Lebens der Wahrheit, und ihr allein.« Dass sie vereinsamt starb, mag auch mit Sätzen wie diesem zu tun haben.

Sie alle meinen das Gleiche: Sei ehrlich! Immer und überall!

Das werde ich versuchen. Ich bin ehrlich zu meinen Mitmenschen, ob es ihnen nun passt oder nicht.

Ob es mir nun passt oder nicht.

40 Tage und 40 Nächte lang. Und da der Mensch laut mehreren Studien etwa 200-mal pro Tag lügt, werde ich auf insgesamt 8000 Lügen verzichten.

Einmal habe ich geschafft. Also noch 7999-mal ehrlich sein.

Im Film »40 Tage und 40 Nächte« versucht der Protagonist, für genau diese Zeitspanne auf Sex und Onanie zu verzichten. Ganz ehrlich? Ich halte mein Projekt für die schwierigere Aufgabe. Ich sehe mich – in aller Demut freilich – eher in der Nähe von Jesus, der 40 Tage lang in der Wüste fastete und den Versuchungen des Teufels widerstand. Auf diese in der Bibel erwähnte Episode geht die Fastenzeit zwischen Fasching und Ostern zurück, in der die Menschen versuchen, auf etwas zu verzichten, das sie gerne essen oder trinken oder durch die Lunge einatmen. Es ist heutzutage keine Fastenzeit mehr, sondern eine Verzichtszeit – und kurioserweise versuchen mehr Menschen, am Aschermittwoch das Rauchen aufzugeben als am 1. Januar. Damit jedoch gehorchen sie keinem der zehn Gebote, sondern befriedigen nur ihr schlechtes Gewissen darüber, dass sie sich die anderen 325 Tage im Jahr gehen lassen haben – und wollen natürlich ihre Verhandlungsposition für den Jüngsten Tag stärken.

Ich habe mich für das Gebot »Du sollst nicht lügen« entschieden, weil die christliche Populärversion wenig Spielraum für Interpretationen lässt – anders als das alttestamentarische »Du sollst kein falsches Zeugnis wider deinen Nächsten geben«. Außerdem finde ich dieses Gebot schwieriger einzuhalten als viele andere. Ich meine, mit dem Gebot »Du sollst nicht töten« hätte ich nun wahrlich keine Probleme, weil ich keinen Groll gegen andere Menschen hege oder zumindest keinen so starken, dass ich jemals gegen das Gebot verstoßen würde.

Schwer einzuhalten deshalb, weil wir Menschen Lügner und Betrüger sind. Ich bin ein Lügner und Betrüger. Ich lüge. Jeden Tag. Ich würde mich jetzt nicht zu den großen Lügnern der Weltgeschichte zählen, ich leide nicht an »Pseudologia phantastica« – ja, die offizielle Bezeichnung für den pathologischen Drang zum Lügen lautet wirklich so – oder am »Münchhausen-Syndrom«, bei dem man pathologisch Krankheiten vortäuscht. Ich habe zahlreiche narzisstische Persönlichkeitsstörungen, aber Mythomanie, das krampfhafte Lügen, gehört nicht dazu. Ich gehöre eher zu den Wahrheitsbiegern und Beschönigern, den Lästerern und Labertaschen. Ich sagte bisher: »Steht dir, das Kleid«, wenn ich dachte: »Ist dein Arsch fett in dem Ding!« Und natürlich: »Klar kümmere ich mich drum, lieber Kollege«, obwohl die Wahrheit wäre: »Warum machst du das nicht selber, Vollidiot?« Und wenn ein Kollege einen miserablen Text geschrieben hatte, dann sagte ich nichts – höchstens hinter seinem Rücken.

Ich bin ein ganz normaler Lügner wie jeder andere auch.

Wie jeder Leser dieses Buches.

Wenn Sie jetzt glauben, Sie wären ein grundehrlicher Mensch und würden niemals lügen, dann möchte ich Sie bitten darüber nachzudenken, wie vielen Menschen Sie heute einen »Guten Morgen« gewünscht haben, obwohl es ehrlicherweise die Pest am Hals oder zumindest Pilz an den Füßen gewesen wäre. Ich habe in der Woche vor dem Aschermittwoch nachgezählt: Es waren acht, neun »Guten Morgen« pro Tag, die ich nicht so gemeint habe – von den »Guten Tag« und »Guten Abend« bis zu »Gute Nacht« will ich gar nicht erst reden. Wie oft haben Sie einem Menschen gesagt, dass Sie ihn mögen, obwohl er ein Vollidiot ist? Und haben Sie Ihrer Frau gebeichtet, dass die neue Kollegin einen fantastischen Arsch hat und Sie ihr jedes Mal hinterhergaffen, wenn sie an Ihrem Büro vorbeigeht? Natürlich nicht. Also: Auch Sie, der Leser dieses Buches, sind ein Lügner. Macht ja nichts.

Bei mir ist das nun vorbei.

Und nun: die Wahrheit und nichts als die Wahrheit.

Oder besser: die Ehrlichkeit und nichts als die Ehrlichkeit.

Eine Fastenzeit ohne Lügen.

Noch bin ich guter Dinge.

Ich bin juergen.schmieder@sueddeutsche.de. Ich bin Journalist im Süddeutschen Verlag und wohne in München. Meine Kenntnisse über Fußball, Snooker und American Football haben mir eine Anstellung im Sportressort verschafft. Da meine Chefs der Meinung sind, ich könne auch prima über Papierflieger, italienischen Büffelmozzarella, Pokern, Computerspiele und Tätowiererinnen berichten, schreibe ich quasi über alles, das nicht wirklich wichtig ist, aber doch zum täglichen Leben gehört. Die Kollegen aus den Ressorts Politik und Wirtschaft sehen mich aufgrund meiner Themenwahl meist ein wenig abfällig an, wenn sie mir morgens begegnen, weil sie über die wichtigen Dinge des Lebens, wie Politikerreden in Bierzelten und Vierteljahresberichte von Banken, berichten – und ich bin mir sicher, dass auch ihr »Guten Morgen« nur in seltenen Fällen ehrlich gemeint ist.

Mein Beruf hat mit meinem Projekt nur wenig zu tun. Ich könnte auch jschmieder@siemens.de oder jsc@audi.de sein. Ich bin kein besonderer Mensch, wirklich nicht. Ich bin durchschnittlich groß und breit, durchschnittlich intelligent und durchschnittlich gebildet. Meine Neurosen stellen keine wirkliche Gefahr für meine Mitmenschen dar, meine leichte Paranoia äußert sich in dem Satz: »Nur weil ich paranoid bin, heißt das noch nicht, dass ich nicht verfolgt werde.« Ich bin genauso wie etwa 80 Millionen Menschen in Deutschland. Ich bin jeder. Wenn ich ein Lied mag, ist es garantiert in den Charts. Ich habe hin und wieder Rückenschmerzen. Ich gucke amerikanische Serien, die zur besten Sendezeit laufen, und Filme, die in großen Kinos gezeigt werden. Ich mag kein amerikanisches Bier. Am Samstagabend sehe ich die »Sportschau« an und diskutiere am Sonntag mit Freunden über die Spiele. Ich bin Mainstream.

Und der Mainstream lügt.

Eigentlich komme ich, wie schon angedeutet, aus einem Ort in der nördlichen Oberpfalz, den man von München aus auf zwei Arten erreichen kann. Entweder man fährt mit einem Zug, der grundsätzlich nicht schneller fährt als 60 Stundenkilometer und in Kurven verdächtig scheppert, dann steigt man um in einen Zug, der nicht von der Deutschen Bahn, sondern von einem privaten Unternehmen bereitgestellt wird, weil die Bahn es nicht profitabel findet, Menschen in solch abgelegene Gegenden zu befördern. Nach einer weiteren Stunde steigt man um in einen Bus, weil selbst das private Unternehmen es unrentabel findet, noch weiter zu fahren. Der Bus setzt einen ab auf dem Marktplatz meines Heimatortes, von dem aus ich nach zehn Minuten Fußmarsch beim Haus meiner Eltern bin.

Oder man fährt mit dem Auto, zuerst über die Autobahn, dann auf der Bundesstraße, dann auf einer Landstraße – und dann auf einer Straße, die keine Striche in der Mitte hat und auf der fast ausschließlich Autos mit dem Kennzeichen meines Heimatortes fahren. Die mittleren Buchstaben sind entweder die Initialen des Fahrers oder eines Fußballvereins im Landkreis – weshalb der Mensch auf dem Fahrersitz anhand des Nummernschilds zu identifizieren ist und die Kombinationen »FC« und »SC« und »SG« inflationär häufig vorkommen.

Seit vier Jahren lebe ich in München und muss seitdem doch sehr oft feststellen, dass das Sprichwort »Du kannst den Tiger aus dem Dschungel bringen, aber niemals den Dschungel aus dem Tiger« auch dann zutrifft, wenn man die Worte »Landmensch« und »Kleinstadt« einsetzt. Dafür sind die Straßen in meiner Heimatstadt immer extrem sauber. Und wenn es dort noch einen Bahnhof gäbe, dann würde kein Cheeseburger-Papier auf dem Boden liegen. Das liegt aber vielleicht auch daran, dass der Stadtrat sich vehement gegen die Ansiedlung von Fastfood-Restaurants wehrt. Immerhin, der Boden wäre sauber, und das ist ja auch was Schönes.

Ich habe mir mein Studium mit Fußball finanziert. Meine fußballerischen Fähigkeiten stehen in der Tradition von Karl-Heinz Schnellinger, Oliver Bierhoff und Carsten Jancker. Ich halte den nicht zu unterschätzenden Rekord in der Bayernliga für die meisten vergebenen Großchancen in einer Saison und die wenigsten gelaufenen Meter in einem Spiel – und dazu den inoffiziellen Rekord für die meisten Hinausstellungen wegen Schiedsrichterbeleidigung. Die Rekordbücher sind da allerdings sehr ungenau. Aufgrund dieser Fähigkeiten habe ich mich mittlerweile dem Computerfußball verschrieben und glaube, zu den raffiniertesten Zockern in der Fußballsimulation »Fifa« zu gehören. Außerdem rede ich unglaublich gerne unglaublich gescheit über Fußball, sodass ich Ehrenmitglied im Klub der Verbalfußballer bin.

In folgenden Disziplinen wäre ich bei »Schlag den Raab« kaum zu besiegen:

- Autoball
- Geosense
- Elfmeterschießen
- Filmquiz

- Monstertruck-Fahren
- Klimmzüge
- Trivial Pursuit

Das bin ich. Wie Sie auf dieser Seite feststellen können, rede ich unglaublich gerne über mich selbst – wie Ihnen auch meine Freunde gerne bestätigen werden. Nach den jetzt folgenden 300 Seiten werden Sie das auch bestätigen können – denn ich werde ehrlich sein.

Es wird wohl wehtun. Mir, meinen Mitmenschen – und vielleicht auch Ihnen. Aber es heißt ja schließlich nicht, dass Wahrheit und Ehrlichkeit Spaß machen würden. Ich wollte Sie nur gewarnt haben. Wenn Sie Angst vor Ehrlichkeit haben, dann legen Sie dieses Buch jetzt weg. Essen Sie schön zu Abend. Schlafen Sie mit Ihrem Partner. Trinken Sie ein Glas Wein. Aber lesen Sie nicht weiter.

In manchen Lebensweisheiten ist Wahrheit »nackt«, in anderen ist sie »hart«, vor amerikanischen Gerichten soll sie »nur« und »ganz« und »nichts als« sein. Vor allem aber heißt es: »Ehrlich währt am längsten.« Mal sehen, wie lange es bei mir währt und ob ich die 40 Tage durchhalte.

Mein erstes Mal habe ich hinter mich gebracht. Ich habe eine Bahnmitarbeiterin beleidigt und ihr mal so richtig die Meinung gegeigt. Ich war komplett ehrlich.

Es ist ein großartiges Gefühl. So kann es weitergehen.
Noch 40 Tage.
Noch 7999-mal ehrlich sein, statt zu lügen.
Nichts als die Wahrheit.
So wahr mir Gott helfe.

Kapitel 2

Immer noch Tag 1 – Was ist eigentlich ehrlich sein?

Was ist Wahrheit?

Diese Frage stellt schon Pontius Pilatus im Johannes-Evangelium, kein Geringerer als Jesus Christus steht vor ihm. Es gibt ein ziemlich beeindruckendes Bild des russischen Malers Nikolai Nikolajewitsch Ge zu dieser Szene – von der katholischen Kirche unerklärlicherweise lange Zeit für blasphemisch befunden. Der römische Statthalter steht in blütenweißer Toga und feinen Schuhen auf Marmorplatten, seine rechte Handfläche zeigt nach oben, er sieht Jesus arrogant an. Er stellt diese Frage mit so lapidarer Geste, als ginge es um den richtigen Wein zum Abendessen im Triclinium oder um neue Sandalen. Jesus steht im Schatten, die Hände hinter dem Rücken gefesselt, die Haare zerzaust. Er sieht wütend aus, aber er sagt nichts. Im Johannes-Evangelium wird Pilatus sich abdrehen, ohne Jesus sprechen zu lassen. Wahrscheinlich weil er wusste, dass nicht einmal Gottes Sohn die Antwort auf seine Frage kennt – obwohl der doch gerade sagte, dass er die Wahrheit und das Leben und das Licht sei.

Ich kann am ersten Tag meines Projektes festhalten: Ich bin nicht viel weitergekommen als Pilatus vor 2000 Jahren. Ich sitze immer noch am Münchner Bahnhof und schiebe mir einen Cheeseburger in den Mund – das Papier habe ich in einen leeren Abfalleimer geworfen –, weil sich mein Zug im Gegensatz zu dem des jungen Studenten vorhin eine Verspätung von einer halben Stunde genehmigt. Der Schaffner am Gleis sagt etwas von »Schienenarbeiten« und erklärt auf meine wütende Nachfrage, dass ich mich bei einem Stau doch auch nicht bei den Architekten der Autobahn beschweren würde und dass überhaupt die Züge der Deutschen Bahn im Schnitt weniger als drei Minuten Verspätung hätten. Meine Reaktion: »So ein Blödsinn, was Sie da sagen! Bei drei Minuten Verspätung pro Zug fehlen mir als Pendler pro Jahr mehr als zehn Stunden. Und Sie reden mir ein, es wäre nicht schlimm? Da lache ich mich doch kaputt. Herrgott noch mal!«

Es ist Ehrlichkeit Nummer zwei an diesem Tag, und ich erkenne, dass ich wohl schon wieder einen Menschen beleidigt habe und dass es schon wieder ein Mitarbeiter der Bahn war. Ich bin genervt, geladen, gereizt – und im Moment der festen Überzeugung, dass man genervt, geladen und gereizt sein muss, wenn man ehrlich sein will. Diesmal jedoch bin ich mir sicher, dass ich nicht nur ehrlich war, sondern dass es – korrektes Hochrechnen der Verspätungen vorausgesetzt – auch die Wahrheit war, die ich gesagt habe.

Warten muss ich trotzdem. Aber es hat gutgetan, die Wut an einem Bahnangestellten auszulassen. Sehr gut sogar. Ich fühle mich, nun ja, beschwingt. Ja, ganz ehrlich: beschwingt. Wie die Menschen in Wirtschaftswunder-Filmen, wenn sie das Zimmer betreten und den anderen eine Wahnsinnsneuigkeit erzählen müssen.

Immerhin habe ich nun Zeit, noch einmal darüber nachzudenken, wie ich hineingeraten bin in diesen Schlamassel, nicht mehr lügen zu dürfen und dass die Bahnmitarbeiter am Münchner Bahnhof von einem Wahrheits-Guerillakämpfer attackiert werden.

Es war eine Redaktionskonferenz, in der wir über Verzicht sprachen in einer Gesellschaft, die keinen Verzicht mehr kennt. Eine Gesellschaft, in der immer alles verfügbar sein muss, in der jeder Mensch jederzeit alles haben muss. In der man am besten 50 Jahre lang 20 ist – also mit 50 Jahren noch einen Marathon laufen, sich im Alter von 60 noch eine 30-jährige Freundin suchen und mit 80 Jahren in der Lage sein muss, sein Konto online zu führen. Nur nie alt werden. Eine Generation Dorian Gray.

Eine Gesellschaft, in der man jeden Kontinent mindestens einmal besuchen und den Nordpol zu Fuß erreichen muss. Man muss beruflich erfolgreich sein, am besten ein bisschen berühmt – und dennoch Zeit für ein spannendes und erfülltes Privatleben haben. Wir müssen drei Leben in der Zeit von einem führen. Im alten Griechenland war der Müßiggänger eine anerkannte Person, heutzutage gilt als unschick, wer mit 40 Jahren noch keinen Burnout vorweisen kann. Eine Generation Dorian Gray auf Speed.

Da es zur Existenzberechtigung von Journalisten gehört, an gesellschaftlichen Trends herumzunörgeln, sprachen wir über Verzicht und darüber, ein wenig Geschwindigkeit aus diesem Leben herauszunehmen. Die Konferenz fand übrigens statt, bevor »Irgendwas bleibt« von Silbermond herauskam. Ich bin grundsätzlich kein Fan von Verzicht, das sollte ich an dieser Stelle vielleicht noch sagen. Meine liebe Frau wird Ihnen bestätigen können, dass ich versuche, alles auf der Welt einmal ausprobiert zu haben und von allem so viel wie möglich zu bekommen. Das kann Arbeit sein oder Essen oder Spaß oder noch viele andere Dinge.

Es gab die üblichen Vorschläge, die auf jeder Kreativitätsskala Limbo tanzen: eine Woche ohne Schokolade, ohne Fernsehen, ohne Handy. Mir erschloss sich nicht so recht, was daran lustig sein sollte, wenn das, was fast jeder schon mal eine Fastenzeit lang durchgehalten hat, jetzt auch noch ein Journalist versucht und das dann bemüht ironisch aufschreibt. Am spannendsten fand ich noch den Vorschlag, eine Woche ohne Strom zu leben – was daran scheiterte, dass die Kollegin dann nicht zur Arbeit hätte kommen können, was wiederum unser Chef zu Recht als übertrieben anmahnte. Schön fand ich auch den Vorschlag, zwei Wochen ohne Bargeld und Kreditkarten zu leben. Aber die möglichen juristischen Konsequenzen ließen uns dann doch davon Abstand nehmen.

Dann fiel der Satz: »Eine Woche ohne Lügen!« Es war still im Raum, dann lachte einer, erklärte das Vorhaben für absurder als eine lustige Comedyshow auf SAT.1 und bemerkte, dass kein Mensch ohne Lügen leben könne und wie blöd so ein Versuch doch sei. Wir machten weiter mit den langweiligen Ideen, jeder suchte sich eine aus. Ich wählte keine, ich war gelangweilter als beim Spiel mit einem dieser Tischtennisschläger, bei denen der Ball mit einer Schnur am Schläger befestigt ist.

Das Thema Lügen ließ mich jedoch nicht los. Ich recherchierte ein wenig und fand heraus, dass es auf der Welt tatsächlich mehrere Bewegungen gab, deren oberstes Ziel ist, nie mehr zu lügen. Es existieren Studien, philosophische Schriften und wissenschaftliche Abhandlungen dazu. Ich lief nach Hause und verkündete meiner Frau, es versuchen zu wollen: keine Lügen mehr, so lange es geht.

»Bist du komplett wahnsinnig?«, war ihre erste Reaktion. Dabei knuffte sie ihre Faust an meine Schulter, was nicht liebevoll, sondern entrüstet gemeint war. »Du hast ja schon einige verrückte Ideen in deinem Leben gehabt. Kontaktanzeigen auf Bierdeckeln oder Nutellaspender über dem Bett! Aber das übertrifft alles. Du spinnst total!« Ich bin nach wie vor davon überzeugt, dass Kontaktanzeigen auf Bieruntersetzern ein Megaerfolg wären.

Mir war klar, dass sie von meinem Projekt ungefähr so viel hält wie der Papst von einer Kondomlieferung nach Afrika oder Großstädter vom Müllentsorgen. Sie verdrehte die Augen, als hätte ich ihr gerade mitgeteilt, dass ich mit ihrer Schwester ins Bett möchte. Nein, sie sah eher so aus, als hätte ich gesagt, dass ich mit ihren beiden Schwestern schlafen möchte. Beide sind unfassbar attraktiv, was ein derartiges Ansinnen durchaus rechtfertigen würde, für meine Frau jedoch inakzeptabel ist. Immerhin startete sie einen Versuch, mein Vorhaben zu verstehen.

»Was willst du denn genau machen?«

»Ich will keine Lügen erzählen, sondern allen Menschen die ungeschminkte Wahrheit sagen. Ganz einfach. Mal so richtig die Meinung geigen, jedem Menschen. Vielleicht auch denen, die sie nicht hören wollen. Es gibt da so einen Typen in Amerika, der praktiziert das seit Jahren.«

»Es gibt auch Typen, die Satanismus praktizieren.«

»So schlimm wird es schon nicht.«

Sie konterte sofort: »Doch, wird es. Wer will denn schon von dir die Wahrheit hören? Ausgerechnet von dir?«

Ich versuchte es mit einem Zitat des Lyrikers Ernst Hauschka: »Wer die Wahrheit hören will, den sollte man vorher fragen, ob er sie ertragen kann.«

Sie war jedoch nicht zu besänftigen. Vielleicht lag es auch daran, dass sie gerade im sechsten Monat schwanger war, weswegen ihre Gemütslage derjenigen eines Straußes entsprach, dem man gerade ein Ei geklaut hat. Aber auch das sagte ich ihr nicht.

»Wenn du auch nur einem Menschen etwas über mich erzählst oder mich dumm anredest, dann werde ich dich töten!«

Meine Frau ist, wie schon erwähnt, schwanger, und sie ist, wie noch nicht erwähnt, Asiatin – ich muss deshalb fürchten, dass ihre Androhung mit dem Töten grundsätzlich eine Übertreibung, in diesem Moment aber ehrlich gemeint ist.

Sie könnte darüber hinaus bei folgenden Spielen bei »Schlag den Raab« glänzen:

- Das Leben des Ehemanns planen
- Voodoo-Praktiken
- »Blamieren oder kassieren« in den Kategorien »Trivialliteratur« und »Schundromane«
- Wissen über Girlbands der 90er und 2000er
- Playstation verstecken
- Dauerschlafen
- Beliebter als der Partner sein

Es gab also keinen Grund, diese schwangere Asiatin noch weiter zu provozieren. Sie schnaufte so tief, wie sie damals vor sechs Jahren schnaufte, als ich ihr eröffnete, für 15 Monate in die Vereinigten Staaten ziehen zu wollen. Allein. Ohne sie.

»Das wird schrecklich!«

Ich sah sie so an, wie ich sie damals ansah.

»Das schaffen wir schon, vielleicht lernen wir beide ja etwas draus. Vielleicht wird unsere Beziehung danach intensiver. Und ich habe ein schönes Projekt. Es wird bestimmt lustig.«

Und sie sagte die gleichen Worte wie damals: »Für dich vielleicht.«

Natürlich wusste sie von diesem Moment an, dass ich das auch ohne ihr Einverständnis durchziehen würde und dass sie wohl oder übel mitmachen musste. Also hob sie die Todesdrohung teilweise auf und wandelte sie um in die Ankündigung, mir diverse Körperteile unsachgemäß zu entfernen, sollte ich es übertreiben.

So ging das los damals.

Ich hatte einen Freund weniger, noch bevor ich begonnen hatte.

Das liegt vielleicht daran, dass Lügen eines der demokratischsten Dinge ist, die man sich vorstellen kann. Ich meine, wenn man mal darüber nachdenkt.

Jeder lügt. Und die Menschen logen schon, bevor sie auf

die Erde kamen. Es war noch im Paradies, als Adam die Schuld auf Eva abzuschieben versuchte und Eva sie weitergab an die Schlange.

Ich habe darüber nachgedacht, vor welche Tätigkeit man wirklich und wahrhaftig das Wort *Jeder* stellen kann. Jeder atmet, jeder isst, jeder pinkelt. Aber gerade einmal 60 Prozent der Menschen gehen wählen, 80 Prozent haben Probleme mit ihrem Rücken. Mit selten zuvor erlebter Erschütterung habe ich gar in einer Zeitschrift gelesen, dass nur 85 Prozent der erwachsenen Deutschen mindestens einmal in ihrem Leben Sex hatten. Erstaunlich, oder? Aber 100 Prozent der Menschen, die älter sind als vier Jahre, haben in ihrem Leben bereits gelogen. Es ist verwunderlich, wie wenige Dinge es gibt, die tatsächlich alle Menschen gemeinsam haben.

Und doch wird der Verstoß gegen das achte biblische Gebot kaum sanktioniert. Wer das fünfte Gebot (»Du sollst nicht töten«) missachtet oder das siebte (»Du sollst nicht stehlen«), wird zu Recht eingesperrt. Wer gegen das sechste Gebot verstößt (»Du sollst nicht ehebrechen«), dem droht zumindest eine kostenintensive Scheidung oder in krasseren Fällen die Abtrennung des Körperteils, mit dem die Ehe gebrochen wurde. Und selbst wer Sachen einfach auf den Boden wirft, dem droht zumindest ein Ordnungsgeld, weshalb ich mich ernsthaft frage, warum die Stadt München sich nicht dadurch saniert, indem sie Wegwerfwächter am Bahnhof postiert.

Lügen dagegen werden juristisch nur belangt, wenn es sich um größere Delikte handelt wie Betrügerei oder Meineid. Noch keine Frau musste sich vor Gericht verantworten, weil sie einen Orgasmus vorgetäuscht hat, und niemand gilt gesellschaftlich als geächtet, weil er das »Sie sind schon ein toller Chef« nicht wirklich so gemeint hat. Nein, diese kleinen Lügen sind gesellschaftlich akzeptiert. Im Gegenteil: Wer ehrlich ist, gilt gemeinhin als ungehobelter Kerl und als Flegel.

Noch viel erstaunlicher ist allerdings, dass sich kaum jemand als Lügner bezeichnen würde. Ehrlichkeit ist wichtig für die Menschen. Einer aktuellen Studie zufolge gaben 80 Prozent an, dass sie in einer zwischenmenschlichen Beziehung überaus wichtig sei – damit lag die gute alte Ehrlichkeit deutlich vor Humor, gutem Sex, finanziellem Status und gesellschaftlicher Stellung.

Natürlich, und das belegen gleich mehrere Studien, halten es die Menschen für schlimmer, angelogen zu werden, als selbst eine kleine Notlüge zu verwenden. Ich möchte während der 40 Tage noch etwas herausfinden: Was ist für die Menschen schlimmer: angelogen zu werden oder eine harte Wahrheit ertragen zu müssen?

Ein Problem dabei ist, dass ich nicht Jim Carey bin – auch wenn die Haut meines Gesichts ähnlich dehnbar ist –, oder vielmehr nicht die Figur, die er im Film »Liar, Liar« – in der schrecklichen deutschen Fassung als »Der Dummschwätzer« bekannt – verkörpert. Vierundzwanzig Stunden ist er ehrlich, weil er nicht lügen kann. Der Unterschied zu mir: Ich kann weiterhin lügen, ohne mit der Wimper zu zucken. Es ist kein Zwang, sondern eine freiwillige Entscheidung, ehrlich zu sein. Careys Figur muss keine Konflikte mit sich ausfechten, ihr bleibt keine Wahl. Mir schon. Im Film reihen sich lustige Szenen aneinander, und freilich gibt es das unvermeidlich schreckliche Happy End, das zu Recht einen schlechten Ruf hat, weil es so verdammt absehbar ist. Wie das bei mir ausgehen wird, werden wir sehen.

Ich fände es jedenfalls ziemlich unfair, wenn ich bestraft werden würde, nur weil ich ehrlich bin – so wie ich es vor zwei Jahren ziemlich unfair gefunden hätte, zu sterben, als ich gerade zwei Tage mit dem Rauchen aufgehört und mich jemand mit dem Auto gerammt hatte. Ich habe daraufhin wieder angefangen zu rauchen.

Ich weiß, dass es ziemlich riskant ist, es zu versuchen mit der Ehrlichkeit. Irgendwann muss ich meinen besten Freunden Holger und Niko beggnen, von denen meine Frau glaubt, dass sie am Ende des Projektes keine Freunde mehr sein werden. Ich will mir die Konfrontation mit ihnen für einen späteren Zeitpunkt aufheben, was nicht zuletzt daran liegt, dass sie in folgenden Kategorien Stefan Raab locker besiegen könnten:

- Armdrücken
- Kneipen-Boxen
- Bud-Spencer-Filme raten
- Alle Biere Bayerns
- Kisten stapeln
- Chuck-Norris-Zitate
- Piranha-Spiel

Ich habe Angst, sie könnten eine ihrer Fähigkeiten anwenden, wenn ich ihnen meine Meinung ins Gesicht sage – außerdem ergab ein Internet-Test, dass beide bei einem Kampf gegen Chuck Norris länger als zwei Sekunden überleben würden, was eigentlich unmöglich ist. Und ich will nicht die komplette Fastenzeit über im Krankenhaus liegen. Das jedenfalls ist die Meinung meiner Frau: »Entweder du gibst irgendwann auf – oder du kriegst gewaltig eine auf die Fresse.« Wobei sie offenließ, welche Variante ihr mehr gefallen würde.

Ich habe ein wenig im Internet recherchiert, was die Menschen zu den Themen Wahrheit und Ehrlichkeit zu sagen haben: TV-Jury-Clown Bruce Darnell behauptete einmal, schwarze Schuhe mit einem Absatz von zehn Zentimetern seien die Wahrheit. Laut einem deutschen Sprichwort sagen Kinder und Narren stets die Wahrheit, und Plinius der Ältere suchte die Wahrheit im Wein. In China schlägt man demjenigen, der die Wahrheit sagt, immerhin ein schnelles Pferd vor.

Nach der Internet-Recherche suchte ich in der Literatur

nach Ehrlichkeit. Oscar Wilde schrieb einmal, dass Lügner danach streben würden, zufriedenzustellen und zu gefallen – und dass genau dies als das Fundament einer Gesellschaft anzusehen ist. Ich mag Oscar Wilde sehr und hoffe inbrünstig, ihn im Himmel oder nach der Wiedergeburt zu treffen, aber dieser Satz klingt mir doch allzu positiv dem Lügen gegenüber. Obwohl, bei meinem Karma werde ich wohl als Ameise wiedergeboren, während Wilde mit Sicherheit als Hindu-Kuh auf einer saftigen Weide grast und von ein paar Indern verehrt wird. Auch der Islam verdammt die Lüge, vor allem während des Ramadan. Ja, im neunten Monat des islamischen Mondkalenders wird nicht nur gefastet, sondern der Koran verbietet während dieser Zeit auch strikt jede Form der Lüge. Ich suchte ein wenig weiter und fand heraus, dass jede Religion dieser Welt, die mehr als 100 Anhänger hat, die Lüge verdammt.

Ich bin kein Wissenschaftler und auch kein Mentiologe. Ja, diesen Begriff gibt es wirklich. Peter Stegnitz hat ihn erfunden, indem er einfach das lateinische Wort »mentiri« – also »lügen« – mit »-ologe« kombiniert, was allgemein als Fremdwort für »Wissenschaftler« anerkannt ist. Wahrscheinlich wollte er damit sein Buch »Lügen lohnt sich« promoten. Wobei es aus Marketing-Gesichtspunkten sicher prima ist, mit einer plakativen Forderung wie »Lügen lohnt sich« zu beginnen – das sichert einem einen Platz in einer Talkshow. Dann untermauert man die These mit einem Begriff, den die Zuschauer für unglaublich klug halten. In diesem Moment muss der Sender das Buch einblenden und der Verlag eine zweite Auflage in Auftrag geben.

Ich bin kein Experte in Sachen Wahrheit, Ehrlichkeit und Lügen. Ich werde keine Studien durchführen, Umfragen abhalten oder im geheimen Labor von »Galileo Mystery« mit Aiman Abdallah irgendwelche Populärwissenschaftler befragen. Eine tolle These habe ich derzeit auch nicht und auch kein faszinierendes Fremdwort. In eine Talkshow komme ich so wahrscheinlich nicht, und mein Verlag wird wohl froh sein, überhaupt einen Bruchteil der ersten Auflage zu verkaufen.

Bei der Vorbereitung ist mir aufgefallen, dass *Wahrheit* und *Ehrlichkeit* oft verwechselt werden. Thomas von Aquin etwa hat ein Buch geschrieben, das »Von der Wahrheit« heißt, Friedrich Nietzsches Werk zum Thema lautet »Über Wahrheit und Lüge im außermoralischen Sinn«, und ein Buch von Michel Foucault trägt freilich den Titel »Sexualität und Wahrheit«. Alle drei Bücher sind auf ihre jeweilige Weise pointierte philosophische Abhandlungen zum Thema, die ich je nach Zeit, Leidensfähigkeit und sexueller Experimentierlust empfehlen kann, weil sie geniale, lustige und aberwitzige Sätze enthalten. Nietzsche etwa schreibt amüsanterweise, »dem Weibe ist nichts fremder, widriger und feindlicher als Wahrheit«. Wer also die Wahrheit von Nietzsche hören will, sollte sich vorher wirklich sicher sein, dass er sie ertragen kann.

Aber diese Autoren meinen mit *Wahrheit* in den meisten Fällen *Ehrlichkeit*. Ich muss deshalb eine klare Definition für mich finden, um Wahrheit und Ehrlichkeit zu unterscheiden. Sie lautet: Das Gegenteil von Wahrheit ist nicht *Lüge*, sondern schlicht *Unwahrheit*. Lüge ist das Gegenteil von Ehrlichkeit. Wenn Menschen also lügen, dann geht es in vielen Fällen – wie bereits erwähnt – nicht um Wahrheit, sondern um Ehrlichkeit.

Einer der wenigen, die mich wahrlich inspirierten, war Immanuel Kant. Seiner Meinung nach erschüttert schon eine einzige Lüge das Fundament einer ganzen Gesellschaft, selbst wenn es darum geht, seinen besten Freund zu verraten. In seinem Text »Über ein vermeintes Recht aus Menschenliebe zu lügen« erzählt er eine drastische Geschichte: Ein Freund hat ein Verbrechen begangen, er wurde zum Tode verurteilt und wird nun gesucht. Er versteckt sich bei einem Freund, weil er darauf hofft, dass der ihn niemals verraten würde. Kant jedoch fordert nun tatsächlich, den besten Freund auszuliefern, wenn die Polizei an der Tür klopft – auch wenn das bedeuten würde, dass der Kumpel dann umgebracht wird. Kants Forderung: Lieber den Freund töten lassen als lügen. Mir ist nun klar, warum in der Stammtischphilosophie lieber der Kategorische Imperativ zitiert wird als Kants Ansichten zur Lüge.

In meinem Fall jedoch ist der Aufklärer sehr hilfreich. Ob Notlüge oder nicht: Für Kant ist jede Lüge gleichermaßen verdammenswert. So will ich auch verfahren. Ob ich wirklich einen Freund verraten werde, werden wir bald sehen. Laut Kant handeln wir Menschen 200-mal am Tag verdammenswert – weil wir, wie schon erwähnt, 200-mal lügen. Eine Lüge ist nicht nur dann eine Lüge, wenn sie ausgesprochen wird. Auch eine Geste kann eine Lüge sein – und natürlich ist es eine Lüge, wenn man jemandem die Meinung geigen möchte und den Mund hält, ob nun aus Respekt oder aus mangelnder Zivilcourage. Ich muss diese Zahl noch einmal betonen, weil es sonst keiner glaubt. Bei acht Stunden Schlaf sind das 12,5 Lügen pro Stunde. Alle 4,8 Minuten eine Lüge! Jeder Mensch lügt, und jeder Mensch lügt anscheinend andauernd.

Es beginnt beim bereits erwähnten »Guten Morgen« oder der unverfänglichen Frage »Wie geht's?« Wir haben gelernt zu antworten – so wie ein Hund gelernt hat, »Sitz« zu machen, wenn man es ihm befiehlt: »Gut, und selbst?« Obwohl wir eigentlich sagen möchten: »Mein Fußballverein hat gestern 0:4 verloren, meine Frau hat keinen Bock auf Sex, und jetzt muss ich mit einem inkompetenten Arschkriecher wie dir auch noch ins Meeting! Mir geht's beschissen! Sonst noch was?«

Das wäre ehrlich.

So geht es weiter und weiter, den ganzen Tag. Ich habe auf einer Webseite eine Liste gefunden mit den häufigsten Lügen, die ich ziemlich lustig finde:

»Schön, dass deine Eltern uns besuchen kommen.«
»Ich habe im Leben nur mit zwei Männern geschlafen.«
»Keine Ahnung, wie viel ich wiege...«
»Klar höre ich dir zu, Schatz.«
»Auf Halle Berry stehe ich überhaupt nicht – an der ist doch nichts echt...«
»Ich war schon in der Schule ein absoluter Mädchenschwarm.«
»Bei Frauen achte ich vor allem auf innere Werte...«
»Ooooooooh, ich komme!«
»Oooooooooooh, ich komme schon wieder!«
Natürlich behauptet jeder von uns, kaum zu lügen – und wenn überhaupt, dann nur im Notfall. Oder vielleicht hin und wieder nur ein wenig zu beschönigen, um einen lieben Mitmenschen nicht zu verletzen. In England, den USA und auch in Skandinavien unterscheiden die Menschen deshalb schon seit etwa 250 Jahren zwischen der *white lie* und der *black lie*. Eine *weiße Lüge* ist so etwas wie eine gute Lüge – etwa aus Höflichkeit und Freundlichkeit, wenn man der Kollegin zur neuen Frisur gratuliert und sagt: »Steht dir wirklich prima, du siehst fünf Jahre jünger aus und auch noch schlanker.« Obwohl die ehrliche Antwort wäre: »Das Einzige, was noch schlimmer ist als diese Frisur, sind die Falten unter deiner krummen Nase.« Die Wahrheit würde nur für Depressionen bei der Kollegin sorgen, das Betriebsklima wäre versaut, und vielleicht gäbe es gar eine Aussprache vor dem Betriebsrat. Die gäbe es bei einer *schwarzen Lüge* mit Sicherheit – wenn sie herauskommt. Zu dieser Art Lüge gehört böse Absicht. Also Mobbing, Steuerbetrug – oder man erzählt Oliver Pocher, dass er wirklich witzig sei und tatsächlich in einer Sendung mit Harald Schmidt bestehen könne.

Wir alle – außer Investmentbanker und Anwälte vielleicht – halten uns natürlich für rein *weiße Lügner*. Wir lügen doch nicht, um andere zu verletzen oder sie gar zu betrügen! Doch bevor sich jetzt alle auf die Schulter klopfen und sich morgen selbst Blumen schicken, sei eines noch festgestellt: Eine *weiße Lüge* kann etwas Hundsgemeines sein. Man stelle sich nur vor, was passieren kann, wenn man einer lieben Freundin aus Höflichkeit sagt, sie könne prima singen, obwohl sie so musikalisch ist wie die Fußball-Nationalelf von 1986. Sie bewirbt sich bei »Deutschland sucht den Superstar«. Wird von Dieter Bohlen beleidigt als stimmliches Pendant zum Frosch im Toaster und textiler Offenbarungseid. Wird nicht zum Recall eingeladen. Hat einen Heulanfall vor der Kamera. Bekommt Depressionen. Wird ein wenig berühmt, weil sie Bohlen einen Stier mit Samenkoller nennt. Zieht sich für *Bild* aus, um die Depressionen loszuwerden und ein paar Euro zu verdienen. Wird von Boris Becker kontaktiert. Verlobt sich zu PR-Zwecken mit Boris Becker. Tritt mit Becker in »Wetten, dass...?« auf, flirtet dort mit Heiner Lauterbach. Zieht sich für *Maxim* aus. Wird von Boris Becker verlassen. Geht mit einem »Viva«-Moderator aus. Bringt eine Single heraus, die »O lalala« heißt. Deckt sich mit Ed-Hardy-Klamotten ein. Gibt ein Interview, in dem sie Boris Becker beschimpft. Tritt auf Mallorca auf. Wird ausgebuht. Hält das für Applaus. Schreibt ihre Memoiren, die »O lalala« heißen. Zieht sich für das Magazin *FHM* aus. Heiratet Matthias Reim. Geht ins Dschungelcamp. Hat eine Affäre mit Oliver Pocher. Lässt sich scheiden. Erhält eine Rolle in einer Seifenoper. Bekommt ein Kind, entweder von Oliver Pocher oder Reinhold Beckmann oder Flavio Briatore. Behauptet nach der Geburt, jetzt seriös zu sein und nicht mehr »Heidekönigin« genannt werden zu wollen. Veröffentlicht eine zweite Single – ohne Erfolg. Steuerschulden. Flucht. Auftritt bei »Kerner«. Tränen. Lebt mit Oliver Pocher oder Reinhold Beckmann oder Flavio Briatore in Chile.

Und das alles nur wegen einer kleinen geschummelten Höflichkeit.

Umgekehrt kann eine *schwarze Lüge* Positives bewirken: Der Angestellte einer Firma streut Gerüchte über einen Kollegen, weil er dessen Position haben möchte. Er behauptet, der Kollege würde ständig zu spät kommen und hin und wieder Büromaterial stehlen. Außerdem hätte er auf der Betriebsfeier die Frau des Abteilungsleiters begrapscht. Eine schwarze Lüge, schwärzer geht es kaum. Der Beschuldigte wird daraufhin abgemahnt und nach weiteren clever gestreuten Gerüchten schließlich entlassen. Bei der Verabschiedung geht er zu seinem Verleumder, den er für einen Freund hält, und sagt ihm: »Ich hätte es keinen Tag länger hier ausgehalten, ich litt an Burnout und Depressionen. Jetzt kann ich neu anfangen und mit der Abfindung ein schönes Leben beginnen. Sorry, dass du diesen Scheißjob jetzt machen musst.«

Es ist also nicht ganz so einfach mit diesen *white lies* und *black lies*, wie es klingt. Das ist auch einer der Gründe, warum für Kant jede Lüge gleichermaßen verwerflich ist. Ich sehe auch, warum das so ist. Gerade habe ich der Mitarbeiterin an der McDonald's-Kasse meine Meinung zum Zustand des Cheeseburgers kundgetan, wie es einst schon Michael Douglas im Film »Falling Down« tat. »Sehen Sie sich dieses trostlose Stück Brot an«, sagte ich. »Auf dem Foto da oben sehe ich einen knusprigen Burger mit saftigem Fleisch und knackigem Salat. Und Sie präsentieren mir eine Allwettersemmel, die aussieht, als hätte sie schon jemand gegessen und verdaut.« Meine Ehrlichkeit, das ist mir vollkommen klar, wird in diesem Fall kaum etwas bringen. Die Brötchen, das Fleisch und auch der Salat werden von der Zentrale geliefert und von den Mitarbeitern nur aufgewärmt. Was also soll die Mitarbeiterin machen, außer mir auf den Burger zu spucken, den ich mir anschließend bestellt habe? Ich war weder *weiß* ehrlich noch war ich *schwarz* ehrlich – sondern einfach nur nutzlos ehrlich. Wahrscheinlich habe ich nun statt Schimpfwörtern die Spucke eines 17-jährigen Mädchens im Magen, die sich dort mit den früher geschluckten Beleidigungen und fettem Essen zusammentut und am Geschwür bastelt.

Vielleicht wird die Welt wirklich ein besserer Ort, wenn ich ehrlich bin. Das jedenfalls behauptet Brad Blanton von *Radical Honesty*. Er nennt sich selbst »The Truth Doctor« und kommt, ja wirklich, aus Washington D.C. – einem Ort, in dem jeder einzelne Einwohner den weltweiten Lügenschnitt locker verdoppelt. Der Mann ist – das nur nebenbei erwähnt – auch noch Politiker, der regelmäßig für Senat, Gouverneursposten und Bürgermeisterämter kandidiert. Er behauptet tatsächlich, dass die Welt schöner wäre, wenn alle Menschen die Wahrheit sagten. Obwohl es Bücher gibt wie das der Journalistin Claudia Mayer, die 2007 ein Loblied auf die Lüge geschrieben hat – wobei sie eigentlich nur Momente und Situationen der Lüge aufzählt. Warum das Lügen toll sein soll, erwähnt sie mit keinem Wort, aber sie saß bestimmt in vielen Talkshows, und bestimmt gibt es schon eine zweite Auflage ihres Buches. Ich will jetzt herausfinden, wer von beiden recht hat, der amerikanische Ehrlichkeitsfanatiker oder die deutsche Journalistin.

Auf der Homepage *RadicalHonesty.com* heißt es: »Erzähle den Menschen, was du gemacht hast und was du vorhast. Was du denkst, was du fühlst. Und dann wirst du ein glückliches und erfülltes Leben führen.« Schon komisch, dass ich mich an diesem ersten Tag nicht wie ein glücklicher und erfüllter Mensch fühle, sondern wie ein Arsch. Ein beleidigender und schlecht gelaunter Arsch, der sowohl bei der Bahn als auch bei McDonald's keine Freunde mehr hat. Der Zug kommt ja doch zu spät, und statt eines leckeren Burgers aß ich wohl einen mit Spucke darauf.

Aber das wird sich schon einpendeln, schließlich bin ich noch Wahrheitsamateur, ein Ehrlichkeitslehrling, der am Münchner Hauptbahnhof – fernab von Freunden, Kollegen und Familienmitgliedern – einmal versucht, wie das so funktioniert mit der Ehrlichkeit.

Ich übe noch. Vielleicht wird die Welt in ein paar Tagen ein besserer Ort.

Ich würde sagen, ich schlage mich bisher prima – wobei Sie sicher schon bemerkt haben, dass ich zu den Menschen gehöre, die stets von sich behaupten, sich prima zu schlagen, auch wenn es höchst durchschnittlich ist. An Selbstzweifeln werde ich wohl nicht verenden.

Manche Forscher behaupten, dass Lügen zum Menschen gehören wie Windpocken und Schmutz unter den Fingernägeln – ein notwendiges Übel, das sich nicht vermeiden lässt. In einem Buch habe ich gelesen, dass Lügen »das Schmieröl der Gesellschaft« seien und den Motor der Welt am Laufen halten würden. Weniger metaphorisch ausgedrückt: Mensch sein bedeutet Lügner sein. Ja wirklich. Anerkannte Wissenschaftler wie der Philosophieprofessor David Nyberg – Autor des Buches »Lob der Halbwahrheit« – sind der Ansicht, Wahrheit sei überbewertet wie David Beckham, Sushi und »Second Life«. Die Halbwahrheit, so Nyberg, ist eine menschliche und menschenfreundliche Rücksichtnahme auf die Verletzbarkeit der eigenen und der fremden Person. Deshalb würden Lügen nicht sanktioniert.

Lügen kann seiner Ansicht nach sogar Spaß machen. In Frankreich gibt es etwa ein Dorf, das sich selbst die »Hauptstadt der Lügner« nennt. Es ist ein Ort in Aquitanien, der ebenso schwer zu erreichen ist wie meine Heimatstadt. Im Jahre 1748 wurde dort die *Akademie der Lügner* gegründet, am ersten Sonntag im August gibt es einen Wettbewerb im Lügen, der größte Schummler wird ausgezeichnet. Ein gottverlassener Ort, mag man nun denken. Doch selbst der Pastor des kleinen Dorfes findet Gefallen an der Lüge: »Ich bin stolz, der Pfarrer des einzigen Lügendorfs von Frankreich zu sein«, sagte er tatsächlich in einem Interview. Es sei befreiend und lustig, hin und wieder zu lügen. Es komme nur auf die Intention des Lügens an.

Zahlreiche Studien – mit denen ich Sie nun nicht langweilen möchte, deshalb nur eine kleine Zusammenfassung – unterscheiden zwischen drei Arten der Lüge. Etwa 50 Prozent aller Lügen sind *egoistische Lügen*. Der Lügner versucht in diesem Fall, sich besser darzustellen, als er tatsächlich ist (»Ich spreche fließend Philippinisch, spiele Klavier und werde am Amazonas als Gottheit verehrt«), mit dem Gesprächspartner mithalten zu können (»Natürlich weiß ich, was die Keynesianische Wirtschaftstheorie ist«) oder zumindest nicht verspottet zu werden (»Klar bin ich keine Jungfrau mehr«). Es gehören auch Lügen aus Angst vor Strafe dazu (»Ich war's nicht«).

Ein Viertel der Lügen sind *altruistische Lügen*, die der Lügner erzählt, damit es einem anderen Menschen besser geht. Das kann ein Vorsprechen beim Chef für einen lieben Kollegen sein (»Er arbeitet fantastisch und hat eine Gehaltserhöhung wirklich verdient«) oder das Aufmuntern eines Freundes, der gerade verlassen wurde (»Kein Problem, bald hast du wieder eine Neue, so gut wie du aussiehst«).

Der Rest sind sogenannte *prosoziale Lügen*, also Märchen, von denen sowohl der Belogene als auch der Lügner etwas haben. Sie entschärfen Konflikte (»Der Text, den du geschrieben hast, ist in Ordnung«), beenden ein Gespräch (»Es hat an der Haustür geklingelt, ich muss aufhören zu telefonieren«) oder eine Beziehung (»Lass uns Freunde bleiben«) respektvoll. Es kann aber auch ein Kompliment sein, das keinem schadet (»Schöne Frisur«). Ich hätte etwa der Frau an der Kasse sagen können, dass der Burger schon in Ordnung sei, weil meine Kritik eh nichts bringt.

Nun muss ich nur noch herausfinden, welche Art der Lüge mir bisher am leichtesten fiel und in welchen Situationen es mir wirklich schwerfällt, ehrlich zu bleiben.

Ich gehe nun endlich zum Gleis, der Schaffner von vorhin steht immer noch da.

»Endlich da, der Zug?«

Er sieht mich an mit einem Blick, der mich fragen lässt, ob die Deutsche Bahn ihren Mitarbeitern, anstatt Gehalt aufs Konto zu überweisen, einfach eine Ration Valium nach Hause schickt.

»Gleis 14, nach Stuttgart. Steht bereit. Gute Fahrt!«

»Gute Fahrt! Gute Fahrt! Leck mich doch, du Clown«, sage ich so, dass er es gerade noch hört.

Er sagt nichts.

Ich gehe einfach weiter, steige in den Zug und suche meinen Platz, danach gehe ich kurz hinaus. Ich will vor der Fahrt noch zwei Zigaretten rauchen, um mein Nikotingleichgewicht zumindest bis Augsburg zu halten. Ich suche mir den abgetrennten Bereich für Raucher, der erstaunlich sauber ist – aber ich will jetzt keinen Zusammenhang zwischen Rauchen und Sauberkeit herstellen. Da sehe ich, wie der Schaffner – offiziell heißt es ja »Zugbegleiter«, aber das ist für mich eines der neudeutschen Verschleierungswörter und klingt außerdem so, als würden die Leute neben dem Zug herrennen, um ihn zu begleiten – in meinen Zug steigt. Er wird doch nicht wirklich…

Doch, er wird.

Machen wir es kurz: Allein bis Augsburg wurde ich dreimal von ihm kontrolliert. Das Rauchen auf dem Bahnsteig an Gleis 14 am Münchner Hauptbahnhof kostete 40 Euro, weil nach deutschem Recht offenbar auch das Handyfoto eines Schaffners als Beweismittel dienen kann und auf dem Foto zu erkennen ist, wie ich den eindeutig gekennzeichneten Raucherbereich verlasse.

40 Euro Strafe und drei Kontrollen.

Und eine Erkenntnis: Wer ehrlich ist, darf nicht darauf hoffen, dass er Freunde bei der Bahn findet.

Kapitel 3

Tag 3 – Ehrlich sein tut weh

Ich kann nicht mehr, meine Aggression ist zu einem Nanga Parbat der Wut angewachsen. Es nervt mich derart, dass es aus mir herausplatzt, als würde man hinten auf eine Flasche Ketchup klopfen: »Verdammt noch mal, seh doch endlich ein, dass er keinen Bock mehr auf dich hat! Außerdem hat er dich während der Beziehung beschissen.«

Douglas Coupland nennt das in seinem Buch »Generation X« den *Emotional Ketchup Burst* – wenn die ganze Soße über den Teller kippt und alles einsaut. Ich weiß nicht, wie sich eine Ketchupflasche nach dem *Burst* anfühlt, wahrscheinlich aber zittert sie nicht so wie ich.

Der Satz ist der Nanga Parbat, wie er über mich hereinbricht. Aus dem Hörer des Telefons ist nur noch das Summen zu hören, das Handys von sich geben, wenn keiner spricht, und weshalb man bisweilen denkt, dass da jemand von der Telekom oder vom BND mithören würde. Wer das Geräusch nicht kennt, der ist beim Telefonieren entweder nur am Reden oder will nur ja nicht verpassen, wann er selber wieder dran ist mit Reden. Ich sage nichts mehr und höre so genau zu wie selten zuvor in meinem Leben – weil mir gerade klar wird, dass ich einen meiner besten Freunde verraten habe. Betrogen. Verkauft.

Ich warte nur darauf, dass hinter mir ein Hahn zum dritten Mal kräht und ich hinauslaufen und bitterlich weinen kann. Oder dass mir jemand 30 Silberlinge zusteckt. Ich bin Judas und Petrus zugleich. Hoffentlich gibt es in der Hölle kaltes Bier und einen Fernseher.

Ich denke im Moment nicht an Judas oder Petrus, nicht an das unangenehme Summen und auch nicht an Douglas Coupland. Ich denke daran, was für ein Verräter ich bin.

Es ist der dritte Tag meines Ehrlichkeitsprojekts – und schon habe ich einen Freund verraten. Schamlos. Ohne mit der Wimper zu zucken. Ich hätte nur schweigen müssen, wie ich das schon so oft getan habe in meinem Leben.

Verdammte Ehrlichkeit.

Es geht um Niko, einen Menschen, den ich nicht nur seit mehr als 25 Jahren kenne, sondern auch liebe. Wir haben als Kinder mit dem Fahrrad Jagd gemacht auf ältere Menschen im Park, was nicht selten in dramatischen Unfällen gipfelte. Wir haben als Teenager im Schwimmbad gemeinsam um Mädchen gebuhlt mit dem Ziel, nicht ungeküsst zum Abschlussball gehen zu müssen. Wir haben kurzzeitig – die Nachricht von Aids war noch nicht vorgedrungen bis in unser Dorf – auf dem Drei-Meter-Brett die Blutsbrüderschaft erwogen. Wir haben gemeinsam Abitur gemacht, uns auf mehreren Feiern aufgrund des gleichen Alkoholpegels gleichzeitig übergeben, wir sind gemeinsam ins örtliche Schwimmbad eingebrochen und vom Bademeister erwischt worden. Wir haben als Studenten einen Dreier mit einer gemeinsamen Freundin in Erwägung gezogen – es dann aber in Ermangelung der richtigen gemeinsamen Freundin bei der Erwägung belassen. Wir sind betrunken durch Rom gestolpert, wir sind betrunken durch Regensburg gestolpert, wir sind betrunken durch München gestolpert. Auf dem Marktplatz von Siena bin ich einmal auf seinem Bauch eingeschlafen, was bei einer Diashow zwei Wochen später bei der einen Hälfte der Abiturklasse ein liebevolles Seufzen, bei der anderen heftige Diskussionen über eine mögliche

homoerotische Beziehung auslöste. Man kann also durchaus behaupten, dass wir uns mögen, schätzen und vor allem auch respektieren.
Und nun habe ich ihn betrogen.
Verdammte Ehrlichkeit.
Niko ist ein Mensch, dem einiges zuzutrauen ist und der auch einiges angestellt hat in seiner Karriere als Mann. Doch würde er niemals einen Freund verraten. Er hat einmal sogar mit einer Freundin Schluss gemacht, weil sie seinen Freundeskreis nicht mochte. Natürlich lag es auch daran, dass sie eine unglaublich nervige Zicke war, deren Unerträglichkeit auch durch ihren fantastisch flachen Bauch nicht aufgewogen werden konnte. So ein schönes Haus, dachte ich immer, leider keiner zu Hause.
Überhaupt könnte Niko – neben den Kategorien, die ich ein paar Seiten vorher schon ihm und Holger gemeinsam zugeschrieben habe – bei folgenden Spielen bei »Schlag den Raab« glänzen:

- Finde den Weinberg
- Die Biere Europas
- Literatur von 1980 bis 2009
- Der Preis ist heiß
- Tennis
- Autoball
- Der heiße Draht

Es geht um unsere gemeinsame Studienzeit in Regensburg, als wir beide beschlossen haben, unsere Attraktivität nicht an nur *eine* Frau zu verschwenden. Wir waren niemals in dieselbe Frau verliebt, und man konnte uns zu dieser Zeit leicht in *Jäger* und *Sammler* unterscheiden – wobei ich der Jäger war, der sich stets auf der Suche nach Abenteuern befand und versuchte, den gepflegten One-Night-Stand zur Kunst zu erheben. Niko war der Sammler, und man könnte durchaus sagen, dass er als der Erfinder der Franchise-Freundin gilt.

Wir beide hatten jeder eine Freundin, wir beide haben sie betrogen. Nur eben auf andere Art und Weise.

Während sich mein Betrug auf extrem kurzfristige Erlebnisse beschränkte, konnte Niko durchaus auch auf eine Zweit- oder Drittfreundin in diversen Städten, Stadtteilen und Studiengängen verweisen. Dieses Verhalten rang mir nicht nur aufgrund der logistischen Problematik Respekt ab, sondern auch wegen der stets steigenden Attraktivität der Partnerinnen. Ein Rätsel blieb mir dabei, warum die Franchise-Nehmerinnen stets zufrieden waren mit Nikos Verhalten und keine einzige sich jemals beschwerte. Er schaffte es wirklich, drei Liebesleben gleichzeitig zu führen.

Wir hatten eine Regel, die wohl nicht für uns exklusiv war, sondern die es bei allen Männern gibt: Wir halten die Schnauze!

Für immer!

Für ewig!

Wir nehmen die Erlebnisse nicht nur mit ins Grab, sondern sprechen auch später im Himmel, in der Hölle oder im Fegefeuer niemals darüber, wenn eine der Frauen anwesend ist. Sollten wir beide als Kühe wiedergeboren werden, kommt aus uns auch auf der Weide kein verdächtiges Geräusch heraus.

Irgendwann, das Studium war längst beendet, trennten sich Niko und seine Freundin. Den Grund kenne ich bis heute nicht; ich weiß nur, dass Niko sehr getroffen und gekränkt war und mir beim Kartenspielen verkündete, nie mehr zu ihr zurückkehren zu wollen, weil sie ihm derart wehgetan hatte. Mehr sagte er nicht. Sie war eine unglaublich attraktive Frau, die nicht nur äußerlich eine verblüffende Ähnlichkeit mit Sonya Kraus hatte – weshalb mir ihr Minderwertigkeitskomplex auch im Fegefeuer oder als wiedergeborene Kuh noch ein Rätsel sein wird.

Mir machte diese Trennung wenig aus, weil sie dazu führte, dass Niko wieder mehr Zeit hatte, um sich mit uns zu treffen – und weil er als Single die noch lustigeren Geschichten erzählen konnte denn als Vergebener und wir aufgrund seines Berufes – er ist nach wie vor der beste Zahnarzt, den ich kenne – lustige Wortspiele über seine sexuellen Erlebnisse machen konnten. Wir führten eine Reihe ein, die wir »Der Landarzt« nannten, und betitelten die Folgen so: »Teil eins – der am tiefsten bohrt«, »Teil zwei – Fräulein, bitte saugen«, »Teil drei – ich fülle jedes Loch«. Die Titel der weiteren Fortsetzungen lasse ich aufgrund des sich steigernden Peinlichkeitsgrads weg, und auch die Geschichten dazu werde ich hier nicht erzählen – es reicht, dass ich meinen Freund dieses eine Mal verraten habe.

Für seine Freundin jedoch war die Beziehung nicht abgeschlossen – ganz im Gegenteil. Sie kam mir vor wie Stacey, jene Frau aus dem genialen Film »Wayne's World« mit Mike Myers, die noch Wochen nach der Trennung darauf beharrt, die Freundin von Wayne zu sein, bis der endlich sagt: »Dass ist doch der Sinn des Schlussmachens: Dass man sich nicht mehr sehen muss.« Vielleicht war sie auch Rose aus der Sitcom »Two and a Half Men«, die bei ihrem ehemaligen Freund Charlie ständig ins Haus einbricht, um Zeit mit ihm zu verbringen.

Da Niko kaum auf ihre Anrufe reagierte, wandte sich seine ehemalige Freundin an meine Frau, an mich und andere aus unserer Clique. Sie wurde zur Stalkerin der besten Freunde. Es gab Anrufe, E-Mails und SMS. Sie würde ihn immer noch lieben und was sie denn tun könne, um ihn wiederzubekommen. Sie würde verrückt werden und könne nicht ohne ihn leben. Der psychologische Begriff dafür ist, glaube ich, Zurückweisungsneurose, aber für mich war sie eine Stalkerin. Mich interessieren Beziehungen von Freunden grundsätzlich nur, wenn ich darüber lästern oder ein Zitat aus dem unbeliebten Zyklus »Schmieders beste

Sprüche« zum Besten geben darf. Ansonsten sind sie mir egal.

Diese Frau aber sagte Sätze, die man sonst nur von Teenagern kennt.

Meine Frau Hanni und ich versuchten, sie von ihrem Glück als Single zu überzeugen. Wir probierten es mit allem, was zwischen aufmunterndem Zureden und »Krieg deinen Arsch hoch« liegt – ich war gar versucht, für die psychologischen Versuche einen Ehrendoktortitel zu beantragen. Doch es half nichts, immer wieder rief sie an und schrieb SMS oder E-Mails. Ich erwog schon, ihr für die Beharrlichkeit einen Orden zu verleihen.

Heute Abend hat sie wieder angerufen – ausgerechnet während meines Ehrlichkeitsprojekts. Ich hatte vorher zu meiner Frau gesagt: »Wenn sie mich heute wieder nervt und jammert, dass sie Niko wiederhaben möchte und sich sonst in Depressionen stürzt, dann werde ich ihr aber mal was erzählen. Ich kann es nicht mehr hören! Also telefoniere du mit ihr oder rechne mit dem Schlimmsten. Dem Allerschlimmsten.« Dieser Satz sorgte bei meiner Frau zunächst für einen kleinen Schock; sie beschloss dann jedoch, mich zu unterstützen und mir das Telefonat zu überlassen. »Dann ist es wenigstens raus, und Niko hat seine Ruhe. Außerdem fliegst du dann gleich am dritten Tag dieses bescheuerten Projekts auf die Schnauze, und vielleicht ist es dann vorbei.« Ich glaube, ein bisschen hat sich Hanni deshalb sogar gefreut auf das, was jetzt passiert.

Dreißig Minuten lang spreche ich schließlich mit der Frau über die längst beendete Beziehung und darüber, dass sie Niko wiederhaben möchte. Sie kommt mir vor, als wäre sie 16 Jahre alt – dieses Alter, in dem ein ganzes Leben in eine Woche passte: neue Freundin, Streit mit dem besten Freund, Lebenskrise, Pickel an der Stirn, Lebenskrise, Alkoholeskapade, Pickel auf der Nase, Lebenskrise, Schluss mit dem Freund, Lebenskrise, neuer Freund, Lebenskrise.

Das erlebt sie nun als attraktive Mittzwanzigerin, die in jeder Diskothek zu den meistangesprochenen Personen gehört, und sie erzählt mir all ihre Erlebnisse detailliert. Ich als weniger attraktiver Endzwanziger, der in jeder Diskothek zu den meistignorierten Personen gehört, bin genervt. Warum hat sie eine Krise? Nur weil sie mit Niko Schluss gemacht hat?

Ich könnte einfach schweigen – und stehe vor dem ersten großen Dilemma meines Projekts: Ist Schweigen Lügen? Falls nein, dann wäre dieses Projekt eine ziemlich geräuscharme Angelegenheit und dieses Buch auf der nächsten Seite beendet, weil ich nur schreiben müsste: »Ich habe 40 Tage lang nichts gesagt.« Ich stelle also fest: Ja, auch Schweigen ist Lügen.

Umgekehrt würde das allerdings bedeuten, dass ich jeden Morgen auf dem Weg in die Arbeit ungefähr 50 Leuten mitteilen müsste, dass mir ihr Kleidungsstil nicht gefällt, dass sie bitte daheim telefonieren mögen und nicht in der S-Bahn. Und natürlich müsste ich mindestens drei Autofahrer pro Tag beleidigen. Das geht natürlich auch nicht.

Ich habe deshalb zwei Regeln aufgestellt, nach denen sich leicht feststellen lässt, wann das Schweigen eine Lüge ist. Regel eins: Wer Menschen, mit denen er ohnehin kommuniziert, etwas wissentlich verschweigt, lügt. Regel zwei: Wer in Situationen mit Unbekannten den Gedanken »Da müsste man jetzt mal etwas sagen« hegt, dann aber schweigt, lügt.

Mit Nikos ehemaliger Freundin rede ich ohnehin schon, also wäre Schweigen eine Lüge. Ich sage diese zwei Sätze: »Verdammt noch mal, seh doch endlich ein, dass er keinen Bock mehr auf dich hat. Außerdem hat er dich während der Beziehung beschissen.«

Viel mehr muss ich nicht sagen.

Diese 15 Sekunden Stille kommen mir vor wie in einer kitschigen US-Serie, wenn der Arzt dem Protagonisten eröffnet, dass er gerade Hodenkrebs diagnostiziert hat.

Mein Nanga Parbat der Aggression stürzt in sich zusammen, wie ein Tsunami rollt das schlechte Gewissen auf mich zu. Denn ich habe nicht nur Niko verraten, ich habe soeben wohl auch seine ehemalige Freundin in eine Lebenskrise gestürzt. Denn bisher hatte sie die Beziehung wohl beendet, weil es nicht mehr funktionierte oder weil Niko sie einfach langweilte – nun aber wird ihr Minderwertigkeitskomplex dadurch verstärkt, dass sie ins Gesicht gesagt bekommt, dass sie nicht die einzige Geliebte für den Mann war, mit dem sie jahrelang zusammen war.

Sie fasst sich wieder. Sie schnauft tief und unterstützt das durch ein lang gezogenes »Hmmmmm«.

Im Gegensatz zu mir kann sie schnell wieder einen zusammenhängenden Satz sagen.

»Okay, das trifft mich jetzt schon, aber irgendwie habe ich damit gerechnet.«

Ich sage nur: »Aha.« Obwohl ich von diesem Satz überraschter bin als von der Werder-Bremen-Meisterschaft im Jahr 2004. Ich habe mit Tränen gerechnet, einem Wutausbruch oder zumindest mit einem schockierten Seufzer. Sie bleibt aber völlig ruhig und bringt mich damit aus der Fassung.

»Ich meine, Anzeichen dafür waren ja da. Aber die wollte ich nicht wahrhaben. Aber es tut schon weh, das jetzt einfach so gesagt zu bekommen.«

Sie atmet tief ein und aus.

Meine Frau wirft mir einen neugierigen Blick zu, den ich mit einem Achselzucken beantworte. Sie zieht die Nase nach oben und guckt besorgt.

Ich wende mich wieder dem Telefon zu.

»Ich meine, viel mehr kann ich dir nicht sagen. Aber vielleicht solltest du dein Leben weiterleben. Auch ohne ihn. Jetzt weißt du, dass du nicht an ihm hängen solltest.«

Ich höre nur ein kurzes »Hm«, dann sagt sie: »Ich weiß im Moment nicht, was ich denken soll. Auf jeden Fall danke ich dir, dass du mir das erzählt hast. Und weißt du, ich habe mich in der Beziehung auch nicht immer korrekt verhalten.«

Es dauert ein bisschen, bis mein Gehirn realisiert, was die Ohren gerade gehört haben.

Das will ich nun genauer wissen.

»Was bedeutet das?«

»Ich habe ihn schlecht behandelt und mich am Ende der Beziehung mit einem anderen Mann getroffen.«

Ich bin kurz sprachlos.

Nun weiß ich, was der Auslöser für das Ende der Beziehung gewesen sein könnte.

Ich bin geschockt. Bisher hatte ich sie immer für eine treu-naive Seele gehalten, doch mit diesem Geständnis sorgt sie bei mir für die Erleichterung, die man verspürt, wenn man einen Elfmeter verschießt und ein Mitspieler im Nachschuss trifft.

»Wow, das wusste ich nicht, das hat Niko nie wirklich erzählt.«

»Es geht ja auch keinen was an.«

Ich will eigentlich anmerken, dass nun eigentlich keiner auf den anderen sauer sein müsste – erkenne aber rechtzeitig, dass dies eine komplett bescheuerte Aussage wäre, und lasse es lieber.

Sie sagt: »O Mann.«

»Mach dir bitte keine Vorwürfe.«

»Aber irgendwie habe ich ihn auch in die Arme anderer Frauen getrieben.«

Nun bin ich wirklich geschockt. In der Psychologie würde man so etwas wohl krankhafte Abhängigkeit nennen, in meinem Weltbild nennt man das total verrückt. So eine Mail habe ich von meinen Freundinnen nie erhalten, wenn die Beziehung beendet war. Bei mir hieß es meist: »Du arrogantes, verlogenes Arschloch.« Irgendwas muss Niko verdammt richtig machen bei Frauen.

»Jetzt erzähl bloß keinen Mist!«
»Na ja, es ist doch so, oder?«
Ich habe keine große Lust mehr, mit ihr zu telefonieren. Ich habe ihr alles gesagt, ich habe meinen Kumpel verraten, und außerdem merke ich, wie sie am anderen Ende der Leitung um Fassung ringt – und in solchen Momenten sage ich grundsätzlich den falschen Satz. Ich muss das Gespräch nun beenden – aber ich muss ehrlich sein.

»Dann ist ja alles klar, oder? Ich bin echt eine Lusche als Seelentröster und will nun nicht mehr telefonieren, das macht mich fertig. Ich bin einfach kein guter Zuhörer. Können wir bitte aufhören, ich habe keine Lust mehr!«

Sie seufzt.

»Ja, ich muss damit erst zurechtkommen. Aber danke.«

Ich bin froh, endlich auflegen zu dürfen – auch wenn ich weiß, dass die Frau am anderen Ende der Leitung nun wahrscheinlich heult.

Das ist hart. Einen Moment lang.

Meine Frau nimmt mich in den Arm und versichert mir, das Richtige getan zu haben. Der Tsunami des schlechten Gewissens ergießt sich nun als warmer Monsun über mich. Ich habe nicht mehr das Gefühl, jemanden verletzt zu haben. Ich habe einfach einer guten Freundin die Wahrheit gesagt und somit dafür gesorgt, dass sie sich nicht in eine paranoide Stalkerin verwandelt, sondern zu ihrer Entscheidung steht. Eigentlich müsste ich mich gut fühlen.

Aber ich habe ein ungutes Gefühl irgendwo zwischen Magen und Milz.

Meine Frau zwinkert mir zu, was Zuneigung bedeuten, aber auch die Ankündigung großen Unheils sein kann. Sie grinst, was mich ahnen lässt, dass es sich um die zweite Variante handeln muss. Sie kneift die Augen zusammen, was meine Ahnung zur Gewissheit werden lässt.

Sie hebt die Debatte auf eine neue Ebene und baut eine zweite Welle des Tsunami auf.

»Du musst es nur irgendwann Niko sagen.«

Dieser Satz brennt in meinem Ohr und dringt schneller vor zu meinem Gewissen, als ich für möglich gehalten hätte. Warum funktionieren die Nerven als Informationsleiter in manchen Fällen so grandios und in anderen – beim Computerfußball etwa – so atemberaubend schlecht?

Sie grinst.

Ich spüre, dass die erste Welle nur eine Ankündigung war und sich das Wasser nun vom Strand zurückzieht, um eine neue, größere und alles zerstörende Welle auf mich loszulassen.

»Was ist nun, Mister Ehrlichkeit? Schwanz einziehen? Angst vor Niko? Zur Ehrlichkeit gehört doch nun auch, dass du Niko alles gestehst. Oh, Mann, langsam macht mir das Projekt doch Spaß!«

Ich überlege kurz, welche Gründe es außer ihrem fantastischen Arsch noch dafür gab, dass ich sie geheiratet habe.

Sie grinst nur.

»Das wird großartig. Er haut dir richtig aufs Maul!«

Nur zur Erinnerung: Hanni ist der Mensch, der mir vor zwei Jahren ewige Liebe schwor und versprach, in guten wie in schlechten Zeiten zu mir zu stehen.

Ich muss nachdenken. Ich erinnere mich an den Satz von Brad Blanton, dem Erfinder der *Radical Honesty*, der in einem seiner Bücher schreibt: »Wenn du mit einer hübschen Frau schlafen willst, dann sag es ihr. Aber sag es auch deiner Ehefrau! Das macht am meisten Spaß. Das ist Radical Honesty, das nennt man Kommunikation.«

Oh.

Mein.

Gott.

Das hatte ich nicht bedacht.

So wie alle Lügner hoffen, dass die Wahrheit niemals ans Licht kommt, hoffe ich nun als Vertreter der Ehrlichkeit, dass die Wahrheit nicht ans Licht kommt.

Wie kann ich einem meiner besten Freunde erklären, dass ich ihn hintergangen habe? Petrus, der Verräter, hatte es da leichter. Jesus wusste schon vorher, dass er von seinem Jünger verraten werden würde, und sagte ihm das auch. Judas, der Verräter, hatte es ebenfalls leichter. Jesus wusste schon vorher, dass er von seinem Jünger verraten werden würde, und sagte ihm das auch.

Ihnen wurde bereits vorher vergeben.

Aber Niko hat keine Ahnung.

Niko sagte nicht beim Abendessen: »Ja, Jürgen, du bist es.« Er sagte auch nicht: »Ehe der Hahn kräht, wirst du mich verraten.«

Er weiß von nichts.

Verdammte Ehrlichkeit.

Ich muss ein paar Tage warten und nachdenken, wie ich das am besten anstellen kann. Blanton freilich schlägt vor, es der Ehefrau oder dem Kumpel einfach ins Gesicht zu sagen. Sofort.

Na klar.

Mich wundert, dass Blanton noch Freunde hat.

Einen Tag später findet eine Party einer Freundin aus New York statt. Niko und ich sind Gäste, ich beschließe in Erwägung des auszuschenkenden Alkohols, dass diese Gelegenheit prädestiniert ist für ein klärendes Gespräch. Für die Wahrheit. Irgendwann stehen wir beisammen, ich habe fünf Bier und mindestens ebenso viele Wodka-Red Bulls getrunken. Seinen Augen sehe ich an, dass er einen ähnlichen Promillepegel vorweisen kann. Niko sieht an diesem Abend aus wie aus einem Armani-Katalog, er hat ein wenig Ähnlichkeit mit der Figur des Sayid aus der Fernsehserie »Lost«. Ich lege den Arm um Niko und beginne zu beichten.

»Ich muss dir vorher sagen, dass es mir unglaublich leid tut, aber ich wusste keinen anderen Ausweg. Deine ehemalige Freundin hat immer wieder angerufen und E-Mails geschickt – und dann habe ich es einfach getan.«

Er sieht mich ein wenig trunken an: »Was getan?«

Ich prüfe kurz, wie ich aus dieser Sache durch eine kleine Lüge wieder herauskommen könnte. Da erkenne ich meine Frau, die zwar so tut, als würde sie sich mit einer gemeinsamen Freundin unterhalten, in Wirklichkeit jedoch uns beobachtet und darauf wartet, dass ich es »so dermaßen aufs Maul« bekomme, »dass dir die Ehrlichkeit oben rauskommt« – so sagte sie es vor der Party.

»Ich habe ihr gesagt, dass du sie betrogen hast. War irgendwie lustig, weil du ja eh nichts mehr von ihr willst. Oder?«

Ich lache.

Niko lacht nicht.

Meine Frau schon.

»Du hast was?«

Ich merke, dass meine flapsige Bemerkung nicht angebracht war.

»Ich habe ihr erzählt, dass du sie beschissen hast.«

Er lehnt sich zurück und stemmt die Hände in die Hüften.

»Du hast was?«

Schlagartig ist aller Alkoholnebel aus seinen Augen verschwunden.

»Du willst doch nichts mehr von ihr, oder?«

Es sieht mich an.

»Du hast was?«

»Ich weiß, ich habe Scheiße gebaut!«

Ich merke, dass ihn das, was ich getan habe, tief trifft – dass er jedoch so enttäuscht oder schockiert ist, dass er nicht weiß, was er als Nächstes tun soll. Als Varianten – das hat mir meine Frau vorhergesagt – kommen nur das spontane Aufkünden der Freundschaft oder ein kurzer linker Haken ans Kinn infrage. Möglich sind derzeit beide.

»Das ist ein starkes Stück, Alter! Schlimmer geht's echt nicht. Ich kann das überhaupt nicht glauben.«

Hinter uns singen die Menschen zum vierten Mal an diesem Abend »Happy Birthday«.

Der Barkeeper drückt uns beiden ein Bier in die Hand.

»Es tut mir leid. Ich hätte das niemals tun dürfen, und ich hoffe, dass du mir das verzeihst. Aber ich musste ehrlich sein, und deshalb habe ich es erzählt.«

Er sieht mich lange an.

Ich versuche, ihm zuzuprosten und nehme einen kräftigen Schluck. Er trinkt nicht, er sieht mich nur an. Dann sieht er sich in der Bar um, dann wieder auf mich.

Ich rechne nun eher mit einer Schlägerei als mit dem Ende der Freundschaft.

Meine Frau rechnet seit zwei Stunden mit einer Schlägerei.

Sie grinst.

Niko grinst nicht.

Er kommt wieder auf mich zu.

»Ich liebe dich«, sagt er. »Aber das ist schon Wahnsinn! Du spinnst total! Ich sollte dir eine auf die kurze Rippe geben!«

»Unbedingt«, sage ich. »Am besten sofort.«

Er legt eine Hand auf meine Schulter und schüttelt den Kopf.

»Nein, es wird dann sein, wenn du nicht damit rechnest. Das hast du dir verdient.«

»Okay.«

Holger unterbricht uns. Er ist seit ungefähr drei Bieren nicht mehr fahrtüchtig. Er legt seinen Arm um uns beide und sagt: »Seid ihr nun fertig?«

Ich sage: »Ja, ich habe Niko etwas gestanden.«

»Was denn? Hast du mit seiner Freundin geschlafen?«

»Nein, aber etwas, das genauso schlimm ist.«

»Sein Bier getrunken?«

Er lacht, wie ein Mensch lacht, der mit 1,5 Promille im Blut über seine eigenen Witze lacht – und ich muss kurz überlegen, ob es zur Strategie deutscher Comedians gehört, das Publikum vorher abzufüllen.

Meine Frau lacht auch.

Niko lacht nicht.

»Nein, ich habe ihr erzählt, dass er sie damals betrogen hat.«

Holger sieht mich mit der überdramatisierten Entrüstung an, mit der alkoholisierte Menschen sich aufregen.

»Spinnst du? Was bist du denn für ein Freund?«

Er schlägt mir mit der Faust auf die Brust. Dann dreht er sich um und geht zu anderen Freunden. Er beginnt einen Satz mit »Wisst ihr, was der Jürgen…« – und ich muss gar nicht zuhören, um den zweiten Teil zu wissen. Nun bin ich nicht nur für Niko ein Judas, sondern für den kompletten Freundeskreis. Sie kennen mich nun als Verräter.

Sie alle haben recht.

Und ich war eigentlich mal ein netter Kerl.

Ich würde am liebsten verschwinden und nach Hause rennen – und in diesem Moment wünsche ich mir, dass ich niemals auf die Idee mit diesem Projekt gekommen wäre. Ich wünsche, ich hätte auf meine Frau gehört.

Denn nun bin ich ein Verräter.

Verdammte Ehrlichkeit.

Niko legt seine Hand auf meine Schulter.

Ich sage: »Sind wir wieder klar?«

Er umarmt mich.

Dann gibt er mir einen Kuss auf die Wange.

Und dann spüre ich einen stechenden Schmerz an der linken Rippe. Nikos Faust trifft mich, und sie trifft mich hart.

Bei einem genauen Treffer auf die kurze Rippe wird ein Würgreiz ausgelöst.

Es ist nicht die von meiner Frau prophezeite Ehrlichkeit, die mir oben rauskommt, sondern eine Mischung aus Bier und Wodka-Red Bull.

Ich gehe in die Knie.

Ich sehe zu Niko auf.

»Jetzt sind wir wieder klar.«

Ich kann kaum atmen. Die linke untere Rippe ist eingedellt – und wie mir der Arzt einen Tag später versichern wird, ist sie nicht gebrochen, sondern nur geprellt und eingedrückt. Ich liege auf dem Boden einer schicken Bar in der Münchner Innenstadt, aus meinem Mund fließt eine nicht verdaute Mischung verschiedener alkoholischer Getränke.

»Ja, das habe ich verdient.«

Er hilft mir hoch und klopft mir auf die Schulter. Ich würde jedem raten, Bier, Wodka und Red Bull niemals zu mischen.

»Und ich verrate dich niemals wieder.«

Ich halte meine Rippe. Sie tut weh. Ich wische mir den Mund mit einem Taschentuch ab. Ein paar fremde Menschen an der Bar haben sich umgedreht. Sie sehen aus wie auf einem Werbeplakat von Tommy Hilfiger und lachen mich aus.

Ich sehe zu meiner Frau.

Sie grinst.

Die erste geprellte Rippe.

Der erste Würgreiz.

Am vierten Tag.

Das kann ja noch lustig werden.

Verdammte Ehrlichkeit.

Kapitel 4

Tag 5 – Sei ehrlich ehrlich

Ich beginne zu schielen. Ich sehe zuerst meine etwas zu große Nase und danach meine Zunge. Ich will nachsehen, ob alles in Ordnung ist da unten – denn es brennt fürchterlich. Ich habe gerade einen Löffel davon gegessen, was mir meine philippinische Verwandtschaft auf den Teller gekippt hat. Es sieht aus wie eine Gulaschsuppe, könnte bei näherer Betrachtung aber auch direkt aus einem Vulkan herausgelaufen sein – was grundsätzlich nicht verwunderlich ist, weil auf den Philippinen ständig irgendwo was aus einem Vulkan herausläuft.

Wenn man sich einen Löffel davon in den Mund schiebt, dann bilden sich zuerst auf den Geschmacksrezeptoren an der Spitze der Zunge leichte Bläschen, im Gaumen sammelt sich bereits Löschwasser, und der Magen signalisiert dem Schluckreflex, das eben in den Mund Geschobene besser wieder auszuspucken und nicht die Speiseröhre hinunterzuschicken. Die Schweißproduktion läuft auf Hochtouren, dafür wird die Luftzufuhr eingeschränkt. Ich bin mir sicher, dass selbst ein Mexikaner diesen Teller Nahrung nur in Kombination mit einer Flasche Tequila und einer saftigen Zitrone verdrücken könnte. Ich sehe keinen Tequila in Reichweite und auch keine Zitrone, also muss ich unverdünnt schlucken. In Comics spuckt die Figur in so einem Moment Feuer, rennt zu einem Tümpel und trinkt ihn aus. Im wahren Leben funktioniert so was natürlich nicht.

Es ist der fünfte Tag meines Ehrlichkeitsprojekts, der Schmerz an meiner Rippe rührt – wie sich inzwischen herausgestellt hat – von einer Prellung und einem eingedellten Knochen her, das Atmen fällt mir nicht mehr so schwer wie noch gestern Abend. Der Arzt jedenfalls sprach nur kurz von der Möglichkeit eines Korsetts, was ich ablehnte, weil ich alles, was nicht wenigstens Rollstuhl und Krücken bedingt, als Verletzung zweiter Klasse einstufe. Auf meiner linken Seite hat sich ein kleiner blauer Fleck gebildet von Nikos Schlag, den meine Frau als »Klitschko-kleinen Haken« beschreibt. Als ich sie korrigieren will, presst sie ihren Zeigefinger auf den blauen Fleck. Ich habe so getan, als würde mir das nichts ausmachen, und die Träne, die scheinbar ein wenig unmotiviert aus meinem rechten Auge kullerte, wertete ich als verspätete Reaktion auf die Zwiebel, die ich zwei Stunden zuvor geschnitten hatte.

Meine Frau und ich sind eingeladen auf eine Familienfeier, wir essen gerade zu Mittag. Normalerweise bin ich der philippinischen Küche mehr als zugetan, mehr als 30-mal habe ich mich derart überfressen, dass eine Einlieferung in die Notaufnahme des Krankenhauses erwogen wurde. Dazu muss man wissen, dass auf den Philippinen angesehen ist, wer am meisten essen kann. Weitere Kriterien für hohen gesellschaftlichen Status: möglichst groß, möglichst blond, möglichst dick, möglichst weiße Hautfarbe – was dazu führt, dass in einem Dschungelgebiet auf Mindanao angedacht wird, mich als Gottheit zu verehren. Ich bin beliebt dort, weil ich bis auf Rinderpansen so ziemlich alles esse, was eine Filipina mir serviert.

Aber das? Nein, das kann ich nicht essen, es schmeckt fürchterlich und brennt schrecklicher als damals in der sechsten Klasse, als ich eine Chilischote essen musste, um ins Basketballteam aufgenommen zu werden.

Ich würde mich nun wirklich nicht zu den hochsensitiven Gaumen auf diesem Planeten zählen, vielmehr bin ich der neuzeitliche Nemesis des Franzosen Jean Anthèlme Brillat-Savarin. Der war zwar eigentlich Richter, verfasste aber im Jahr 1826 das Werk »La Physiologie du Goût« (»Die Physiologie des Geschmacks«). Darin steht folgender schöner Satz: »Ein echter Feinschmecker, der ein Rebhuhn verspeist hat, kann sagen, auf welchem Bein es zu schlafen pflegte.« Nun, ich kann ein Rebhuhn nicht von einem Auerhahn unterscheiden, ich weiß gerade einmal, dass mir Huhn besser schmeckt als Schwein – ohne jetzt Schweine per se als schlecht schmeckende Tiere abtun zu wollen. Die Qualität eines Steaks beurteile ich an der Menge des Wassers, das beim Verzehr in meinem Mund zusammenläuft. Brillat-Savarin würde mich wahrscheinlich als Gourmand deklarieren, was mir grundsätzlich nicht besonders viel ausmacht. Ich verfahre nach dem Prinzip »Ein hungriger Mann ist ein böser Mann« – und weil ich meine Mitmenschen schon genug mit meiner schlechten Laune nerve, sorge ich dafür, dass zumindest Hunger in den seltensten Fällen ein Auslöser dafür ist.

Aber das hier schmeckt wirklich schlimm – und ich muss es sagen.

In Gedanken überlege ich mir die wirksamsten Sprüche. Ich könnte sagen: »Das schmeckt so dermaßen scheußlich, dass nicht einmal Reiner Calmund einen Löffel davon nehmen würde.« Ich könnte auch sagen: »Damit darfst du nicht einmal einen Hund füttern, weil der dann abhauen und lieber als Vagabund leben würde.« Oder den Klassiker: »Ist dir der Pfeffer aus der Hand gerutscht und komplett in die Suppe gefallen?« Es stellte sich übrigens heraus, das ebendies passiert ist, der Topf eigentlich zur Seite gestellt wurde und dessen Inhalt nur durch das Eingreifen eines übereifrigen Familienmitglieds auf den Tellern landete. Der Rest des Essens schmeckte natürlich wie immer so, dass selbst Brillat-Savarin seine Freude daran gehabt hätte.

In diesem Moment erwäge ich gar, zum Superlativ zu greifen und zu sagen: »Das ist das Schlimmste, was ich jemals essen musste.«

Dazu muss man wissen, dass auf den Philippinen Kritik am Essen ungefähr so sanktioniert wird wie Ehebruch oder versuchter Mord, weshalb ich mich schon auf das Abhacken meiner Zunge oder Peitschenhiebe oder Zahlung von 500 philippinischen Pesos einstelle.

Ich hole Luft und will gerade loslegen, da höre ich eine Stimme.

»Die Suppe schmeckt nicht. Pfui, Teufel!«

Mehr höre ich nicht. Keine Übertreibung, kein Vergleich, kein Superlativ.

Der Satz kommt von Philipp, einem aufgeweckten Zehnjährigen, der sich bisher eher durch seine außerordentlichen Fähigkeiten an PlayStation und Nintendo Wii hervorgetan hat denn durch qualifizierte Kommentare beim Essen. Außerdem ist er der jüngste Mensch, der Proteine zur Gewichtszunahme schluckt.

Sofort sausen zwei Frauen aus der Küche und fragen nach dem Grund.

»Sie ist zu scharf.«

Auf erneute Nachfrage wiederholt er noch einmal: »Sie ist zu scharf. Basta!«

Mehr sagt er nicht.

Er ist ehrlich. Er sagt, was er denkt. Er spricht einfach und klar aus, wie es ist. Er bekommt keine Peitschenhiebe. Vorerst.

Ich sehe ihn an – und es fällt mir wie Schuppen von den Augen, als wäre ich ein Jünger Jesu auf dem Gang nach Esau. Ich erkenne ganz deutlich, welch gravierenden Fehler ich in den ersten fünf Tagen meines Projekts begangen habe.

Ich war nicht ehrlich.

Ich war vielleicht kreativ, ich war gemein, ich war beleidigend.

Ich war ein Arschloch.
Aber ich war nicht ehrlich.
Schon der Philosoph Augustinus beschäftigt sich in seinem Werk »De mendacio« mit diesem Phänomen. Er schreibt, dass den Menschen die Sprache nicht deshalb gegeben sei, damit sie sich gegenseitig täuschen, sondern damit sie einander ihre Gedanken mitteilen. Wer die Sprache zur Täuschung gebrauche – und sei es auch nur für eine Übertreibung –, der missbrauche sie, und das sei eine Sünde. Thomas von Aquin nimmt diesen Gedanken auf: Wörter seien Zeichen des Geistes, es sei wider die Natur und wider den Geist, sie in den Dienst der Täuschung zu stellen, dies sei eine Pervertierung der Sprache. Und deshalb ist die Übertreibung »Das ist das Schlimmste, was ich jemals essen musste« ebenso verwerflich wie die Lüge »Das schmeckt prima, was ihr da gekocht habt«. Der einzige Satz, den Augustinus und Thomas von Aquin in diesem Fall akzeptieren, ist: »Die Suppe schmeckt mir nicht!«

Ein Kind zeigt mir jetzt, wie das gemacht wird mit der Ehrlichkeit.

Es sagt nur: »Es schmeckt mir nicht!«

Philipp ist wie der Mann aus Platons Höhlengleichnis, der hinausgeführt wurde ins Sonnenlicht und nun zu den Gefangenen in der Höhle zurückkehrt, um ihnen zu berichten, wie es wirklich zugeht da draußen. Er sieht keine Schatten und Abbildungen, und er braucht keine markigen Worte, um sie zu beschreiben. Er sagt einfach, was er sieht und schmeckt. Ich verlache Philipp nicht, wie es die anderen Gefangenen in Platons Gleichnis entsprechend tun, die behaupten, ihr Schicksalsgenosse sei mit verdorbenen Augen von da oben zurückgekommen. Ich bewundere ihn vielmehr für seine Erkenntnis und den Mut, es auszusprechen.

Ich möchte nun nicht behaupten, dass ich eine Epiphanie habe – aber ich bin doch sehr beeindruckt. Und wenn ich ein besserer Autor wäre, dann würde mir jetzt ein besserer

Spruch einfallen als die Floskel: »Kindermund tut Wahrheit kund.«

Mir geht es wie Charlie Sheen in der brillanten TV-Serie »Two and a Half Men«. Der hedonistische Frauenheld hat seinen Bruder und dessen unterentwickelten Neffen Jake bei sich aufgenommen, nun möchte er heiraten. Charlie fragt Jake, wie er das denn finde. »Gut«, meint der Zehnjährige. Charlie ist entrüstet: »Mehr hast du dazu nicht zu sagen?« Der Kleine daraufhin: »Na, wie soll ich es denn finden?« Charlie überlegt und antwortet: »Na, gut halt.« Jake runzelt die Stirn: »Na also!«

Wir erwarten ständig große Sprüche und lustige Sätze, dabei kann die Wahrheit so einfach sein.

Ich lag fünf Tage lang so falsch wie die CIA mit ihrer Einschätzung über die Notwendigkeit des Irakkriegs.

Dabei wird mir klar, dass nicht nur ich diesen Fehler gemacht habe, sondern wahrscheinlich auch alle anderen, denen ich von meinem Projekt erzählt habe. Das liegt daran, dass ich zu den Menschen gehöre, die nicht nur ein Blatt vor den Mund nehmen müssten, sondern ein ganzes Buch. Will man es positiv ausdrücken, so könnte man sagen, dass ich mein Herz auch schon vor den Wahrheitswochen auf der Zunge trug. Vielleicht war meine Frau auch deshalb nicht besonders begeistert. Wahrscheinlich hat mir deshalb eine Kollegin, die mir – das ist schon positiv ausgedrückt – nicht besonders wohlgesonnen ist, erklärt: »Dann bleib lieber daheim während dieser Zeit, du bist ja auch ohne das Projekt schon ekelhaft genug.«

Sie alle hatten Angst, ich würde sie beleidigen, weil sie sich vielleicht an einen Satz von Voltaire erinnert fühlten, der in seinem Dialog »Der Kapaun und das Masthuhn« schreibt: »Sie bedienen sich des Denkens nur, um ihre Ungerechtigkeiten zu rechtfertigen, und benutzen ihre Worte nur, um ihre Gedanken zu verkleiden.« Unter Umständen könnte es auch daran gelegen haben, dass ich ohne den leisesten Zweifel verkündet habe, sie beleidigen zu wollen: »Nehmt euch bloß in Acht, wenn ich ehrlich bin. Dann bekommt mal jeder eine schöne Aussage von mir.«

Ich lag so etwas von falsch.

Meine Wahrheit war keine Wahrheit.

Meine Ehrlichkeit war keine Ehrlichkeit.

Es waren Übertreibungen und kreative Beleidigungen.

Ich muss in diesem Moment an Dieter Bohlen denken, der nicht nur Popproduzent und Chefbefriediger deutscher U-27-Mädchen ist, sondern auch ein Buch geschrieben hat, das »Nichts als die Wahrheit« heißt. Nicht nur deshalb hat Bohlen direkt mit meinem Projekt zu tun. Ich finde Bohlen grundsätzlich prima, nicht nur wegen seiner Einstellung »Je älter ich werde, desto jünger werden meine Frauen«. Ich respektiere den Mann, weil er zwar ein lockerer Hund ist, aber zum einen ein BWL-Studium mit 1,0 abgeschlossen hat – Menschen, die viel schlauer sind als ich, schafften gerade einmal 1,9 – und zum anderen, obwohl er sich aufführt wie ein Zuchtbulle mit Samenkoller, ein vernünftiger Geschäftsmann ist.

Aber er sagt nicht die Wahrheit.

Er ist nicht ehrlich.

Im Sinne von Radical Honesty lügt er sogar.

Das ist der Unterschied zwischen seiner Show »Deutschland sucht den Superstar« und dem amerikanischen Vorbild »American Idol« mit Juror Simon Cowell. Es ist die Differenz zwischen Ehrlichkeit und Effekthascherei.

Ein kleiner Junge, er muss zwischen sieben und neun Jahren alt sein, betritt den Raum. Er stellt sich auf einen Stern, der auf den Boden geklebt wurde. Er lächelt, seine Augen strahlen, er beginnt zu singen. Er hat sich »Let's get it on« von Marvin Gaye ausgesucht. Er singt, wie ein Achtjähriger eben »Let's get it on« singt. Zwei Juroren sind begeistert. »Du bist so goldig«, sagt Paula Abdul – auch Randy Jackson lobt den kleinen Verführer. Nur Simon Cowell schüttelt schlecht gelaunt den Kopf: »Gefällt mir nicht!« Mehr nicht. Er schickt den kleinen Jungen weg.

Bohlen sagte einem Kandidaten einmal, dessen Stimme würde nur dazu taugen, Soldaten in Kriegsgebieten aufzuwecken. Einen anderen forderte er auf: »Nimm dir einen Anwalt und verklag deinen Gesangslehrer.« Am berühmtesten ist natürlich der Frosch, dessen Penis in einen Toaster eingeklemmt wurde. Bohlen beleidigt, er sagt nicht die Wahrheit – und ehrlich sind diese auswendig gelernten Sprüche auch nicht. Bei Cowell ist das anders. Der meint nur, dass es ihm nicht gefällt und dass er keinen Bock hat, den Kandidaten in die nächste Runde zu schicken. »Ich bin nur ehrlich«, sagt Cowell. »Meine Urteile sind hart, aber gerecht.« Und nicht garniert mit Metaphern und Vergleichen aus dem Handbuch für Proll-Sitcom-Autoren. Genau deshalb kommen in die amerikanische Show künftige Künstler und keine Hofnarren.

Ich war fünf Tage lang Dieter Bohlen und nicht Simon Cowell.

Ich habe ungefähr 950-mal nicht gelogen – aber ich habe davon bestimmt 500-mal auch nicht die Wahrheit gesagt, sondern gewaltig übertrieben. Ich habe als Gefangener in einer Höhle den Schatten beschrieben, den ich gesehen habe – aber ich habe ihn größer gemacht oder für kleiner befunden, ich habe mir kreative Umschreibungen ausgedacht und witzige Darstellungen.

Weil ich lustig sein wollte.
Weil ich kreativ sein wollte.
Weil ich beleidigen wollte.

Simon Cowell wurde vom Magazin »Esquire« zu den 75 besten Menschen der Welt gewählt mit der Begründung, immer ehrlich zu sein und auch immer recht zu haben. Dieter Bohlen taucht in keiner Liste mit den besten Menschen auf.

Ich muss eher sein wie Simon Cowell. Ich muss eher sein

wie Jake aus »Two and a Half Men«. Ich muss eher sein wie der kleine Philipp.

Brad Blanton schreibt in seinem Buch »Radical Honesty – How to Transform Your Life by Telling the Truth«, dass wir Menschen drei Dinge bemerken können: 1. Dinge, die in unserer unmittelbaren Umgebung passieren, 2. Gefühle, 3. Gedanken und Fantasien. Er beklagt, dass viele Menschen die meiste Zeit für die dritte Kategorie verschwenden würden und vergessen hätten, was direkt vor und in ihnen geschieht. Wir sind so damit beschäftigt, unsere Gedanken und Fantasien zu ordnen und mitzuteilen, dass wir nicht mehr beobachten und klar aussprechen könnten, was wir sehen und fühlen.

Ich glaube, dass es vielen Menschen ähnlich geht. Ich muss mich mehr darauf konzentrieren, was tatsächlich passiert – und muss auch ausdrücken, was tatsächlich passiert.

Natürlich muss ich auch weiterhin »beschissene Schlampe« sagen, wenn mir »beschissene Schlampe« durch den Kopf geht. Aber ich muss nicht sagen: »Dein Hemd sieht aus, als hättest du es mit einer Zeitmaschine aus den 70ern importiert und dann zu heiß gewaschen«, wenn ich mir nur denke: »Das sieht echt nicht gut aus.«

Ich schiebe den Teller von mir.

»Philipp hat recht. Die Suppe schmeckt nicht.«

Nachdem allen Anwesenden die Gesichtszüge entglitten sind, sage ich: »Sie ist viel zu scharf!«

Philipp und ich sehen uns an und klatschen uns ab. Wir sind uns einig.

Nach einigen Tumulten konnte auf das Herbeirufen der Polizei verzichtet werden, als die wahre Ursache für die unmäßige Schärfe entdeckt wurde. Uns wird nicht die Zunge abgeschnitten, die Köchinnen interpretieren die Bläschen darauf als angemessene Strafe für die laut ausgesprochene Kritik.

Und ich habe die erste Erkenntnis in diesem Projekt,

die mir nicht Schmerzen im Brustbereich, eine Strafe von 40 Euro oder eine beleidigte Bahnmitarbeiterin einbringt.
Wer ehrlich sein will, muss ehrlich ehrlich sein.
Es wird noch eine friedliche Familienfeier mit einigen ehrlichen Aussagen. Philipp etwa meint nach einem überaus spannenden Tennismatch auf Nintendo Wii, das ich aufgrund einiger extrem fragwürdiger Schiedsrichterentscheidungen, mit Betrugsvorwürfen gegenüber meinem Gegner wegen dessen Schlägerhaltung und einer kurzen Rangelei mit einem aufsässigen Zuschauer (meiner Frau) äußerst knapp mit 1:6, 1:6 verloren habe: »Du bist echt voll schlecht!«
Kinder sagen die Wahrheit...

Kapitel 5

Tag 8 – Ehrlich sein ist teuer

Dies ist ein Kapitel, das es niemals geben dürfte. Es geht um einen derart ungeheuerlichen Vorgang, dass er niemals aufgeschrieben werden dürfte, weil niemand wissen soll, dass so etwas in Deutschland tatsächlich passiert ist – und vor allem, dass es mir passiert ist. Es ist kein schönes Kapitel und wahrscheinlich nicht einmal besonders gut geschrieben. Wegen dieses Kapitels gab es mehrere Streitigkeiten in meiner Ehe, die bei unglücklichem Ausgang zwar nicht zum Scheitern, wohl aber zu einem weit unglücklicheren Verlauf als dem tatsächlichen hätten führen können. Außerdem werde ich von meinen Freunden deshalb verlacht, was die Sache nicht unbedingt erträglicher für mich werden lässt.

Sollten Sie ein Mensch mit schwachen Nerven, leerem Konto oder ausgeprägtem Hass auf deutsche Behörden sein, dann legen Sie das Buch nun entweder für immer weg, oder überblättern Sie zumindest dieses Kapitel. Denn das, wovon ich nun berichte – das Vorhaben, die Ausführung und das Ergebnis –, wird Ihnen keinen Spaß bereiten.

Meine Frau und ich sind zum Zeitpunkt dieses Projekts 29 und 25 Jahre alt und seit zweieinhalb Jahren verheiratet – zumindest ich den Großteil davon glücklich. Wir haben noch alle Zähne im Mund, unser Arzt behauptet, dass wir viel von unserer Rentenversicherung haben werden, in die wir brav einzahlen – und zumindest Hanni hat noch alle Haare auf dem Kopf. Wir sind das, was man mit dem 80er-Jahre-Yuppie-Volksmund – Sie wissen schon, jene Zeit, als man 3,0-BWL-Absolventen noch Einstiegsgehälter von 15 000 Mark zahlte – DINKs nennt. Wahrscheinlich wurde der Begriff »Double Income, No Kids« unübersetzt in den deutschen Sprachgebrauch übernommen, weil die Abkürzung der deutschen Übersetzung »Zwei Einkommen, keine Kinder« (ZEKK) doch arg negativ geklungen hätte. Mittlerweile sind wir etwas, für das es keine smarte Abkürzung gibt: nämlich eine junge Familie mit einem kleinen Sohn und einer Mama, die daheim bleibt und auf ihn aufpasst, also so etwas wie EVDM (»Ein Verdienst, drei Mäuler«), was nicht einmal durch die englische Version OIOK (»One Income, One Kid«) beschönigt werden kann – obwohl ich finde, dass OIOK unsere Situation ziemlich treffend beschreibt.

Aber das soll nun zunächst nichts zur Sache tun, denn als sich diese Geschichte ereignet, sind wir noch DINKs und damit die Zielgruppe von 78 Prozent aller Werbefilme sowie von Bankangestellten, die einem Lebensversicherungen und Berufsunfähigkeitsversicherungen und Zahnersatzversicherungen verkaufen wollen. Wir verdienen gutes Geld – zu wenig zwar dafür, wie viel wir arbeiten, aber das behaupten wohl 103 Prozent der Deutschen. Das verdiente Geld legen wir brav in Lebensversicherungen und Berufsunfähigkeitsversicherungen und Zahnersatzversicherungen an, und ich glaube, dass sich der übereifrige Bankangestellte, der uns damals die Versicherungen aufschwatzte, von der Provision ein kleines Auto gekauft hat.

Meine Frau investiert zusätzlich kräftig in Firmen wie Lancôme, l'Occitane und Biotherm, allerdings nicht in Form von Wertpapieren. Meine weiteren Anlageformen sind DVDs von Serien, Single Malt und Strafzettel.

Wir sind gemeinsam steuerlich veranlagt, was bedeutet, dass im Frühjahr die Steuererklärung ansteht – nicht nur für DINKs und OIOKs, sondern für wohl jeden Menschen in Deutschland.

Bei meinen Recherchen habe ich herausgefunden, dass nicht nur fast jeder Mensch lügt, sondern auch fast jeder Steuern hinterzieht. Etwa 30 Milliarden Euro entgehen schätzungsweise dem deutschen Fiskus pro Jahr, weil die Menschen bei der Steuererklärung falsche Angaben machen. Eine genaue Zahl gibt es freilich nicht, weil das ungefähr so schwer herauszufinden ist wie verlässliche Zahlen darüber, wie viele Menschen pro Tag zu schnell fahren. Wenn wir nun annehmen, dass jeder, der einmal zu schnell gefahren ist, auch bei der Steuererklärung schon einmal gelogen hat, dann erreicht man eine Quote von 100 Prozent abzüglich der Strich-Fünfzig-Fahrer und Schattenparker.

Weil wir unsere Steuer immer noch nicht auf dem Bierdeckel erklären können, sondern weltweit über das komplizierteste Steuersystem verfügen, kann in Deutschland ein normaler Mensch das Formular ohne steuerberaterliche oder psychiatrische Hilfe nicht einmal lesen. Es ist, als würde man wie im Comic »Asterix erobert Rom« im Haus, das Verrückte macht, den Passierschein A38 besorgen müssen. So geht es uns auch, weshalb Hanni und ich professionelle Hilfe benötigen.

Helmut ist nicht nur ein treuer und fantastischer Freund, sondern auch einer der besten Steuerberater, die es in Deutschland gibt. An der Uni gehörte er zu den Besten des Jahrgangs, bei der Steuerberaterprüfung gehörte er zu den Besten des Jahrgangs, selbst beim Kampftrinken auf Wohnheimpartys gehörte er zu den Besten des Jahrgangs. Während meiner Studienzeit in Amerika hat er meine Immatrikulation und die Zahlung der Studiengebühr an der Uni Regensburg verwaltet, was ihm von meinem Vater den Beinamen »braver Bub« einbrachte und in Helmut und mir den Entschluss zementierte, dieses Prüfungsamt irgendwann einmal in die Luft zu sprengen – was wir in Ermangelung von Mut und aufgrund der Schwierigkeit, an geeignetes Sprengmaterial zu gelangen bisher noch nicht umgesetzt haben.

Er ist ein gewissenhafter Steuerberater, der bei einer nicht unbedeutenden Firma arbeitet und dort eine beachtliche Karriere gemacht hat. Er ist aber auch ein Schlawiner, was ein Mensch in seinem Beruf wohl auch sein muss. Die 15 Punkte im Grundkurs Schwimmen etwa hatte er sich nicht durch seine Leistungen im Becken verdient, sondern durch seine Schreinerkünste. Das ist nicht besonders verwerflich, da kleinere Bestechungen und Gefälligkeiten an unserer Heimatschule nichts Ungewöhnliches waren – der damalige Direktor hatte das sogar kultiviert und manche Konflikte mit der Aussage »Ihre kleineren Kinder wollen doch auch noch auf diese Schule gehen« gelöst.

Helmut trägt meistens ein weißes Hemd und eine hellblaue Jeans, was in dieser Kombination nur er tragen kann, weil er auf den Gürtel mit extravagant glänzender Schnalle verzichtet und in diesem Outfit vielen Protagonisten aus dem Film »Wall Street« nicht unähnlich sieht. Ich kenne ihn bereits seit der fünften Klasse, doch erst während des Studiums wurden wir Freunde. Wir haben gemeinsam die Vorlesung »Theorie und Praxis der Besteuerung« beim Wirtschaftsweisen Wolfgang Wiegard besucht – und die Tatsache, dass ich nun seine Hilfe brauche, zeigt eindeutig, wer dieses Seminar mit der besseren Note abgeschlossen hat. Helmut könnte darüber hinaus in folgenden Kategorien bei »Schlag den Raab« glänzen:

- Russische Kriegsfahrzeuge
- Schafkopfen
- Kopfrechnen
- Militärische Veteranentreffen
- Allgemeinbildung
- Gesellige Abende
- Klüngeln

Wir haben Helmut und seine Freundin zum Abendessen eingeladen – aber nicht, ohne vorher über den Sinn einer Steuererklärung im März zu diskutieren. Hanni nämlich ist grundsätzlich ein ehrlicher Mensch, der mich nicht einmal anlügt, wenn er die letzte Milchschnitte aus dem Kühlschrank klaut. Sie verrät auch jedem Menschen die Weihnachtsgeschenke, die er bekommen wird, weil sie eine grandios schlechte Lügnerin ist.

Ich jedoch gehöre wie Helmut zu den Schlawinern, die auch mal eine leere Milchschnitte-Packung in den Kühlschrank zurücklegen, um nicht ertappt zu werden. Weihnachtsgeschenke kaufe ich grundsätzlich am 23. Dezember, weshalb ich sie nicht verraten kann. Deshalb war ich der Ansicht, dass es in diesem Jahr nicht schaden würde, den Zettel erst nach dem Ostersonntag auszufüllen, um wie jeder andere Steuerzahler auch die Schlupflöcher des Systems zu nutzen.

»Schatz, es würde doch überhaupt nichts ausmachen, wenn wir die Rückzahlung ein paar Monate später bekommen würden. Dafür füllen Helmut und ich die Erklärung so aus, dass es passt«, sagte ich mit einem nicht zu unterschätzenden Dackelblick, obwohl ich wusste, dass sie die Worte »dass es passt« negativ interpretiert. Ich hatte sie nämlich auch bei der letzten Diskussion um die Sauberkeit unseres Kleiderschranks verwendet, kurz bevor sie Motten darin fand, die zwischen ihren Sommerkleidern eine Kolonie gegründet hatten – was meine Frau als Absicht interpretierte, weil dazwischen Brotkrumen lagen. Reiner Zufall, das kann ich Ihnen versichern.

»Nein, nein, nein, damit kriegst du mich nicht rum.« Sie probierte gerade ein Kleid an, auf dem gelbe Blumen abgebildet waren und das ich abscheulich fand. Normalerweise mag ich Blumen und auch die Farbe Gelb, aber diesmal stellte ich mir doch die Frage, wie untalentiert ein Designer sein muss, wenn er Blumen und Gelb auf so garstige

Weise kombiniert. Ich nahm mir vor, dem Designer einen Brief zu schreiben und ihm ehrlicherweise meine Meinung mitzuteilen. Aber das erst später, nun ging es um die Steuererklärung.

»Wieso rumkriegen? Es geht hier um unser gemeinsames Geld. Das Kleid sieht übrigens schrecklich aus!«

Sie betrachtete sich im Spiegel und kam wohl zu einem anderen Urteil.

»Es geht auch um unsere gemeinsame Freiheit! Pass auf, du hast dir eingebildet, ehrlich zu sein. Jetzt fang bloß nicht an zu kneifen, nur weil du ein paar Euro an Steuern sparen könntest. Oder willst du jetzt aufhören mit der Ehrlichkeit? Nach zwei Wochen?«

»Ich muss dann aber ehrlich sein, das ist dir hoffentlich klar.«

»Na und? Kein Mensch will, dass du Steuern hinterziehst. Und jetzt Ende. Mach deine Steuer und fertig! Nur weil Banker Steuern hinterziehen, müssen wir das nicht auch tun.«

»Ich will keine Steuern hinterziehen!«

»Was sonst?«

»Die Erklärung so ausfüllen, dass es passt.«

»Das ist Steuerhinterziehung.«

Damit war die Diskussion beendet. Ich will an dieser Stelle noch einmal versichern, dass ich wirklich nicht die Absicht hatte, Steuern zu hinterziehen. Ich hatte lediglich geplant, interpretierbare Dinge zu meinen Gunsten zu interpretieren und auf die Kulanz des Prüfers zu hoffen. Oder so ähnlich. Auf jeden Fall wäre mein Anteil an den 30 Milliarden verschwindend gering.

Ich muss vielleicht noch erwähnen, dass die Freundin von Helmut die ebenso intelligente wie sarkastische Nina ist. Sie sieht ein wenig aus Miranda aus »Sex and the City«, hat aber den Schuhtick von Carrie und den beruflichen Erfolg von Samantha. Eigentlich ist sie »Sex and the City«, was sie für meine Frau und mich zu einer überaus sympathischen Person macht.

Intensive Recherchen meinerseits haben ergeben, dass Nina und Helmut längst geheiratet haben. Ich weiß nur nicht, ob es in Las Vegas oder auf Kuba war – obwohl beide es nach wie vor vehement dementieren. Ich kann es nur leider nicht beweisen. Ninas Stärken bei »Schlag den Raab«:

- »Star-Trek«-Zitate
- Deutsches Steuerrecht
- »Sex-and-the-City«-Quiz
- Prosecco-Marken erraten
- Dauershopping
- Haar- und Wimpernfarben
- »Bernd, das Brot«-Episoden

Helmut und Nina haben eine interessante Form der Koexistenz gefunden, die sich in sarkastischen Kommentaren zu meinen Geschäftsideen oder dem Sexualverhalten mancher Mitglieder unserer Clique manifestiert. Lustig an der Beziehung ist auch, dass Helmut Steuerberater ist und Nina bei einer deutschen Behörde arbeitet, die Steuererklärungen prüft. Ich denke mir oft: Wenn Nina die Erklärungen so penibel prüft, wie sie ihre Haare trägt oder modische Outfits auswählt, dann trägt sie sicherlich keine Schuld an den oben erwähnten 30 Milliarden.

Wenn wir unter Freunden über Steuer reden, dann bekommt Helmut meist feuchte Augen, während sich Nina die Ohren zuhält und laut zu summen beginnt. Manchmal singt sie auch »Ich will und darf das nicht, das interessiert mich nicht« in der Melodie eines französischen Chansons, die in Deutschland schon für ein rotes Pferd, das eine Fliege abwehrt, missbraucht wurde. Sie ahmt die Stimme von Edith Piaf täuschend echt nach, nur singt sie nicht »Allez, venez,

Milord! Vous avez l'air d'un mome!«; manchmal sagt sie auch nur: »Lalalalaaa-lala!«

Nach dem Essen machen sich Helmut und ich an die Steuererklärung, während meine Frau und Nina auf der Couch Platz nehmen, bewaffnet mit einer Flasche Prosecco und Gerüchten aus mindestens 17 Frauenzeitschriften und ebenso vielen Telefongesprächen. Da meine Frau aufgrund ihrer Schwangerschaft keinen Alkohol trinken darf, habe ich ihr eines dieser ekelhaften alkoholfreien Blubberwasser gekauft, die im Supermarkt neben der Fleischtheke zu finden sind. Warum das so ist, weiß ich nicht, aber ich finde es aufschlussreich, dass der Mensch beim Kauf von Steaks den Blick auf alkoholfreien Prosecco werfen soll. Diese Idee – also die Verbindung von Fleisch und Alkohol – kann eigentlich nur von einem Marketingstrategen der CSU stammen, aber da ich glaube, dass zumindest dieser Supermarkt überparteilich ist, muss es ein anderer kluger Kopf gewesen sein.

Ich habe neben dem Tisch einen Turm gebaut aus Verträgen für Lebensversicherungen und Berufsunfähigkeitsversicherungen und Zahnersatzversicherungen, weil der Bankberater mir beim Abschluss sagte, dass man »das prima von der Steuer absetzen« könne. Der Turm sieht ein wenig aus wie das Burj-al-Arab-Hotel in Dubai.

Helmut öffnet auf meinem Computer das »ElsterFormular 2008/2009«, also meinen Passierschein A38, von dem ich mir verspreche, dass es mir die ersten sechs Staffeln von »24«, eine Flasche Ardbeg Ten und mindestens zehnmal Falschparken in der Münchner Innenstadt finanziert. Schon beim Ausfüllen des Hauptbogens gibt es die ersten Probleme, weil ich keine Ahnung habe, was eine Identifikationsnummer ist. Das Problem ist schnell gelöst, weil Helmut sie auf dem obersten Blatt meines architektonisch anspruchsvollen Blätterbergs findet. Das Feld »Bei der Anfertigung der Steuererklärung hat mitgewirkt« lässt Helmut leer. Als ich ihn frage, warum er seinen Namen nicht hineinschreibt, sagt er nur: »Ich prüfe nichts und gebe keine Tipps, ich helfe dir nur beim Ausfüllen. Eigentlich bin ich gar nicht da.« Ich interpretiere die Aussage so, wie ich die Terroristen-Fragen am Flughafen deute. Die lauten: »Haben Sie den Koffer selbst gepackt?« und »Hatte sonst noch jemand Zugang zum Koffer?« Man sagt bei der ersten Frage »Ja« und bei der zweiten »Nein« – was aber letztendlich nichts anderes bedeutet, als dass man der Depp ist, wenn im Koffer tatsächlich eine Bombe sein sollte.

Er tippt verschiedene Zahlen in das Formular ein. Als er entdeckt, dass meine Frau und ich eine Riester-Rente abgeschlossen haben, bekommt er kurz feuchte Augen, die ich zuletzt bei ihm sah, als er die TÜV-Plakette für sein russisches Militärfahrzeug überreicht bekam.

Lebensversicherungen und Berufsunfähigkeitsversicherungen und Zahnersatzversicherungen erwähnt er lobend und muss deshalb gar eine zweite Seite im Formular aufmachen. Ich reibe mir zufrieden die Hände, weil eine zweite Seite im Formular schließlich nicht jeder bekommt.

Meine Frau und Nina haben sich inzwischen eine zweite Flasche Prosecco und eine zweite Flasche Blubberwasser geholt. Ich finde Hannis Kleid auch nach zwei Bier noch fürchterlich und erinnere mich daran, dem Designer morgen einen Brief zu schreiben.

Wir gelangen zu den Punkten »Doppelte Haushaltsführung« und »Auswärtstätigkeit«. Unschuldig sieht Helmut mich an: »War da was?« Ich weiß, dass er darauf anspielt, dass meine Frau damals noch in Regensburg wohnte, während ich bereits in München arbeitete. Nur hatte ich damals vergessen, mich in München zu melden, was meine Frau nicht als Fauxpas bezeichnete, sondern als »einen Jürgen bauen«.

»Hypothetisch könnte man«, sagte Helmut – und ich weiß, dass alles, was nach dieser Einleitung kommt, sich zumindest am Rande der Legalität bewegt –, »also hypothetisch könnte man sagen, dass du die ganze Zeit über gependelt bist. Fast ein halbes Jahr lang. Das würde was bringen.« Er sieht mich an, wie ein Mann einen anderen ansieht, wenn er ihm eine neue Whiskysorte empfehlen möchte.

Meine Frau trinkt einen Schluck falschen Prosecco, während sich Nina die Ohren zuhält und einen Chanson summt.

»Aber ich bin nur am Wochenende gefahren und nur ganz selten unter der Woche.«

Helmut sieht mich an, wie ein Mann den anderen ansieht, wenn sie sich stundenlang über Whisky unterhalten und der eine plötzlich sagt: »Ach, Sie meinen den Bourbon vom Aldi aus der Plastikflasche?«

»Es ist deine Entscheidung...«

Meine Frau leert das Glas.

Nina summt.

Meine Frau sagt: »Der radikal ehrliche Jürgen...«

Ich murmle ein zu lautes »Fuck you«, das meine Frau jedoch überhört, weil Nina immer noch summt.

»Nein, ich muss ehrlich bleiben. Schreib bitte ehrlich auf, wie oft ich gefahren bin. Kein Betrug. Muss sein. Also nur am Wochenende hin und am Montag wieder zurück. Das reicht. Die Belege dafür habe ich.«

Er sieht mich an, wie ein Mann einen anderen ansieht, der ihn zwingen möchte, den Bourbon vom Aldi aus der Plastikflasche zu trinken. Ich bemerke, dass tief in ihm gerade etwas zerbricht. Er sagt nichts, er tippt nur wild in den Formularen herum.

»Du warst doch auch Reporter bei der EM in Österreich und der Schweiz, das können wir alles anrechnen.«

Ich merke, dass die Lebensfreude in ihn zurückkehrt, als hätten die Menschen im Supermarkt nicht nur Prosecco zu Fleisch gestellt, sondern auch noch vorzüglichen Whisky in die Plastikflaschen gefüllt.

»Das hat die *Süddeutsche* bezahlt, das geht nicht.«

»Hypothetisch könnte man...«

»Nein, das geht nicht. Die SZ hat korrekt abgerechnet, ich darf mich da wirklich nicht beschweren. Da ist alles in Ordnung.«

Helmut sieht mich nun gar nicht mehr an.

Nina summt auch nicht mehr. Ich glaube, dass sie gerade einen Herzinfarkt vortäuscht. Sie kuriert ihn mit einem großen Schluck Prosecco.

Helmut tippt nur noch.

»Hypothetisch könnte man nun noch die Pauschale für Büromaterial angeben.«

»Ich habe kein Büromaterial gekauft.«

Er atmet aus, wie jemand ausatmet, wenn der Stürmer des Lieblingsvereins die vierte Großchance versemmelt hat.

»Hypothetisch könnte man noch die Telefonkosten angeben, die du beruflich hattest.«

»Habe ich schon mit der *Süddeutschen* abgerechnet.«

Dieses Spiel geht noch eine Flasche Wein lang weiter, dann sind wir fertig. Ich merke, dass sich Helmut nicht nur einmal gefragt hat, wozu ich ihn überhaupt brauche – und dass Nina erstaunlich selten gesummt hat.

Das ElsterFormular hat ein schönes Feature: Man drückt auf eine Taste, dann rechnet das Programm die voraussichtliche Rück- oder Nachzahlung aus. Es ist noch kein Steuerbescheid, aber es ist eine Richtlinie, wie viel man im besten Fall zurückbekommen könnte beziehungsweise nachbezahlen muss.

Das Programm rechnet, dann zeigt es an: »Diese Berechnung ist ein Service der Finanzverwaltung der Länder und hat keine rechtliche Bindungswirkung. Über die festgesetzte Steuer und die Nachzahlung bzw. Erstattung erteilt Ihnen das Finanzamt einen Bescheid.« Ich will mich kurz darüber amüsieren, welche Art von Menschen es zu den Herausforderungen ihres Berufs zählen dürfen, Sätze wie diesen zu formulieren. Ich komme zu dem Schluss, dass es die gleichen Menschen sein müssen, die Führerscheinprüfungen entwerfen und das Regelwerk des DFB ausarbeiten, aber ich denke nicht länger darüber nach, weil mich die Zahl interessiert, die weiter unten steht.

»Wenn alles anerkannt wird«, sagt Helmut, »und davon gehe ich aus, weil wir nichts, aber auch gar nichts Interpretierfähiges angegeben haben und für alles, aber auch alles einen Beleg vorliegen haben.«

Er schüttelt noch einmal den Kopf.

»Also, wenn alles anerkannt wird, dann müsstet ihr inklusive Kirchensteuer 1932,67 Euro zurückbekommen.«

Es ist, als hätte er mir gesagt, dass ich mir ein Heimkino einrichten darf. Ich klopfe ihm auf die Schulter und proste ihm zu.

»Überragend! Habt ihr das gehört? Wir bekommen fast 2000 Euro zurück.«

Ich führe meinen bei Freunden berüchtigten Tanz mit Gebrüll auf, den ich immer dann zum Besten gebe, wenn ich etwas erreiche, wofür ich gar nichts kann.

Helmut lächelt und drückt noch ein paar Mal auf der Tastatur herum.

Ich stoße mit meiner Frau und Nina an.

»Soll ich das wegschicken?«

»Ja, weg damit. Super!«

Er übermittelt das Formular – überraschenderweise ist das Finanzamt so modern, dass die Erklärung nun bereits vorliegt und ich nur den Ausdruck nachsenden muss. Die Erklärung ist hiermit abgegeben.

»In sechs bis zehn Wochen bekommst du den Bescheid und das Geld.«

Er tippt immer noch herum.

Nina summt nun gar nicht mehr, sondern lacht über meinen Gesang, der sich weniger nach Chanson als vielmehr nach Stadiongegröle anhört.

»Hypothetisch allerdings«, sagt Helmut nach einiger Zeit. »Also rein hypothetisch, wenn wir alle Sachen angegeben hätten, die dir das Finanzamt wahrscheinlich anerkannt hätte, weil es, na ja, alle so machen...«

Nina summt wieder.

Ich gebe mich generös: »Passt schon, auf die paar Euro kommt es echt nicht an.«

Er sieht mich an, als hätte man gerade behauptet, dass es Bayern München egal sein kann, wenn es in der kommenden Saison nicht international vertreten ist.

»Also, wenn wir alles angegeben hätten...«

»Okay, nun sag schon!«

»...dann wäre der verbleibende Betrag 3679,23 Euro gewesen.«

Nina summt nicht mehr.

Ich tanze nicht mehr.

Meine Frau trinkt keinen Prosecco mehr.

Helmut tippt nicht mehr.

Ich sehe ihn an, wie Uli Hoeneß blicken würde, hätte man ihm mitgeteilt, dass der FC Bayern die kommenden fünf Jahre nicht international spielen wird.

»Ist das andere schon abgeschickt?«

»Ist schon weg, du wolltest das so.«

Die Erklärung ist abgegeben.

Meine Frau stellt ihr Glas weg: »Spinnt ihr beide? Das sind mehr als 1700 Euro!«

Helmut zuckt mit den Schultern: »Ihr wolltet ehrlich sein.«

Ich zucke mit den Schultern: »Du wolltest, dass ich ehrlich bin!«

Ich weiß nicht, wie ich mich fühlen soll. Einerseits bin ich stinksauer, dass ich diese verdammte Steuererklärung bereits weggeschickt und damit 1700 Euro verloren habe. Ich bin wütend, dass ich mich von meiner Frau dazu überreden ließ, auch bei der Steuererklärung ehrlich zu sein. Ich will aber auch mein Projekt verteidigen. Wir hätten mit der Erklärung ja bis Mai warten können. Wie so oft suche ich einen Schuldigen für meine eigenen Fehler und werde fündig bei meiner Frau – die jedoch nicht einsieht, schuld zu sein. Zu Recht, das weiß ich in diesem Moment auch.

Hanni zuckt mit fast jedem Körperteil: »Bist du noch zu retten? Wir bekommen bald ein Kind und brauchen jeden Cent und du Arsch schmeißt 1700 Euro zum Fenster raus? Bei dir sind wohl alle Sicherungen durchgebrannt!«

»Ich sollte doch ehrlich sein! Hast du vor ein paar Stunden gesagt!«

Ich merke, dass ich aus dieser Sache nicht mehr heil rauskomme.

»Aber du solltest keine 1700 Euro verzocken!«

Helmut erkennt den Ernst des Streits und versucht zu beschwichtigen: »Zum einen wart ihr nun zu hundert Prozent ehrlich, und zum anderen hätten sie euch vielleicht nicht alles anerkannt.«

Meine Frau entlarvt den Versuch: »Aber alles hätten sie nicht moniert, oder?«

»Definitiv nicht!«

»Wie viel, glaubst du, hätten wir bekommen?«

Helmut sieht mich an, ich zucke nur mit den Achseln.

»Bestimmt 1000 bis 1200 Euro mehr, vielleicht sogar alles.«

»Dafür büßt du, Schmieder!«

Ich sage nichts dazu. Ich hole eine Flasche Wein, entkorke sie einigermaßen fachgerecht und schenke ein. Mehr habe ich im Moment nicht beizutragen – ich weiß, es ist allein meine Schuld, dass wir nun weniger Rückzahlung bekommen. Das reine Gewissen, keine Steuern hinterzogen zu haben und auch nicht das angegeben zu haben, was alle angeben, ist mir im Moment scheißegal.

Es fühlt sich manchmal gar nicht so richtig an, wenn man das Richtige getan hat. Ich meine, bei einer Spende für einen Brunnen in Brasilien bekommt man ein wohliges Gefühl in der Magengegend und eine Quittung, die man ohne Probleme bei der Steuererklärung einreichen darf. Überlässt man dem deutschen Staat großmütig 1700 Euro und bekommt dafür nicht einmal ein Bild eines glücklichen Beamten mit der Steuererklärung, dann ist das kein schöner Moment.

»Es tut mir leid, Hanni. Aber freuen wir uns doch über das, was wir bekommen. Und außerdem wolltest du nicht warten und hast den Heiratsantrag-Blick aufgesetzt!«

Meine Frau nimmt einen Schluck: »Schon. Aber büßen musst du trotzdem für deine bescheuerten Einfälle. 1700 Euro! Du wirst ab sofort im Haushalt mithelfen. Auto putzen. Müll runterbringen. Staubsaugen. Keller entrümpeln! Getränke schleppen! Schränke aufbauen! Ich glaub's immer noch nicht: Wir kriegen ein Kind, und er wirft das Geld zum Fenster raus!«

Sie sieht hinüber zu Nina. Doch die summt nur einen französischen Chanson. Ich glaube, dass es diesmal sogar der Originaltext von »Milord« ist – am Ende dieses Abends und am Ende dieses Kapitels, das es nie hätte geben dürfen.

Kapitel 6

Tag 9 – Mit Ehrlichkeit umgehen

Ein Büro, das kann man nicht anders sagen, ein Büro ist ein Feuchtbiotop. Ich glaube, dass Gott das Arbeiten nur deshalb erfunden hat, um – früher in Weinbergen und nun in Büros – lustige Experimente mit uns Menschen durchzuführen und sich im Himmel darüber kaputtzulachen. Hunderte Exemplare der verschiedensten Spezies von Menschen treffen dort täglich aufeinander und müssen sich ihren Lebensraum in einem Hochhaus oder einer alten Fabrikhalle oder einem hypermodernen Hundertwasser-Gebäude teilen. Mein spezieller artengeschützter Bereich liegt im 20. Stockwerk eines Hauses, das mein Arbeitgeber laut meinem journalistischen Idol Kurt Kister in Westsibirien gebaut hat. Das 20. Stockwerk liegt mir, denn ich gebe Kister recht, der anlässlich des Umzugs aus der Münchner Innenstadt an die Peripherie in München-Zamdorf geschrieben hat: »Über mir sind nur der liebe Gott, der Himmel, der Chef und die Verlagsleitung – und da ich zwei von den vier äußerst respektiere, finde ich, dass es mir sehr gut geht.«

Ich teile mir das Büro mit einer äußerst attraktiven Kollegin, die ihre Attraktivität durch ihre Coolness noch steigert und sie allenfalls durch gelegentliche Zickereien schmälert. Sie wertet dieses eher unaufgeräumte Zimmer mit Blick auf die Allianz Arena und einige der hässlichsten Bauwerke Münchens nicht nur optisch auf, sondern bietet an schrecklichen Tagen auch Trost und Aufmunterung. Außerdem sind die männlichen Kollegen neidisch, dass ich mich so gut mit ihr verstehe – und da ich glaube, dass Neid die höchste Stufe der Anerkennung ist, denke ich, dass ich es ziemlich gut getroffen habe.

Wie schon erwähnt, bin ich juergen.schmieder@sueddeutsche.de, aber ich glaube, dass sich Bürogehege samt Insassen hinsichtlich zwischenmenschlicher Beziehungen nur sehr wenig voneinander unterscheiden, weshalb es vollkommen egal ist, ob ich Journalist bin. In jedem Unternehmen treffen, wie gesagt, die verschiedensten Charaktere aufeinander, deren einzige Gemeinsamkeit es ist, mehr oder weniger gute Arbeit für den Betrieb zu leisten und dafür mehr oder weniger viel Geld dafür zu bekommen. Jeder von uns hat über sich einen Gott, den Himmel, einen Chef und einen Geschäftsführer – und wer nicht mindestens zwei davon mag, der sollte den Beruf oder die Religion wechseln.

Natürlich denken einige meiner Kollegen, dass ich ein Idiot bin. Das hat mir bisher noch niemand ins Gesicht gesagt, sodass ich, würde ich nur nach der offiziellen betriebsinternen Kommunikation urteilen, mir durchaus Chancen auf den Titel des beliebtesten Mitarbeiters ausrechnen könnte. Ich ahne jedoch, dass ich bei einer geheimen Abstimmung eher im unteren Mittelfeld landen würde. Aber das sagt mir natürlich niemand, und ich würde mir das selbst auch nie eingestehen.

In einem Büro darf man niemandem seine ehrliche Meinung ins Gesicht sagen, weil man sonst firmenintern auf einer Stufe mit CO_2-Ausstoß steht und als Stockwerks-Klimakiller gilt. Man soll Kollegen loben, sie konstruktiv und vor allem diplomatisch kritisieren und um Himmels willen niemals mitteilen, dass man manche von ihnen ehrlich und abgrundtief hasst. Ich weiß nicht genau, warum das so ist. Ich weiß nur, dass Frauenzeitschriften und Männermagazine und Jobtrainer eine Menge Geld damit verdienen, wenn sie den Lesern oder Zuhörern erklären, wie sie diese ungeschriebenen Regeln für sich auslegen können und durch geschicktes Lügen vorankommen im Job.

Im Sinne des Fernseh-Bürohengstes Bernd Stromberg muss der moderne Angestellte ein Chamäleon sein – er muss sich mit übermännlichen Produktmanagern genauso verstehen wie mit fußballverrückten Pförtnern sowie emanzipationsbewegten Serienschreiberinnen. Er muss jedem nett zuwinken und lächeln, immer süß und knuffig sein, auch wenn er anders denkt. Schließlich verbringt der gewöhnliche Angestellte nach fristgerecht beendetem Studium mehr als 80 000 Stunden seines Lebens mit Arbeitskollegen. Menschen, die auf ein Studium verzichten, können gar die 100 000-Stunden-Marke knacken. Laut einer Studie verbringt man mehr Zeit mit den Kollegen als mit der Ehefrau.

Als ich diese Studie vor wenigen Tagen las, fragte ich mich ernsthaft, warum Menschen ein derartiges Gedöns darum machen, mit wem sie ausgehen, mit wem sie zusammenziehen oder wen sie heiraten, während sie bei der Jobwahl nur auf Bezahlung und Ansehen und die Größe des Büros achten. Aus Beziehungen wird eine Wissenschaft gemacht, die in ihrer Detailversessenheit an die Vorbereitungen beim Start einer Rakete erinnert, während die Menschen bei der Wahl des Jobs meist nur einen Typen aus der Personalabteilung kennenlernen, mit dem sie später nur noch zu tun haben, wenn die Gehaltsabrechnung mal wieder falsch ist.

Sollte es nicht umgekehrt sein? Ich meine, wenn man mal darüber nachdenkt?

Sollte einem der Lebenspartner nicht von einem Personalsachbearbeiter vorgestellt werden, während einen die Kollegen beim Rendezvous erst einmal bezirzen müssen und erst nach einem Gespräch mit den Eltern über eine Anstellung entschieden werden muss? Ich meine, wenn man mal ernsthaft darüber nachdenkt.

Ich denke, dass 80 Prozent meiner Kollegen nichts mit

mir zu tun haben wollen würden, wenn sie nicht ein Stockwerk mit mir teilen müssten. Wir haben unterschiedliche Interessen, wir lachen nicht über die gleichen Dinge. Das Büro ist ein verbales Minenfeld, über das man täglich laufen muss; überall besteht Explosionsgefahr. Ehrlichkeit, ja, Ehrlichkeit, also Ehrlichkeit im Sinne von *Radical Honesty*, ist im Büro ungefähr so passend wie ein Seitensprung am Tag der Hochzeit.

Ich muss vielleicht noch sagen, dass bei uns ausschließlich Selbstausbeuter arbeiten. Niemand verlässt am Ende einer Woche das Büro, ohne mindestens 50 Stunden gearbeitet zu haben. Es ist hektisch und stressig – und deshalb sind die Menschen auch häufig hektisch und gestresst. Zweihundert Texte werden pro Tag produziert – oftmals so schnell, dass andere in dieser Zeit nicht einmal den Morgenkaffee getrunken hätten. Es macht ungeheuer Spaß, und es ist auch eine Ehre, mit derart klugen Leuten zu arbeiten – aber es ist häufig auch derart anstrengend, dass die Nerven zum Zerreißen gespannt sind. Einer, der dann auch noch herumpöbelt, würde nicht wirklich zur Verbesserung des Klimas beitragen. Ich glaube, dass es in den meisten deutschen Büros ähnlich zugeht wie bei mir.

Jeder, der das Gegenteil behauptet und davon überzeugt ist, er würde im Büro stets die Wahrheit sagen, lügt.

Denken Sie daran: Selbst ein »Sorry, habe keine Zeit, habe gerade so viel zu tun« ist eine Lüge, wenn auf dem Bildschirm der private Maileingang geöffnet ist. Es ist eine nette Absage, aber eine Lüge. Ein »Michaela, dein Text: einfach spitze« ist eine Lüge, wenn man denkt, dass er höchst durchschnittlich ist. Es ist freundlich, aber es ist eine Lüge. Und selbst das »Guten Morgen« einem ungeliebten Kollegen gegenüber trägt zur allgemeinen Beruhigung bei, ist aber eine Lüge.

Auch Schweigen kann – wie bereits erwähnt – eine Lüge sein. Wer hat noch nicht die Situation erlebt, in der ein Kollege dermaßen genervt hat, dass man ihm gerne einmal die Meinung gegeigt hätte. Wenn er schon wieder fragt, wie er das Dokument ablegen soll, obwohl es ihm 347-mal gezeigt wurde. Oder wenn seine Arbeit derart schlecht ist, dass er mal eine Ansage bräuchte, dass seine Arbeit derart schlecht ist. Wir sagen jedoch nichts, höchstens hinter seinem Rücken – und die ganz Gemeinen gehen damit zum Vorgesetzten.

Ansonsten halten wir die Klappe. Warum eigentlich? Weil wir zum einen den Kollegen nicht beleidigen wollen und natürlich auch deshalb, um Krieg im Büro zu vermeiden.

Die französische Autorin Marie-France Cyr nennt das in ihrem Buch »Die Wahrheit über die Lüge« eine Mischung aus persönlichem Interesse und Altruismus. Wir lügen, um vor den Kollegen gut dazustehen, beruflich aufzusteigen und mehr Geld zu verdienen. Deshalb wollen wir die Mitarbeiter nicht aufgrund einer Lappalie wie dem Unterlassen der Guten-Morgen-Floskel verletzen und dadurch den Bürofrieden gefährden. Denn manche Mitarbeiter sind eine Mischung aus Desirée Nick und Arthur Spooner aus der Serie »King of Queens«. Schon beim vorsichtig gehauchten »So gut fand ich das jetzt nicht« oder »Ich habe keine Zeit für dich« sind sie auf Tage hinaus beleidigt, obwohl man von Ehrlichkeit so weit entfernt ist wie RTL von einer witzigen Show. Wie würde der erst reagieren, wenn man ihm ins Gesicht sagt: »Das ist einfach nur schlecht« oder »Ich habe keinen Bock, dir jetzt zu helfen«? Die zweitwichtigste Regel im Büro nach der allgemein bekannten, den Füller nicht in Firmentinte zu tauchen, lautet meiner Ansicht nach: »Sei nicht allzu oft ehrlich.«

Nun ist also nicht nur der neunte Tag des Projekts, sondern auch der erste Arbeitstag im Büro.

Ich bin nervös.

Ich habe die Kollegen in der vergangenen Woche vorgewarnt mit dieser E-Mail:

Liebe Kollegen,

wie gerade in der Wochenkonferenz besprochen, widme ich mich der Bewegung *Radical Honesty*, einer religiös-psychologischen Bewegung aus – ja, wirklich – Washington D.C. Ziel der Bewegung ist es, DIE WAHRHEIT zu sagen, ungeschönt und ohne Umschweife – und ohne Filter zwischen Hirn und Mund.

Wer also schon immer wissen wollte, was ich von ihm halte, möge zu mir kommen. Wer das besser nicht wissen will – na ja, der halte Abstand.

Und keine Sorge: Die Wahrheit muss ja nicht immer negativ sein, vielleicht gibt es ja positive Überraschungen – wer weiß.

In der Hoffnung, die Woche ohne blaues Auge zu bestehen, grüßt euch

Jürgen

Mit heruntergezogener Mütze schleiche ich in die Morgenkonferenz und hoffe, dass mich niemand anspricht. Ich will es langsam angehen lassen und nicht gleich am ersten Tag eine Abmahnung bekommen wegen, ja, weswegen eigentlich? Ehrlichkeit? Taktlosigkeit? Beleidigung? Ich bin mir nicht sicher, aber ich rechne fest mit einer Abmahnung während meines Projekts.

Ich überstehe die Konferenz ohne größeren Zwischenfall und schleiche mich sogleich in mein Büro.

»Schmiederle, komm mal mit!«, ruft einer. In der Tür steht das dynamische Duo des blauen Dunstes, Produktmanager Ralf und Techniker Andreas, mit denen ich gemeinsam das Triumvirat des Rauchens bilde. Rauchen, das ist neben Kickern eine der Formen des Stressabbaus bei uns. Da nur in Einzelbüros gequalmt werden darf, rücken wir gemeinsam vor in das Zimmer des Homepage-Chefs, der uns für die geringe Gebühr von einer Flasche Scotch pro Jahr zu Mitgliedern in seinem Raucherclub ernannt hat. Ich nehme mir eine Zigarette aus einer Packung, die eigentlich nur Frauen und Anfänger in der Tasche haben. Andreas wählt eine stärkere Zigarette in tschechischer Ausführung, Ralf dreht selbst.

»Sag mal, Schmiederle, wie ist das denn jetzt mit deiner Ehrlichkeit?«, fragt Ralf und klopft mit dem Fuß auf den Boden. »Du sagst immer, was du denkst, oder was?«

Mit seinem engen Poloshirt möchte er unterstreichen, dass er gestern im Fitnessstudio war und für einen Enddreißiger eine nicht zu unterschätzende Bauchmuskulatur vorweisen kann.

»So schaut's aus!«

Ich zünde meine Zigarette an, huste kurz und sehe Ralf an. Er spannt die Oberarme an und klopft wieder mit dem Fuß auf den Boden. Andreas steht eher unbeteiligt herum.

»Und wenn ich das nicht hören will?«

»Dann gehst du mir einfach aus dem Weg. Dass deine Frisur aber immer mehr aussieht wie die von John Travolta aus ›Pulp Fiction‹ und dass du schielst wie Barbara Streisand nach sechs Bier, das muss ich dir schon sagen. Ich meine, man muss die Wahrheit auch vertragen können.«

Ralf vollführt eine Bewegung wie Lucky Luke, als er in den Comics noch rauchen durfte und keinen peinlichen Strohhalm zwischen den Lippen tragen musste. Er rollt die Zigarette, leckt sie ab, klebt sie zu, wirft sie sich in den Mund und zündet sie an – das alles in einer fließenden Bewegung, was ich ziemlich beeindruckend finde und ihm im Teenageralter wohl nicht wenige Damenbekanntschaften eingebracht hat.

»Und wir müssen uns das anhören, nur weil du meinst, ehrlich sein zu müssen? Und wir können nichts dagegen tun?«

Ich ziehe an meiner Zigarette und sehe dabei nicht halb so cool aus wie Ralf, was wohl einer der Gründe ist, warum ich im Teenageralter nicht so viele Damenbekanntschaften hatte.

Inzwischen ist auch Bastian im Raucherzimmer. Er ist einer meiner liebsten Kollegen und nicht nur Mitarbeiter, sondern auch Freund. Er ist ein bisschen jünger als ich und erinnert mich nicht ohne Wehmut an eine längst vergangene Zeit. Für ihn wurde der Begriff *Sunnyboy* erfunden, er sieht sehr gut aus, ist stets zuvorkommend und blendend gelaunt – also die Sorte Mann, die andere Männer eigentlich nicht ausstehen können, weil sie einfach besser und beliebter sind. Ich mag ihn trotzdem, weil er mich behandelt, als wäre ich sein großer Bruder, der zwar die besten Zeiten hinter sich hat, aber dennoch für jeden Spaß zu haben ist und sich seine Wochenenderlebnisse anhört. Außerdem haben wir das gemeinsame Ziel, den perfekten Popsong zu kreieren. Wir finden, es müsste eine Mischung aus Sandie Shaws »Puppet on a String«, Dave Dees »The Legend of Xanadu« und Jimmy Osmonds »I'm Gonna Knock on Your Door« sein. Auf jeden Fall müssen eine Peitsche, eine Fahrradklingel und eine peinliche Trommel enthalten sein – und in der deutschen Übersetzung muss die Textzeile »Wiedehopf im Mai« vorkommen. Wir sind kurz davor, ein Demotape zu einem Label zu schicken.

Bastian raucht übrigens starke Zigaretten, hält sie aber noch unmännlicher als ich.

Er sagt: »Morgen. Worum geht's?«

»Schmiederles Wahrheitswochen«, antwortet Ralf. »Und dass wir da einfach dabei sind, ob wir wollen oder nicht.«

Ich sage: »Moment, ihr könnt doch einfach zurückschießen. Nicht Auge um Auge, sondern Ehrlichkeit um Ehrlichkeit sozusagen.«

Ralf will etwas sagen, doch Bastian kommt ihm zuvor: »Vorsicht, wenn der Schmieder bellt, einfach nicht zurückbellen.«

Alle lachen, nur ich nicht.

»Wenn's nicht gegen dich wäre, würdest du auch lachen«, sagt Basti.

Jetzt muss ich doch grinsen.

»Schmiederle, dann dürfen wir dir sagen, dass du ganz schön fett geworden bist die letzten Jahre. Auf dem Bild in deinem Büro hast du gute 20 Kilo weniger.«

Ralf klopft wieder mit dem Fuß auf den Boden, wie er es immer tut, wenn er einen Kollegen schwach anredet oder einen Vorgesetzten von der Unsinnigkeit eines Projekts überzeugen muss.

So war das nicht geplant. Sie warten nicht, bis sich mein Gesichtsausdruck dem eben Gesagten anpasst, sondern machen einfach weiter.

»Außerdem bräuchtest du dringend einen Friseur«, sagt Andreas.

»Und es ist doch irgendwie peinlich, als Journalist mit einem Big-Lebowski-Shirt durchs Büro zu laufen«, ergänzt Bastian. Erst jetzt sieht mein Gesicht so aus, dass es zu ihren Worten passt.

So war das ganz und gar nicht geplant. Ich wollte der Desperado der Wahrheit sein, der im Saloon die anderen trifft, und nicht das Opfer. Nun bin ich der Hampelmann, der zu den Schüssen der anderen auf dem Parkett herumhüpft.

»Juuungs«, sage ich. »Bleibt mal locker. Ich habe doch noch gar nichts gesagt.«

»Macht doch nichts«, sagt Ralf. »Ich meine, man muss die Wahrheit auch vertragen können. Dein Spruch, mein Dickerchen.« Er klopft nicht mehr mit dem Fuß, sondern wackelt mit dem Kopf. Ein verräterisches Zeichen für Aggression, wie Sie später noch sehen werden.

»Das macht keinen Spaß«, sage ich und drücke meine Zigarette aus.

»Nein, das macht Spaß, den dicken Schmieder mal zu ärgern«, entgegnet Ralf. Natürlich wirkt bei ihm auch das Zigarettenausdrücken männlich und cool.

»Ihr sollt mich nicht beleidigen, sondern ehrlich sein!«

»Dass du einen Bauch hast, ist keine Beleidigung, sondern eine Tatsache«, sagt Ralf. »Das ist nicht nur ehrlich, sondern auch die Wahrheit.«

Ich hätte nicht gedacht, dass mich ihre Sprüche derart hart treffen. Ich habe wirklich ein paar Pfunde zu viel, aber das mussten sie mir doch nun nicht gleich unter die Nase reiben. Ich bin gekränkt.

Wer Ehrlichkeit will, muss sie aushalten können.

»Wir sehen uns Mittag zum Kickern«, sagt Andreas noch.

Andreas, Bastian, Ralf und ich sind nicht nur Rauchkumpanen, sondern auch erbitterte Gegner beim Tischfußball. Unser Chefredakteur hat uns zum Einstand einen relativ professionellen Tisch geschenkt, den wir mittlerweile so abgespielt haben, dass zwei Männchen mit ernsthaften Verletzungen zu kämpfen haben und der Ball aussieht wie das Spielgerät nach dem WM-Finale 1954. Wir haben eine eigene Arena, an deren Tür das Schild »Archiv« angebracht ist. Noch sind zwei Stunden bis zum großen Spiel, das wir nach dem Mittagessen austragen, um mit freiem Kopf weiterarbeiten zu können.

Ich muss an diesem Vormittag einen Artikel schreiben über den Baseballstar Alex Rodriguez, der seine Teilnahme an der Weltmeisterschaft abgesagt hat mit der Begründung, dass eine alte Hüftverletzung ihn daran hindern würde zu spielen. Sein Verein, die *New York Yankees*, sei geschockt und würde versuchen, ihn durch dosiertes Training für die kommende Saison spielfähig zu machen. Rodriguez hatte kurz zuvor zugegeben, von 2001 bis 2003 mit Anabolika und der fettverbrennenden Substanz *Ripped Fuel* gedopt zu haben. Die *New York Daily News* hatten daraufhin berichtet, dass Rodriguez auch danach noch mit verbotenen Substanzen manipuliert habe. Für die Weltmeisterschaft hatte der Weltverband strenge Dopingkontrollen angekündigt, weshalb die Vermutung naheliegt, dass Rodriguez die Verletzung nur vortäuscht, um nicht erwischt zu werden.

Ich informiere mich in amerikanischen Internetforen, die Baseballfans sind empört: Der Sport sei dopingverseucht, die Affäre um Rodriguez sei nur ein weiteres Kapitel beim Versuch, die Probleme unter den Teppich zu kehren. Der Spieler sei nach wie vor gedopt, nur könne es sich die Liga nicht leisten, ihr Zugpferd zwei Jahre lang zu sperren. Auch einige Zeitungen sprechen Vermutungen aus.

Ich stehe nun vor einem Dilemma: Ich glaube ebenfalls, dass die Verletzung von Rodriguez nur ein Vorwand ist, um einem Dopingtest zu entgehen. Einen Tag vor der Entscheidung gab es ein Treffen zwischen Rodriguez und den Verantwortlichen der Liga, bei dem die Dopingvergangenheit des Spielers diskutiert wurde – und nun ist er plötzlich verletzt.

Aber ich bin Journalist und deshalb zur Objektivität verpflichtet. Rodriguez wurde kein Dopingvergehen nachgewiesen – würde ich aufschreiben, dass ich glaube, dass er weiterhin dopt, ohne Beweise vorlegen zu können, würde ich riskieren, dass sowohl mein Arbeitgeber als auch ich von Rodriguez' umtriebigen Anwälten verklagt werden. Ich muss überaus vorsichtig formulieren, darf keine Behauptungen aufstellen und Gerüchte zitieren – und muss damit im Sinne von *Radical Honesty* unehrlich sein. Ich darf nicht einfach das aufschreiben, was ich denke.

Ich muss in diesem Moment einsehen, dass es unmöglich ist, immer das auszudrücken, was ich für ehrlich halte. Es gehört zu den Pflichten eines Journalisten, die Leser zu informieren – aber solange es kein gekennzeichneter Kommentar ist, muss ich meine Meinung für mich behalten und mich an Fakten halten, auch wenn die Dinge für mich anders aussehen. Und die Faktenlage ist nun einmal so, dass Rodriguez keines Vergehens überführt wurde.

Ich darf nicht ehrlich sein, weil es gegen mein Berufsethos verstoßen würde.

Ich schreibe nur Fakten auf und beende den Artikel so:

»Ich bin schockiert und besorgt«, sagt *Yankees*-Trainer Joe Girardi, der Verletzungen gewöhnlich herunterspielt. Die ungewohnt drastischen Aussagen werden in den USA als Indiz gewertet, dass die *Yankees* ihren Spieler schützen möchten. Sie haben ihren Akteur nach Hause geholt von einem Turnier, bei dem strenge Dopingkontrollen angekündigt wurden.

Mehrere Kollegen lesen den Artikel, er wird so veröffentlicht. Alles in Ordnung.

Ich habe zum ersten Mal gegen mein Projekt verstoßen, bin aber dennoch zufrieden. Ich durfte zwar nicht vollkommen ehrlich sein, aber ich durfte andeuten, dass hinter dem Verzicht von Rodriguez auf die Weltmeisterschaft mehr stecken könnte als eine Verletzung. Und ich habe mich an die Fakten gehalten.

Mir wird zum ersten Mal seit Beginn des Projekts klar, wie schwer es sein kann, immer vollkommen ehrlich zu sein – und dass es in manchen Situationen ganz und gar unmöglich ist.

Kein Mensch kann immer ehrlich sein. Im Sinne von *Radical Honesty* bin ich in diesem Moment gescheitert.

Da an diesem Vormittag ansonsten nichts Besonderes passiert, kann ich mich nach dem Mittagessen in der Kantine – wo ich einem Koch sage, dass ich sämtliche Gerichte »ungenießbar« finde und mir nicht erklären könne, wie die Umfrage zum Betriebsrestaurant »durchweg positiv« ausgefallen ist – voll und ganz dem Kickerduell widmen. Andreas ist der Abwehrspieler in meiner Mannschaft, ich bin Stürmer und stolz darauf, nicht nur in der Bayernliga den Rekord für die meisten vergebenen Großchancen zu halten, sondern auch in der Tischkicker-Arena.

Wir gewinnen den ersten Satz klar mit 6:2, mir gelingen zwei raffinierte Treffer und ein Block gegen Ralf – was ihn so schwer trifft, als würde man ihm an die Eier schnippen.

»Macht überhaupt nichts«, sagt Ralf. »Der Schmieder fängt immer stark an, dann denkt er, dass er gewonnen hat, und spielt totalen Müll und verliert das Match.«

Ich muss nun vielleicht anführen, dass ich mit Kritik umgehen kann – allerdings nicht besonders gut.

»Ich zocke euch jetzt wie Barça den FC Bayern letzte Woche«, sage ich. »Ihr habt keine Chance!«

Wir führen schnell 3:0, dann setzt bei mir jedoch das Kevin-Kuranyi-Syndrom ein. Ich spiele genial nach vorne, fabriziere Übersteiger und feine Pässe – und schieße den Ball danach in Richtung Eckfahne. Mit einem Schuss bringe ich Ralf in Lebensgefahr. Wir verlieren 3:6, ein dritter Satz muss her.

»Schmieder, du spielst voll scheiße«, sagt Andreas.

Mein eigener Mitspieler.

»Hey, wir sind in einem Team!«

»Du spielst trotzdem schlecht.«

Ich werte das als Aufmunterung durch Druck, das kenne ich von meinem Vater. Doch auch Ralf sagt: »Schmieder, du spielst echt schlecht.«

»Spinnt ihr? Ich bin der Beste von euch!«

Als hätten sie es geprobt, sagen alle drei: »Ja, ist klar.« Diesmal ist meine Mimik erstaunlich schnell, wütend sehe ich Ralf an.

Bastian spielt an diesem Tag fantastisch, er trickst und schubst und schießt, und kurz darauf haben unsere Gegner mit 6:2 gewonnen.

Ich will mich beschweren über mangelndes Glück, fehlende Unterstützung durch meinen Abwehrspieler und etwas loswerden in der Art, dass ein blindes Huhn hin und wieder auch ein Korn findet. Aber dann fällt mir ein, dass ich ehrlich sein muss.

»Es stimmt, ich war richtig schlecht heute. Bastian hat groß gespielt, und vielleicht ist er sogar der bessere Kickerspieler als ich. Andreas, tut mir leid, das Spiel habe ich vergeigt. Ralf, du hast mich einfach zur Verzweiflung gebracht mit deinen Paraden.«

Ich kann gar nicht sagen, wie schwer mir diese Sätze fallen.

Es war viel leichter, eine Bahnangestellte zu beschimpfen, meinen besten Freund zu verraten und 1700 Euro durch eine ehrliche Steuererklärung zu verlieren, als sich einzugestehen, dass andere besser sind und ich selbst nicht so genial an den Drehstangen bin, wie ich immer glaubte.

Ein ehrliches Lob fällt mir weitaus schwerer als eine ehrliche Beleidigung.

Ehrliche Demut ist schwieriger als ehrliche Arroganz.

Die anderen stehen da, als hätte ihnen jemand erzählt, dass Angelina Jolie in Wahrheit ein Mann ist.

»Schmiederle, so kennen wir dich gar nicht. Dass du mal nicht durchdrehst, wenn du verlierst, oder einen von uns beleidigst«, sagt Ralf.

Es ist den anderen auch aufgefallen, dass ich noch schlechter verlieren kann als mit Kritik umgehen.

»Was soll ich sagen? Ich bin ehrlich, und ihr wart ehrlich besser.«

Bastian sagt: »Wow, ein Kompliment aus deinem Mund. Das kommt echt unerwartet!«

Und Andreas ergänzt: »Tut aber gut.«

Ich sehe die drei an: »Jaja, ist gut jetzt.«

»In dir schlummert wohl tatsächlich ein netter Kerl«, sagt Ralf.

»Aber er schlummert tief und fest«, meint Bastian.

Ich sage: »In mir schlummert nur dann ein netter Kerl, wenn ich zufällig einen verspeist und noch nicht verdaut habe! Morgen Revanche!«

Wir verlassen die Kicker-Arena, in der es nach einem Dreisatzspiel so stickig ist wie in einer U-Bahn, die vom Hauptbahnhof aus zum Oktoberfest fährt.

»Schmiederle, das mit der Wahrheit tut dir gut. Wenn

du es sogar fertigbringst, mal einzugestehen, dass du nicht der Beste und Schönste und Tollste bist. Das ist echt erfrischend.«

Ja, er hat »erfrischend« gesagt.

Und ich wundere mich, warum es mir so schwerfällt, mich zurückzunehmen und andere zu loben. Dabei wäre es so einfach. Die anderen freuen sich, und mir bricht kein Zacken aus der Krone, wenn ich mal einem Mitspieler oder Gegner meinen Respekt ausspreche.

Ich muss den ganzen Nachmittag darüber nachdenken, warum mir kein ehrliches Lob über die Lippen kommt, dass der Arbeitstag schneller vergeht als eine Fahrt im Fünfer-Looping.

Brad Blanton schreibt in seiner Ehrlichkeitsbibel, dass, wer versucht, ehrlich zu sein, mehr über sich herausfinden könne, als ihm lieb ist. Nicht nur über seine Gegenwart, sondern auch über seine Vergangenheit.

Darüber denke ich den ganzen Nachmittag nach.

Und ich beschließe, dass ich dringend meine Erziehung und die Beziehung zu meinen Eltern überprüfen muss.

Kapitel 7

Tag 12 – Ehrliche Verzweiflung

Es ist erstaunlich, wie schwer es einem manchmal fällt, das zu tun, was man eigentlich gerne tut. Ich bin Journalist – und als solcher sollte ich mit Worten umgehen können, zumal meine Stärken nun wirklich nicht im investigativen Bereich liegen. Außerdem gehört es quasi zum Berufsethos des Journalisten, Dinge kritisch zu sehen und bisweilen an ihnen herumzunörgeln. Aber ich komme einfach nicht voran mit diesem Brief, den ich mir vor wenigen Tagen in den Kopf gesetzt habe.

Ich sitze am Küchentisch und versuche, einem Designer klarzumachen, dass er ein unglaublich hässliches Kleid entworfen hat. Und dass ich ziemlich sauer bin, dass meine Frau dafür auch noch Geld ausgegeben hat.

Mein Problem ist, dass ich bei Mode erst zwischen Haute Couture und Prêt-à-porter unterscheiden kann, seit mir ein lieber Freund die Eselsbrücke gebaut hat, dass Haute Couture die verrückten Kleider sind, die nicht einmal verrückte Millionärsgattinnen anziehen. Prêt-à-porter sind die verrückten Kleider, die verrückte Menschen – die sich »exzentrisch« nennen, weil sie reich genug sind – auf Veranstaltungen tragen, die Vernissage heißen oder Charity Golf. Ich habe den Unterschied verstanden und mittlerweile auch mehrmals erlebt. Viel mehr weiß ich allerdings nicht über Mode und Kleidung. Ich finde, dass Schlaghosen zu jeder

Zeit modern sein müssten und Polohemden niemals. Wie sehr ich mich offensichtlich irre, sehe ich jedes Mal, wenn ich durch München laufe.

Meine Versuche, mich modern zu kleiden, gelten bei Kollegen und Freunden mittlerweile als legendäre textile Offenbarungsseide. Aufgrund meiner Ahnungslosigkeit in Bezug auf Streifen und Formen und eines drastisch ausgeprägten Farbensinns fehlt es mir an Fachwissen, diesem Designer klarzumachen, dass ich seine Kreation absolut scheußlich finde und nicht einsehe, warum meine Frau eine Monatsration an Strafzetteln dafür ausgibt. Wenn ich ihm schreibe: »Das Kleid ist fürchterlich«, dann wandert der Brief schneller zum Altpapier als bei mir ein Strafzettel, und am Ende fühlt sich der Designer noch bestätigt, wenn eine textile Null wie ich ihn nicht versteht.

Ich habe bisher nur geschrieben, dass dieses sogenannte Sommerkleid eher etwas für die fünfte Jahreszeit in Köln oder Rio ist, kann meine Meinung aber nicht wirklich begründen, weshalb ich fürchte, dass mein eigentlich ernst gemeinter Brief nur lächerlich erscheint. Dazu konnte ich nicht einmal herausfinden, wer der Designer ist – ich weiß nur, dass dieses Kleid von einer den McDonald's-Restaurants ähnlichen Klamotten-Kette stammt. Immerhin habe ich die Produktionsnummer herausgefunden: 24-1406.

Ich muss diesen Brief schreiben, weil ich mich ehrlich über dieses Kleid ärgere und weil ich bereits zu dem Ergebnis gelangt bin, dass Schweigen in einem Moment, in dem man gerne etwas sagen würde, ebenfalls unter den Begriff der Lüge fällt – weil man sonst nicht ehrlich zu sich selbst wäre.

Neben mir läuft der Fernseher, es gibt Werbung. Zuerst will mir Heidi Klum einreden, dass sie und ihre hageren Jüngerinnen aus der Casting-Hölle sich täglich mit Fastfood vollstopften und dennoch Kleidergröße zero tragen könnten. Dann redet ein attraktiver Mittvierziger davon, dass auch alkoholfreies Bier schmecke wie richtiges Bier, und zu allem Überfluss erklärt mir eine Frau, die garantiert noch nie in ihrem Leben putzen musste, dass man mit diesem Produkt auch die schlimmsten Flecken aus dem Teppich bekomme.

Ganz ehrlich: Halten die uns alle für bescheuert? Denken die Menschen, die solche Filmchen drehen, allen Ernstes, dass wir darauf hereinfallen? Dass wir diesen Schwachsinn glauben? In einem Artikel habe ich kürzlich gelesen, dass das Geschäft mit Fastfood und Bier und Reinigungsmitteln auch in der Finanzkrise floriert, was mich zu dem Schluss kommen lässt, dass wir Menschen wirklich von allen guten und allen schlechten Geistern verlassen sein müssen. Wir werden belogen und kaufen trotzdem, als gäbe es kein Morgen mehr. Wer würde schon ein Produkt kaufen, das so beworben wird: »Wir sind nicht die Besten und auch nicht die Billigsten, aber wir würden uns freuen, wenn Sie den Quatsch trotzdem kaufen!« Ich bin keine Ausnahme, weil ich auch Fastfood esse und im Supermarkt die Dinge kaufe, die mir auf Augenhöhe begegnen, obwohl meine Frau mir jedes Mal erklärt, dass das andere Produkt, das 20 Zentimeter darunter im Regal liegt, billiger und genauso gut ist. Und natürlich verpflichtet mich mein übergroßes Selbstbewusstsein dazu, dass ich mich für intelligent halte und mich nicht von Werbefilmchen beeinflussen lasse – aber das stimmt nicht. Ich lasse mich belügen und unternehme nichts dagegen – und irgendwo sitzt ein Werbefilmregisseur und kann nicht aufhören zu lachen.

Wir wissen, dass wir verarscht werden – und unterstützen das auch noch, indem wir trotzdem kaufen. Normalerweise sollten wir die auf derart verlogene Weise angepriesenen Produkte boykottieren und das in Briefen an die Hersteller auch begründen, aber wir finden uns damit ab, dass es ja alle so machen und es deshalb schon in Ordnung sei. Nur weil alle lügen, glauben wir, dass es weniger schlimm sei. Die eigene

Dummheit wirkt nicht ganz so dumm, wenn alle anderen genauso dumm sind. Wahrscheinlich würden wir auch Vergewaltigungen und Morde akzeptieren, wenn es nur alle machen würden. Wir Menschen sind schon komisch.

Ich bin am Verzweifeln – nicht nur wegen des Briefs, sondern wegen des gesamten Projekts. Ich habe nun zwölf Tage hinter mich gebracht – und ich muss gestehen, dass ich mich in einer Sackgasse befinde. Es ist eigentlich keine Sackgasse, sondern ein riesiger Müllwagen voller stinkender Essensreste, in den ich da gefallen bin und in dem ich mich nun hin und her wälze. Ich bin mir nicht einmal mehr sicher, ob ich behaupten kann, dass es »schon« zwölf Tage sind oder »erst« zwölf Tage.

Denn einerseits finde ich, dass ich bisher relativ wenig gelernt habe aus meinem Versuch, stets ehrlich zu sein. Ich kann keine wissenschaftlichen Thesen aufstellen oder zumindest einen der bedeutenderen Philosophen widerlegen. Ich kann nicht mit einem »Lügen sind scheiße«-T-Shirt auf die Straße gehen, und ich glaube auch, dass nicht einmal eine populärwissenschaftliche Sendung einen Beitrag über mich senden würde.

Und ich hatte so große Pläne.

Andererseits bin ich in den vergangenen zwölf Tagen bereits einmal verprügelt worden, habe meine Ehe in eine ernsthafte Krise gebracht und dem deutschen Fiskus eine unfreiwillige Spende von 1700 Euro gemacht. Ich befürchte, dass es in den kommenden 28 Tagen nicht unbedingt besser stehen wird um meine Gesundheit, meine Ehe und meinen Kontostand – zumal ich die wirklich interessanten Dinge, wie ein Gespräch mit meinen Eltern, ein Aufeinandertreffen mit Kollegen oder den ehrlich gemeinten Dreier mit meiner Frau und Nicole Scherzinger, noch gar nicht versucht habe.

Laut *Radical Honesty* soll sich nach spätestens einer Woche ein Gefühl der Befreiung und des Glücks einstellen. Ich sollte »Yipiieeh« schreien und über eine Wiese hüpfen wollen. Stattdessen denke ich: »Nur eine Lüge, schadet ja keinem.« Ehrlichkeit sollte, so eine noch pathetischere Beschreibung, zu meiner Mutter werden, die mich nährt und beschützt. Wenn Ehrlichkeit tatsächlich meine Mutter geworden ist, dann überlege ich ernsthaft, ins Waisenhaus zu laufen und mich auf die Adoptionsliste setzen zu lassen. Ehrlichkeit hat bisher kaum jemandem etwas gebracht, am wenigsten mir selbst – und ich bin egoistisch genug einzugestehen, dass mich das tierisch stört.

Dem Finanzamt ist es egal, dass ich ehrlich war. Die Leser meines Artikels über Alex Rodriguez sind wahrscheinlich dankbar, dass ich auf meine Meinung verzichtet und mich an die Fakten gehalten habe. Und Niko ist es wahrscheinlich egal, dass ihn seine Ex-Freundin für einen Betrüger hält, solange er mich dafür verprügeln durfte. Aber wie wird es erst, wenn ich ehrlich zu meinen besten Freunden sein muss? Zu meinen Eltern? Zu meiner Frau Hanni?

Was bringt es mir – und was bringt es ihnen?

Ich frage mich ernsthaft nach dem Sinn meines Projekts – außer dem, dass mich keiner mehr leiden kann.

Meine Frau Hanni ist heute nicht zu Hause, sie hat sich verabschiedet mit der Bemerkung, noch mehr Sommerkleider beim Klamotten-McDonald's kaufen zu wollen, wogegen ich wenig einwenden konnte, weil ich nach dem Steuererklärungsabend auf so etwas wie Bewährung bin. Das äußert sich darin, dass mir wortlos der Schlafplatz auf der Couch und der Abspüldienst nach allen Mahlzeiten – auch für die, bei denen ich nicht einmal anwesend bin – zugeteilt wurde. Und natürlich trägt sie das gelb geblümte Kleid und darüber eine Jeansjacke in hellem Blau, die ich ebenfalls zum Kotzen finde. Denn ich bin der Meinung, dass zu große hellblaue Jeansjacken mindestens schon in der Zeit eingemottet gehört hätten, in der die Spezies des liedermachenden Sozialpädagogen ausstarb.

Dann hat sie die Wohnungstür ein wenig zu heftig zugeschlagen, sodass der von mir angebrachte Zettel mit der Aufschrift »Du sollst nicht lügen« auf den Boden fällt, was ich als Zeichen interpretiere. Außerdem ist das Eichhörnchen auf den Balkon zurückgekehrt. Es hatte sich dort vor einigen Monaten eingenistet, einen Kobel gebaut und Junge bekommen. Hanni fand das total süß, ich total bescheuert, weil mir daraufhin die Erlaubnis entzogen wurde, auf dem Balkon zu rauchen – es könnte natürlich auch daran gelegen haben, dass ich kurz vor Silvester den kompletten Balkon mit einer nicht sorgsam ausgedrückten Zigarette beinahe abgefackelt hätte, aber die Erklärung mit dem Eichhörnchen gefällt mir besser. Ich hatte immer den Eindruck, dass mich das Viech nicht leiden kann, weil es mich bei jedem Besuch feindselig ansieht, ehe es blitzschnell über die Hauswand verschwindet. Seine Rückkehr werte ich als Provokation und beschließe, meine in der Kindheit unübertrefflichen Fähigkeiten an der Steinschleuder wieder zu aktivieren. Fury – so hat Hanni das Ding getauft, was ich natürlich vollkommen übertrieben finde – sieht mich kurz an. Ich glaube, er lacht mich aus. Dann verschwindet er wieder. Ich gehe auf den Balkon und zünde mir eine Zigarette an. Der erste Zug steigt mir ins Gehirn, als würde ich einen Schluck hochprozentigen Whisky trinken.

Was ist denn eigentlich so böse an der Lüge? Mein Leben zuvor war einfach und bis auf kleinere Zwischenfälle am Ende der Teenagerzeit unbeschwert – sollten Sie am Ende Ihrer Teenagerzeit Zwischenfälle gehabt haben, dann wissen Sie, wovon ich rede. Sollten Sie keine gehabt haben, dann werde ich sie Ihnen hier auch nicht verraten. Erst in den vergangenen Tagen wurde mein Leben ruppig und unbefriedigend. Und das nur, weil ich ehrlich war. Ist es das wert?

Lass die Welt doch zu einem Ort des Verrats und der Lüge verkommen, denke ich mir. Auf dass wir alle wie in Dantes Inferno nach einer Lüge mit dem Gesicht auf dem Rücken aufwachen oder in einer Kloake hocken! Dante hat das tatsächlich genau so beschrieben. Lass doch Fußballer das Emblem des einen Vereins küssen, während sie schon beim nächsten unterschrieben haben. Lass doch den Politiker im Bierzelt erzählen, dass er gedenkt, die Staatskassen und nicht seine eigenen zu füllen.

Ich bin ein wenig fatalistisch, weil ich das Gefühl habe, durch meine Ehrlichkeit kein erfülltes Leben zu haben und die Welt auch nicht zu einem besseren Ort zu machen, wie so schön von Brad Blanton im Buch »Radical Honesty« propagiert wird. Diese schöne, heile Welt des Brad Blanton ist für mich zum neunten Kreis von Dantes Inferno geworden.

Es sind nicht einmal die prägenden Erlebnisse wie die allzu ehrliche Steuererklärung oder der gezielte Schlag von Niko, die mich verzweifeln lassen. Es geht vielmehr um die kleinen, alltäglichen Sachen, die mir Probleme bereiten. Ehrlichkeit ist nicht, wie ich fälschlicherweise angenommen hatte, ein Wochenendseminar, aus dem man erleuchtet oder geheilt oder zumindest voll auf Zen zurückkehrt.

Es ist auch anders, als mit dem Rauchen aufzuhören oder auf Süßigkeiten zu verzichten. Dabei nämlich sind spätestens nach wenigen Tagen die ersten positiven Effekte zu spüren – dass einen die Ehefrau nicht mehr als wandelnden Aschenbecher bezeichnet oder dass man beim Freizeitfußball wieder in die Mannschaft gewählt werden möchte, die ohne Shirts spielt.

Bei Ehrlichkeit ist das anders.

Es ist ein Minenfeld, diese Ehrlichkeit – und niemand weiß, wo sich die Minen versteckt halten, die dann plötzlich hochgehen. Manchmal sind es auch Tretminen mit Bewegungssensor, die nicht ausgelöst werden, wenn man auf sie tritt, sondern erst dann, wenn man sich wieder bewegt – was übrigens eine unglaublich intensive Szene im Film »No Man's Land« ist, den ich jedem Filmfan empfehle. Das aber nur nebenbei.

Auf eine dieser Tretminen trat ich gestern Abend. Ich hatte das von Hanni zubereitete Abendessen trotz deftiger Kritik meinerseits – ich kommentierte es mit »Schmeckt mir nicht, das ist eklig« – unfallfrei überstanden, was vor allem daran lag, dass bei ihr die Schwangerschaftshormone eine Gelassenheit hervorrufen, die nur von Hindu-Kühen übertroffen wird. Sie sagte nichts zu meiner Kritik, weil sie ja nicht ehrlich sein muss. In ihrem Gesicht vermeinte ich jedoch zu lesen: »Du blödes Arschloch mit deinem Projekt! Friss das Zeug und halt die Schnauze, oder ich hau dir auf die Fresse!« Aber sie räumte das Geschirr wortlos ab, nur stellte sie es geräuschvoller als sonst in die Spülmaschine.

Sie sagte auch keinen Ton, als ich ihr verkündete, keine Lust auf Kuscheln auf der Couch zu haben, während wir einen Liebesfilm guckten, sondern lieber am Computer meine Fähigkeiten als einer der besten virtuellen Fußballspieler Münchens unter Beweis stellen zu wollen. Ihr Blick sagte: »Du Vollidiot! Ich bin schwanger und muss gekuschelt werden«, aber aus ihrem Mund kamen die Worte: »Passt schon, ich sitze dann hier rum und telefoniere ein bisschen.«

Wir sprachen nicht über den Elefanten, der da im Raum stand und immer größer wurde. Ich beschwere mich auch nicht bei ihr, dass sie nicht ehrlich war, sondern zockte lieber am Computer.

Mir hätte klar sein müssen, dass ich von diesem Moment an auf einer Mine stand, die bei der nächsten Bewegung hochgehen würde – aber das bemerkte ich natürlich nicht, weil sich mir einerseits der Magen vom Essen umdrehte und ich andererseits einsehen musste, nicht einmal der beste virtuelle Fußballer auf dem 20. Stockwerk unserer Firma zu sein. Okay, seien wir ehrlich: Ich verlor gegen meinen Kollegen Basti mit 0:5, obwohl er mit dem VfB Stuttgart spielte und ich mit dem FC Barcelona. Er verabschiedete sich mit einem »Hat trotzdem Spaß gemacht, du musst halt noch ein bisschen üben«, und ich ging mir die Zähne putzen, ohne zu antworten.

Später im Bett dann unterhielten sich Hanni und ich über Stress und Abschalten. Die Situation entsprach ein wenig derjenigen mit der Mine, wo man sich nicht bewegen kann, ohne sie zum Explodieren zu bringen. Ich verkündete, dass ich deshalb Probleme mit dem Einschlafen hätte, weil ich die ganze Zeit nachdenken und sich mein Gehirn deshalb nicht abschalten würde. Ich verglich es mit einem Hochleistungscomputer, der niemals heruntergefahren werden kann und deshalb 24 Stunden auf Hochtouren läuft. Ich fand den Vergleich nur wenig übertrieben, sodass ich ihn noch als ehrlich durchgehen lassen konnte.

»Das geht mir ähnlich«, sagte Hanni dann. »Ich kann mein Gehirn auch nicht ausschalten.«

Da war sie, die Tretmine.

Ich hätte ruhig sein können.

Ich hätte antworten können: »Mensch, das ist ja cool. Schon wieder eine Gemeinsamkeit.«

Ich hätte mit ihr kuscheln können.

Es wäre so einfach gewesen.

Ich sagte jedoch: »Ich wäre schon froh, wenn du dein Gehirn ein bisschen öfter einschalten würdest.«

Bumm.

»Du blödes, arrogantes Arschloch. Du glaubst echt, du bist der schlaueste Mensch auf dem Planeten, oder? Lass mich bloß in Ruhe, oder ich tret dich so, dass unser Sohn das einzige Kind bleibt, das du zeugen wirst!«

Ich sah noch ein paar Splitter aus der Mine auf mich zufliegen, und ich war mir gewiss, ihnen nicht ausweichen zu können. Es gab auch nichts, was ich hätte sagen können, um die Situation zu entschärfen, schließlich war die Bombe bereits hochgegangen. Mir war klar, dass die einzige Rettung darin bestand, das Krisengebiet zu verlassen und mir ein Notlager auf der Couch aufzubauen. Dort schlief ich dann sofort ein, mein Gehirn war innerhalb weniger Sekunden heruntergefahren. Nur das schlechte Gewissen ließ mich ein paarmal aufwachen und nach Hanni sehen. Sie aber schlief tief und fest. Ihr Gesicht deutete jedoch an, dass ihr Gehirn auf Hochtouren arbeitete.

Solche Dinge erlebe ich derzeit.

Und niemand sagt: »Das finde ich schon toll, dass du das versuchst.«

Keiner sagt: »Dafür kommst du in den Himmel.«

Die meisten sagen: »Fahr zur Hölle!«

Oder: »So eine blöde Idee.«

Oder: »Du arrogantes Arschloch!«

Ich muss die Wahrheit sagen, obwohl mir völlig klar ist, dass es klüger wäre, einfach die Klappe zu halten – ich werde einfach nicht belohnt dafür, ehrlich zu sein. Wer seinen Kumpels erzählt, dass er gerade mit dem Rauchen aufhört, erntet aufmunternde Blicke, ähnlich wie wenn man erzählt, man habe sich beim Fußball eine schwere Verletzung zugezogen und müsse nun acht Wochen auf Krücken gehen. Selbst ein Wutausbruch wird einem verziehen, weil man ja mit dem Rauchen aufhört und deshalb natürlich ein wenig angespannt und gestresst ist.

Aber wer verkündet, ehrlich sein zu wollen, und das dann auch noch durchzieht, dem begegnen die Menschen mit Unverständnis und Wut.

Ganz ehrlich: Ich will aufgeben. Ich sehe den Sinn nicht.

Ich will belohnt werden dafür, dass ich das achte Gebot der Bibel wörtlicher nehme als die Zeugen Jehovas. Gott ist wahr und gerecht und treu, das steht so in den Büchern Mose, in den Hebräer-Briefen und im ersten Kapitel von Titus – und es heißt, dass der Wahrhaftige und Gerechte für seine Mühe belohnt wird. Meine Belohnung waren Schläge und Geldverlust. Und eine Nacht auf der Couch.

Ich verspüre noch nicht einmal die Befriedigung, etwas Gutes getan zu haben – dieses heimelige Kribbeln, wenn man einer jungen Mutter den Kinderwagen zur U-Bahn hinuntergetragen hat, wenn man zumindest an Ostern in die Kirche gegangen ist oder nicht CSU gewählt hat. Ich aber fühle mich wie ein Verräter, wie ein taktloser Vollidiot oder kurz: wie ein Arsch.

Auch in der Arbeit gab es diesen kurzen Moment, in dem ich nicht stolz darauf war, ehrlich gewesen zu sein, sondern mich hinterher einfach nur bescheuert fühlte. Es war bei der dritten Morgenkonferenz im Verlauf meines Projekts, wir sprachen über die Themen des Tages und die Texte, die auf der Homepage erscheinen sollen. Es ging um das Format »Mitten in Absurdistan«, das auch in der gedruckten *Süddeutschen Zeitung* erscheint. Es ging um die Qualität dieser kleinen Anekdötchen, als einer der mir liebsten Kollegen anmerkte: »Ach komm, selbst der Schmieder darf da schreiben.« Ich war sauer, weil ich das als Beleidigung und Provokation deutete, und äußerte spontan, was mir als Erstes in den Sinn kam. Ich sagte es leise, aber wohl doch laut genug, dass es jeder im Raum hören konnte: »Beschissener Penner!«

Plötzlich war es ruhig, selbst diejenigen, die sonst Zeitung lesen oder sich unterhalten oder ausruhen, waren geschockt und daran interessiert, wie es weiterging. »Contenance!«, raunte eine, drei andere schüttelten den Kopf, einer seufzte entsetzt – und ich wusste, dass ich Mist gebaut hatte.

Nach der Konferenz ging ich zu dem Kollegen und erklärte ihm, dass ich sauer gewesen sei und aufgrund meines Ehrlichkeitsprojekts einfach zurückgeblafft habe, was mir in den Sinn kam. Für ihn war die Angelegenheit damit erledigt, weil er ein cooler Hund ist und außerdem weiß, dass ich ihn mag und respektiere. Nicht jedoch für einen meiner Vorgesetzten. Er zitierte mich sofort zu sich und hielt einen Vortrag über den Umgang mit Kollegen. Anstatt mich zu entschuldigen, brummte ich nur: »Jaja, ich hab's ja kapiert.« Ich wusste, dass alle Kollegen, die bei der Konferenz anwesend waren, in einem Empfehlungsschreiben nicht unbedingt meine Teamfähigkeit betonen würden. Und wieder fühlte ich mich wie ein Idiot.

Und wo ist die Belohnung dafür, dass ich ehrlich bin?

Es gab noch eine kleine Begebenheit, die mir zeigte, dass Menschen, die vollkommen ehrlich sind, auch vollkommen taktlos sein müssen. Basti berichtete mir im Raucherzimmer von seinem Wochenende. Er ist der Typ Mann, der in Filmen wie »Was Frauen wollen« oder »Fight Club« die Hauptrolle spielt und der zum Friseur geht mit dem Bild eines Hollywood-Stars. Er erlebt Wochenenden wie die Protagonisten in »Was Frauen wollen« und »Fight Club« und erzählt hinterher so davon, wie Leute wie Chuck Palahniuk oder Bret Easton Ellis darüber schreiben würden. Wir führen beinahe täglich zur Erheiterung der anderen Mitarbeiter Schwanzvergleiche durch – wobei ich zugeben muss, dass ich ähnlich wie beim Computerfußball oft den Kürzeren ziehe.

Er wollte ansetzen zu einer aus seiner Sicht grandiosen Geschichte, bei der ich als verheirateter und damit gezwungenermaßen monogamer Mensch zum einen neidisch und zum anderen genervt sein würde. Also sagte ich einfach: »Hey, ich hab' keinen Bock auf die Geschichte, die langweilt mich nur. Woran musst du denn heute arbeiten?« Ich setzte dabei einen Gesichtsausdruck auf, als würde ich ihm die Nachrichten des Tages vorlesen.

Er war irritiert: »Spinnst du jetzt? Was geht denn bei dir ab? Ich wollte doch gar nichts Schlimmes erzählen. Nur von der einen Kleinen in der Disko…«

Ganz klar, er war sauer, weil ich gar nicht zulassen wollte, dass er seinen Schwanz auf den Tisch legt.

»Sorry, interessiert mich grad nicht, dein Wochenende. Später vielleicht – aber jetzt gerade würde ich nur gern rauchen und nichts hören.«

Er sah mich verwirrt an: »Dann leck mich doch!«

Er stand auf und ging. Eine halb gerauchte Zigarette blieb im Aschenbecher liegen.

Das Gute daran: Er hat bis heute keine Sexgeschichte mehr erzählt.

Das Schlechte: Ich glaube, er hat allen anderen erzählt, ich sei neidisch.

Wieder keine Belohnung für meine Ehrlichkeit. Nun gelte ich auch noch als Neidhammel.

Ich muss an den genialen Comic »Calvin und Hobbes« denken, als Calvin von seiner Mutter fordert: »Gib mir das letzte Stück Kuchen! Kein Teilen mit anderen, ich will den ganzen Kuchen!« Seine Mutter fordert: »Calvin, sei bitte nicht selbstsüchtig.« Seine Antwort: »Also, die wahre Lektion hier lautet: Sei unehrlich.« Sie reicht ihm wortlos den Kuchen, das ganze Stück.

Wo ist mein Stück Kuchen?

Ich glaube noch nicht einmal, dass der wahre und gerechte und treue Gott plant, mich für die vergangenen zwei Wochen oder auch die kommenden vier zu belohnen – denn schließlich muss ich ja noch meine Eltern, meinen Bruder und meine Freunde treffen und ihnen die Meinung sagen. Und die Begegnung mit dem Allmächtigen will ich mir erst gar nicht ausmalen, wenn ich ihm erkläre, dass ich es mir nicht erklären kann, warum er sich den Menschen nicht persönlich offenbart und dass er Kriege und sterbende Kinder zulässt. Ich hoffe wirklich, in den kommenden vier Wochen nicht zu sterben, sonst könnte es im Himmel zum Eklat kommen.

Wahrscheinlich wird der Allmächtige mir dann vorwerfen, allen Menschen in meinem Umkreis wehgetan zu haben. Er hat recht. Er wird mich daran erinnern, dass ich meinen besten Kumpel verraten habe, so wie Judas einst seinen Sohn verraten hat. Er hat recht. Vielleicht wird er sogar sagen, wie bescheuert es war, dem Fiskus 1700 Euro zu schenken, obwohl es doch ganz und gar göttlich sei, dass der

Hölle nicht unähnliche Finanzamt ab und an zu bescheißen. Er hat recht.

Und ganz sicher wird er sagen, dass ich noch nicht einmal die Ehrlichkeit ehrlich gemeint habe, sondern das Projekt nur angefangen habe, weil mir zum einen mein bisheriges Leben zu langweilig war und ich andererseits mit dem Buch reich und berühmt werden und dafür sorgen will, dass all die Menschen, die behaupteten, dass aus mir nichts wird, sich im Grab oder zumindest nachts im Bett umdrehen. Er hat auch in diesem Fall recht.

Machen wir es kurz: Ich will aufgeben.

In diesem für mich sehr dramatischen Moment, im Wohnzimmer vor einem Brief sitzend, der an ein großes Modehaus adressiert ist, gesegnet mit einer Frau, die hässliche Sommerkleider kaufen wird, und einer schmerzenden linken Rippe, in diesem Moment also klingelt mein Telefon.

(Der Ehrlichkeit halber muss ich jetzt, da ich diese Zeilen schreibe, zugeben, dass es in Wahrheit ein paar dramatische Momente später war, als ich feststellte, dass keine Milchschnitte mehr da war – aber als Autor nehme ich mir die Freiheit, den Moment zur Dramatiksteigerung ein wenig vorzuziehen.)

In diesem Moment also ruft Steffi an. Ich kenne sie schon, seit ich gelernt habe, statt Windeln einen Topf zu benutzen. Sie ist promovierte Betriebswirtin, was sie nicht daran hindert, sich beim Ausgehen auf das Niveau eines 18-jährigen Abiturienten mit Samenkoller zu begeben, was sie in unserem Freundeskreis überaus beliebt macht, weil wir uns beim Ausgehen alle auf das Niveau eines 18-jährigen Abiturienten mit Samenkoller begeben. Sie wäre eine noch attraktivere Frau, als sie es ohnehin schon ist, wenn sie Kleidung ihrem Alter entsprechend wählen und nicht entweder wie eine 37-jährige Vorstandsassistentin oder wie eine 18-Jährige auf Liebesentzug herumlaufen würde. Sie leidet am Roger-Federer-Syndrom, was bedeutet, dass sie in jeder Situation so perfekt sein will, dass selbst »sehr gut« für sie als Versagen gilt. Deshalb hat sie Angst, dass Menschen sie nicht mögen könnten, wenn sie auch nur einmal nicht perfekt ist. Wahrscheinlich kennt sie das Kamasutra auswendig, um auch beim Sex perfekt zu sein – aber das ist nur eine Vermutung.

Darüber hinaus könnte sie in folgenden Kategorien bei »Schlag den Raab« glänzen:

- Private Equity Fonds Management
- Tennis
- Beziehungskisten stapeln
- Minigolf
- Dauerparty
- Vom Pech verfolgen lassen
- Beer Pong

Steffi also ruft mich an und wirkt noch verzweifelter als ich, was mich in Erstaunen und Sorge versetzt. Sie sagt etwas von ihrer Terrasse, Sonnenschein und einer Flasche Wein, was ich zwar als Lockangebot verstehe, aber letztendlich doch nicht ausschlagen kann, weil ich mich in meiner Verzweiflung nach einer Terrasse, ein bisschen Sonnenschein und zumindest einer halben Flasche Wein sehne.

Ich werfe die Zigarette in Richtung des neuen Kobels, verfehle ihn jedoch deutlich und glaube, ein Kichern zu vernehmen. Es mag mich nicht, das Eichhörnchen.

Steffi wohnt nur ein paar Meter entfernt, sodass ich wenige Minuten später Sonne im Gesicht und ein Weinglas in der Hand habe. Steffi sieht aus, als hätte sie kaum geschlafen – was bei ihrem Job allerdings nicht selten vorkommt.

»Ich kann das nicht glauben«, sagt sie nach dem üblichen Austausch von Bussis und kleineren Gerüchten aus dem Freundeskreis. »Ich war am Wochenende daheim bei Uwe.« Die Kombination dieser beiden Sätze lässt mich bereits ein

Inferno Dante'schen Ausmaßes erahnen – und zwar eines in einem der inneren Kreise. Uwe, das ist seit mehr als 14 Jahren ihr Freund, auf den ich zumindest die ersten fünf Jahre tierisch eifersüchtig war, weil Steffi immer behauptete, er sei mir sehr ähnlich, was bei mir den Eindruck hinterließ, dass er eben einen Tick hübscher oder netter oder besser im Bett sein müsse – denn sonst hätte sie sich ja in mich verliebt. Die beiden führen eine Beziehung, die man als stinknormal bezeichnen kann. Sie haben immer wieder Probleme, die sie überdramatisieren – am Ende stellt sich jedoch jedes Mal heraus, dass sie zu verliebt ineinander sind oder sich zu sehr aneinander gewöhnt haben, als dass sie die Beziehung jemals beenden könnten. Beide haben ihren Teil dazu beigetragen, dass ihre Verbindung auf scheinbar wackligen, letztendlich jedoch stabilen Füßen steht. Ich weiß nur, dass die Sätze »Ich kann das echt nicht glauben« und »Ich war am Wochenende daheim bei Uwe« die Füße wieder ein wenig wacklig werden lassen.

»Wir treffen uns am Bahnhof«, sagt sie. »Und dann schickt er mich weg mit der Begründung, dass er später noch mit seinen Freunden Motorrad fahren möchte und mich nicht dabeihaben will.« Mir wird sofort klar, dass sich Uwe keineswegs mit einer anderen Frau getroffen haben kann, denn einerseits ist Uwe die treueste Seele, die man sich vorstellen kann – zum anderen wäre nicht einmal mir eine derart schlechte Ausrede eingefallen. »Auf jeden Fall denke ich mir irgendwann: Schönes Wetter, Motorradstrecke, nette Leute. Ich fahre nicht heim zu meinen Eltern, ich will noch ein bisschen Zeit mit ihm verbringen und vielleicht mitfahren. Also habe ich ihn angerufen und gesagt, dass ich trotz seiner Bitte, alleine fahren zu dürfen, zur Strecke komme. Brüllt der mich durchs Telefon an, dass ich ihn nie etwas mit seinen Freunden machen lasse.«

In diesem Moment höre ich Steffi kaum noch zu, sondern male mir aus, was Uwe ausgefressen haben könnte. Die

Spannweite reicht von einem Kratzer im Auto über Versicherungsbetrug bis hin zu einer handfesten Schlägerei – zuzutrauen wäre ihm alles. Die Sonnenstrahlen, die Terrasse und der Wein sind plötzlich nicht mehr so angenehm wie noch vor ein paar Minuten. Dafür schlägt die zweite Zigarette des Tages nicht so sehr an wie die erste. Auf ihrer Terrasse sitzt ja auch kein Eichhörnchen, das mich auslacht.

»Ich komme hin und sehe ihn auf einem nagelneuen Motorrad sitzen – aber es war nicht das eines Kumpels, sondern seines. Hat er doch die Lebensversicherung von seinem Vater dafür ausgegeben und will es vor mir verheimlichen! Nach 14 Jahren Beziehung!«

Ich merke, dass sich Steffi an ihrem Weinglas festhält, als wäre es eine Tanzstange in einem zwielichtigen Etablissement. Sie, die kontrollierte BWL-Doktorin, die gewöhnlich mit Millionen von Euro jongliert und am Stammtisch darüber doziert, wie man trotz Finanzkrise reich werden oder bleiben kann, ist derart aus der Fassung, dass sie kaum atmen kann. Ich versuche, sie zu beruhigen, und frage nach:

»Aber wie hat er denn geglaubt, dass er das vor dir verheimlichen kann?«

»Das weiß ich nicht.«

»Er muss doch gewusst haben, dass das irgendwann herauskommt. Man kann doch kein Motorrad vor seinem Partner verstecken. Ich meine, ein Motorrad ist keine Uhr oder Schuhe oder Socken.«

»Er hat wohl gedacht, dass er mich nie mitnehmen muss – oder er wollte es mir irgendwann einmal so nebenbei sagen.«

»Das ist doch dumm! Früher oder später wärst du doch mal mitgefahren. Und dann wäre es rausgekommen, oder?«

Steffi nimmt einen kräftigen Schluck, bei dem meine Frau sofort betrunken wäre.

»Dann hätte er vielleicht gesagt, dass es das Motorrad seines Bruders ist.«

»Also wäre aus der ersten Lüge eine zweite geworden.«

»Genau.«

Ich sehe sie an. Ich nehme einen Schluck Wein.

»Und das Geld? Wie hätte er das erklärt?«

»Wahrscheinlich hätte er behauptet, dass er es angelegt hat oder dass er es für Renovierungen oder so ausgegeben hat. Was weiß ich denn?«

»Also die nächste Lüge.«

»Und immer weiter und weiter und weiter. Aber irgendwann hätte ich es schon rausbekommen, so wie bisher immer alles ans Licht gekommen ist.«

Die Sonne ist mittlerweile hinter einer dicken Wolke verschwunden.

»Das ist komisch«, sage ich, weil mir nichts Besseres einfällt.

»Er verstrickt sich immer mehr in Lügen – und das wirklich Schlimme daran ist, dass ich nicht mehr weiß, wann ich ihm etwas glauben soll und wann nicht, wenn er mich schon bei diesen Sachen anlügt. Er weiß doch, dass ich zwar sauer wäre, aber es ihm doch nicht verbieten kann. Was macht er denn bei Dingen, die noch schlimmer sind?«

Ich muss einsehen, dass ich bis zu diesem Moment ein brauchbarer Zuhörer war. Ich bin mir aber nicht sicher, was sie nun hören will: Einen Ratschlag? Ein tröstendes Wort? Eine Umarmung?

Bevor ich mich entscheiden kann, spricht sie schon weiter, weshalb ich beschließe, dass ich mir in der Rolle des nickenden Zuhörers mit einigermaßen verständnisvollem Blick gefalle. Das bietet Steffi die Gelegenheit zu einem zehnminütigen Monolog, den ich hier nicht wiedergebe, um nicht zu langweilen. Andererseits könnte ich es gar nicht wiedergeben, weil ich nicht genau zuhöre, sondern an mein Projekt denken muss.

Was ist nun so gut an der Lüge? Gar nichts. Natürlich lebten Steffi und Uwe eine Zeit lang glücklich mit der Lüge. Er konnte ohne Nörgeleien Motorrad fahren, und sie hielt ihn für ihren lieben Freund, der sein Geld wohlüberlegt verwaltet.

Eine Lüge kann dann hilfreich sein, wenn sie niemals entlarvt wird.

Wir lügen, weil wir hoffen, niemals ertappt zu werden.

Nur: Eine Lüge führt zur nächsten Lüge führt zur nächsten Lüge. Und am Ende bricht alles zusammen. Meistens zumindest.

Und aus einer harmlosen Lüge ohne Konsequenzen wird handfester Betrug. Zweifel. Eine Beziehungskrise. Streit. Im schlimmsten Fall sogar Krieg.

Mir ging es ähnlich mit der lieben Kollegin Ruth und ihrem Kleidungsstil. Sie trägt zwar keine geblümten Kleider mit Jeansjacke wie meine Frau, aber würde man ihren Stil als gewagt bezeichnen, dann wäre das eine der größten Untertreibungen dieses Jahrzehnts. Gewöhnlich trägt sie Röcke, die nur ein Mensch auf LSD-Trip entwerfen kann, dazu T-Shirts mit einer Comicfigur darauf und komische Socken, die ich dem Jahrzehnt mit den hellblauen Jeansjacken zuordne und entsprechend verwünsche. Kurz: Man kann diese Kombination nur tragen, wenn man über ein außerordentliches Selbstbewusstsein verfügt.

Ich habe Ruth einmal bei einem Feierabendbier gesagt, dass ich ihren Stil cool und mutig finde. Ich habe das getan, weil ich wollte, dass sie mich mag und ich in der Arbeit keinen Stress mit ihr bekomme. Vor drei Tagen sprachen wir noch einmal über ihre Kleidung. Ich sagte: »Ich finde das total übertrieben und eigentlich nicht wirklich geschmackvoll.«

Sie sah mich an, als würde jemand einer Boxerin erzählen, dass er Frauenboxen total bescheuert findet.

»Aber du hast doch vor ein paar Wochen gesagt, dass dir das gefällt!«

»Das war gelogen!«

Nun war sie nicht nur sauer, dass ich ihre Klamotten

nicht mag, sondern sie wusste nun auch, dass ich sie angelogen habe, ohne mit der Wimper zu zucken. Was wird sie wohl denken, wenn ich ihr sage, dass ich einen Text von ihr gut finde? Wahrscheinlich: »Und das soll ich jetzt glauben, du verdammter Lügner?«

Und alles nur, weil ich nicht damit umgehen kann, wenn mich jemand nicht mag – und ich gehofft hatte, dass die Lüge niemals herauskommen würde. Sie wäre aber auch so aufgedeckt worden, weil ich beim Lästern mit einer anderen Kollegin natürlich herausposaunt hatte, dass mir der Fummel nicht gefällt, und es über Umwege sicher zu ihr gelangt wäre. Die Lüge hätte also nicht lange gehalten.

Da wäre mir doch lieber gewesen, wenn sie kurz sauer auf mich gewesen wäre, mich grundsätzlich aber für einen vertrauenswürdigen und ehrlichen Menschen gehalten hätte.

Viele Lügen, das wird mir nun klar, kommen früher oder später ans Licht, und dann wird alles noch viel schlimmer als zuvor. Man sollte sich genau überlegen: Lohnt sich diese Lüge jetzt, oder sage ich lieber gleich die Wahrheit? Verletze ich die Person mit Ehrlichkeit mehr, oder tut es ihr noch mehr weh, wenn sie irgendwann einmal von meiner Lüge erfährt? Und was würde mir eine Lüge bringen? Ich glaube, dass Lügen nur in den seltensten Fällen nützlich ist.

So gesehen glaube ich wieder an mein Projekt.

Vielleicht wird es nicht leicht, und ganz bestimmt werde ich irgendwann mal wieder anfangen zu lügen – doch werde ich danach genau wissen, welche Lüge sich lohnen wird und wann es besser wäre, ehrlich zu sein. Und in diesen Momenten will ich dann auch ehrlich sein.

Vielleicht geht es in diesem Projekt nicht darum, meine masochistische Ader auszureizen oder die Welt zu einem besseren Ort zu machen, sondern eher darum, für meine überschaubare Welt zu bestimmen, wie viel Ehrlichkeit sie verträgt. Mit dem richtigen Maß aus Lüge und Ehrlichkeit wird dieser kleine Kosmos danach ein besserer sein.

Ich überlege kurz, welche der etwa 2,2 Millionen Lügen, die ich in meinem Leben erzählt habe, tatsächlich einen positiven Effekt hatten – also sowohl für mich als auch für den Belogenen. Natürlich wird der Befürworter der unverfänglichen Lüge nun einwenden, dass ein fröhliches »Guten Morgen, mir geht's gut«, ein höfliches »Ja, du siehst gut aus« oder ein »Ich habe gestern nur zwei Bier getrunken« doch niemandem schade und für ein harmonisches Zusammenleben sorge. Die Menschen werden uns für einen netten und höflichen und charmanten Kerl halten, und alle sind zufrieden.

Kurzfristig und in vielen Fällen mag das richtig sein, und ich möchte diesen kleinen Schummeleien auch gar nicht Sinn oder Daseinsberechtigung absprechen. Langfristig kann es verheerende Konsequenzen haben. Wenn eine Freundin vor dem Vorstellungsgespräch behauptet: »Ja, du siehst gut aus«, obwohl das Hemd aus der Hose hängt und das Deo versagt, dann halten wir sie zwar für eine nette Mitarbeiterin, aber den Job werden wir nicht bekommen. Und das nur, weil sie ihre Ruhe haben oder einfach nur charmant sein wollte. Wirklich geholfen hat sie uns nicht, im Gegenteil. Und der beste Freund sagt: »Mir geht es gut«, weil man das eben so sagt, obwohl er uns gerne von seiner Lebenskrise berichten möchte. Und eine Ehefrau – das kann ich bereits nach wenigen Jahren Ehe sagen – weiß genau, wie viele Biere ihr Mann getrunken hat. Die Aussage, dass es nur zwei gewesen sein sollen, akzeptiert sie vielleicht an diesem Abend. Auch den Satz, dass uns nur *ein* Bier betrunken macht – und dass wir nur nicht wissen, ob es das 13. oder 14. ist –, wird sie vielleicht noch lustig finden. Langfristig wird sie uns jedoch nicht nur für einen Trinker halten, sondern auch noch für einen Menschen, der sich nicht einmal eingestehen kann, dass er zu viel getrunken hat, und dies verleugnen muss. Diese kleinen Lügen mögen kurzfristig für Ruhe sorgen und das Zusammenleben erleichtern – wir wissen aber nicht, welche langfristigen Konsequenzen sie haben.

Wir reden uns einfach ein, dass es schon in Ordnung sei, sich hin und wieder einer kleinen Lüge zu bedienen, weil es allgemein akzeptiert wird. Wenn schon Shakespeare in seinem »Sonett 138« schreibt: »Wenn meine Geliebte schwört, dass sie nur aus Wahrheit besteht, / glaube ich ihr, obwohl ich weiß, dass sie lügt. / ... / So glaube ich auch vergeblich, dass sie mich für jung hält, / obwohl sie weiß, dass meine besten Tage schon vorüber sind. / ... / So lüge ich mit ihr und sie mit mir, / und durch Lügen fühlen wir uns in unseren Fehlern noch geschmeichelt.«

Wir sehen nicht, dass auch Shakespeare kurzsichtig ist oder gar vor Liebe blind. Denn wenn ich meiner Frau auf ihre Frage, ob ihr Hintern in diesem Bikini fett aussehe, schmeichelnd, also unehrlich, antworte, dass er total heiß sei, dann begeht sie womöglich den fatalen Fehler, der Lüge zu glauben – und kauft den Bikini tatsächlich. Sie wird dann von Bekannten verlacht, obwohl wir ihr die Blamage durch ein ehrliches Urteil hätten ersparen können. Ist es nicht gar unsere Pflicht als Ehepartner und damit engster Vertrauter, ihr diesen Moment im Schwimmbad zu ersparen?

Und ist es nicht das größte Verbrechen überhaupt, Kinder anzulügen, auch wenn wir das ständig tun? Vordergründig natürlich, um sie vor der Welt da draußen zu schützen – in Wahrheit jedoch, weil wir uns lustig machen wollen oder zumindest keine Lust darauf haben, ihnen langwierig zu erklären, wie es wirklich zugeht in der Welt. Kinder haben jedoch nicht die Möglichkeit, die Informationen zu überprüfen und die Lüge zu entlarven. Sie glauben fast jede Lüge, vor allem den Eltern. Der Philosoph Bertrand Russell jedenfalls war der Ansicht, dass es moralisch keinesfalls hinnehmbar sei, wenn Erwachsene Kinder belügen.

Ich denke weiter darüber nach, welche Lüge in meinem Leben wirklich positive Effekte hatte. Mir fällt ein, dass ich den Besitzer einer Weinbar belogen habe, um eine Stelle als Barkeeper zu bekommen. Er glaubte mir, dass ich ein Weinkenner sei, obwohl ich keinen blassen Schimmer hatte. Ich bildete mich fort und wurde ein brauchbarer Mitarbeiter, so gesehen gereichte es uns beiden zum Vorteil.

Mir fallen kleinere Lügen ein wie jene, als ich meiner Nichte einredete, dass sie die Prüfung schon schaffen würde – obwohl ich felsenfest davon überzeugt war, sie würde scheitern. Sie bestand mit einer sehr guten Note, wohl auch aufgrund der aufmunternden Worte ihrer Familie. Das war tatsächlich eine brauchbare Lüge.

Aber eine große Lüge, eine Betrügerei, die keinem schadete und mir Vorteile brachte? Sorry, ich muss passen.

Vielleicht ist mein Projekt doch nicht so schlecht.

Ich habe neuen Mut und bin Steffi dankbar, dass sie mir nicht zuhören musste, sondern mir ihr Leid geklagt hat. Ich umarme sie, was uns beiden – aus unterschiedlichen Gründen – sehr guttut.

Ich sage ihr: »Sag ihm einfach, er soll in Zukunft ehrlicher sein, weil du dir sonst auch nach 14 Jahren Beziehung keine Zukunft vorstellen kannst. Und sag ihm, dass du immer ehrlich zu ihm sein willst. Das wird ihn bestimmt beeindrucken, weil er dann gar nicht anders kann, als auch ehrlich zu dir zu sein. Wenn er das nicht akzeptiert, musst du ihm deutlich sagen, dass die Beziehung dann vorbei ist.«

Ich denke, dass das ein guter Rat ist.

Ich gehe nach Hause, wo meine Frau schon auf mich wartet.

»Wo warst du denn?«

»Bei Steffi, wir haben Wein getrunken und geredet.«

»Aha. Eine ganze Flasche oder was?«

Ich sehe Einkaufstüten.

»Ach ja, ich habe auf dem Balkon geraucht. Und ich habe versucht, mit der Zigarette den Kobel von dem verdammten Eichhorn zu treffen.«

In den Tüten sind Sommerkleider und Jacken und Röcke.
»Du bist echt ein Arschloch.«
»Ja, aber ein ehrliches.«
»Aber immer noch ein Arschloch! Und die Küche ist immer noch nicht aufgeräumt, und das Geschirr ist dreckig.«
»Ich musste zu Steffi.«
»Mir egal! Räum auf!«
Keine Frage, meine Bewährungszeit wird hiermit um drei Tage verlängert. Ich schreibe meinen Brief an den Designer fertig, in dem ich kurz und knapp erkläre, warum mir das Kleid nicht gefällt. Ich schreibe ihm, dass er wahrscheinlich mehr Erfolg hätte, wenn seine Kombinationen aus Gelb und Blumen nicht gar so schrecklich wären. Ich schlage ihm darüber hinaus vor, Schlaghosen wieder in sein Repertoire aufzunehmen. Ich unterzeichne mit herzhaften Grüßen und der Hoffnung auf eine Antwort. Dann stecke ich das Schreiben in ein Kuvert mit der Absicht, es morgen abzuschicken.

Dann mache ich es mir auf der Couch gemütlich, rufe Hanni ein erwidertes »Ich liebe dich« zu und sehe aus dem Fenster. Fury werkelt auf dem Balkon, er dreht mir den Rücken zu, und ich bilde mir ein gesehen zu haben, dass er kurz den Schwanz hob, um mir zu sagen, wo ich ihn lecken könne.

Kapitel 8

Tag 14 – Ehrlich sein macht einsam

Aaaaaaaaaaargh!!!

Gleich explodiere ich. Ich bin ein Chinaböller, der friedlich auf der Straße herumlag – und nun haben gleich mehrere Menschen die Lunte angezündet, langsam arbeitet sich die Glut zum Schwarzpulver vor, und dann wird es laut und schmutzig. In Sitcoms gibt es diese Situation etwa alle vier Folgen in Gestalt des konservativen und eigentlich kontrollierten Mitbewohners – im wahren Leben passiert so etwas beinahe täglich. Zumindest mir. Entweder habe ich unglaublich schlechtes Karma, oder Murphy's Law hat sich mein Leben als Anwendungsfeld erkoren.

Ich bin so was von sauer.

Wenige Minuten zuvor war ich blendend gelaunt, ich war ein Zen-Meister, ein Shaolin-Mönch beim Training, eine Hindu-Kuh auf einer indischen Weide. Ich stand am Münchner Odeonsplatz und sah mich um, so wie der Kapitän eines Zerstörers sich auf hoher See umsieht und dann zufrieden von der Brücke geht.

Die kleine Krise bezüglich meines Projekts hatte ich überwunden, ich hatte gar beschlossen, es noch ein wenig auszuweiten. Ich hatte festgestellt, dass sich meine Ehrlichkeit bisher auf den Mikrokosmos meines Lebens beschränkt hatte – meine Frau, meine Kollegen, meine Freunde. Ansonsten wandelte ich wortlos und damit lügenreich durch die Gegend – lügenreich, weil wie gesagt auch das Schweigen eine Lüge sein kann. Ich ging auf der Straße und sagte nichts, wenn ich eine schöne Frau sah, obwohl sie sich über ein Kompliment vielleicht gefreut hätte. Wenn es im Aufzug stank, sprach ich es nicht an, obwohl ich genau wusste, dass da jemand gefurzt haben musste und nicht einmal die Courage hatte, es zuzugeben und sich dafür zu entschuldigen. Wenn ich in der U-Bahn zwei Teenager sah, die rauchten, sah ich einfach weg, anstatt ihnen zu sagen, dass sie die Zigarette wegwerfen sollen. Dabei schreibt *Radical Honesty* vor, *jederzeit* ehrlich zu sein. Das will ich nun versuchen, nachdem ich es in den ersten beiden Wochen verpasst habe, weil ich in Situationen geschwiegen habe, in denen ich gerne etwas gesagt hätte – und damit gegen die zweite Regel verstoßen habe, die ich zum Thema »Schweigen und Lügen« aufgestellt habe.

Ich bin in der Münchner Innenstadt unterwegs, in der Fußgängerzone zwischen Odeonsplatz und Marienplatz. Das ist ein schöner Ort, weil, anders als um den Bahnhof herum, die Wände nicht beschmiert sind und sich niemand traut, Sachen auf den Boden zu werfen. Wie schön München doch aussieht, wenn die Menschen sich zu benehmen wissen.

Ich will zum Sendlinger Tor, was zu Fuß gewöhnlich neun Minuten dauert. Ich weiß das so genau, weil ich drei Jahre lang in der Gegend gearbeitet und einen genauen Zeitplan aufgrund der Abfahrtszeiten der U-Bahn entwickelt habe. Außerdem habe ich ja gerade in Kapitänsmanier die Lage beobachtet, das Feld gesichtet und einen Plan entwickelt. In der Fußgängerzone findet ein Event statt, dessen Zentrum ich am Marienplatz vermute. Für den Verkehrsfluss der Fußgänger zwischen Odeonsplatz und Sendlinger Tor ist das so fatal, als würden sich auf der A8 von München Richtung Salzburg zu Beginn der Sommerferien zwei Lastwagen ineinander verkeilen. Das Schlimme daran: Die Menschen bewegen sich nicht einfach vorwärts, wie es Menschen gewöhnlich tun.

Sie schlendern.

Ja, sie schlendern. Das ist wie Gehen, nur dass die Leute ihre Geschwindigkeit um vier Stundenkilometer reduzieren und dabei wirken wie Zombies in Zeitlupe. Schlendern, das machen normalerweise Männer mit Stoffhose und Poloshirt und über die Schulter geworfenem Pulli und überdurchschnittlich gebräunter Frau am Arm. Meistens tun sie das an einer Strandpromenade, in einer Tennisanlage oder auf Cocktailpartys. An diesen Orten sind sie leicht zu überholen und deshalb kaum zu beachten.

Bei einer Menschenverdichtung von mindestens drei Personen pro Quadratmeter allerdings werden selbst die vernünftigsten Geher zu Schlenderern – und damit zu beweglichen Hindernissen. Sie gucken nach links, sie gucken nach rechts, sehr oft gucken sie sogar nach oben, obwohl dort wie immer nur ein Himmel und ein paar Wolken sind. Manchmal bleiben sie sogar stehen und deuten irgendwohin nach oben, wo nur Wolken und Himmel sind, bevor sie mit dem Schlendern weitermachen.

Ich hasse Schlendern.

Auch das ausschließlich Poeten vorbehaltene Flanieren ist mir zuwider. Ich habe das Flanieren einmal versucht, während der Fußball-EM 2008 in der französischen Stadt Mulhouse. Nur weil mich meine Frau mit drei Kugeln Eis und einem mit Gas gefüllten Donald-Duck-Luftballon ruhigstellte, hielt ich eineinhalb Stunden lang durch. Ich kann noch nicht einmal etwas mit Spazieren anfangen, einer Variante, die für Familien mit mindestens zwei Kindern erfunden wurde, von denen mindestens eines heult, weil es spazieren muss. Warum erklärt den Eltern in den zahlreichen Geburtsvorbereitungskursen zwar jeder die anatomisch korrekte Atmung beim Einsetzen der Wehen, aber niemand, dass für ein Kind nur Spinat und Karotten-Cordhosen zu Beginn der Pubertät schlimmer sind als ein stundenlanger Spaziergang mit den Eltern?

Ich möchte von A nach B gelangen, und das so schnell wie möglich, sofern sich dazwischen nicht Punkt C befindet, wobei Punkt C nur ein Schnellrestaurant oder ein Plakat mit Angelina Jolie sein darf. Ich will nicht schlendern oder spazieren und schon gar nicht flanieren. Ich kann dem genauso wenig abgewinnen wie dem Plaudern, was wohl zwei Gründe dafür sind, warum mich manche Freunde und Kollegen für sozial inkompetent halten. Ich will klare Ansagen und keinen Smalltalk als Vorspiel für das eigentliche Gespräch. Bill Gates dagegen würde mich wohl respektieren, schließlich soll er einmal – so erzählt man sich zumindest in Internetforen – einen Mitarbeiter nur deshalb befördert haben, weil der auf dem Microsoft-Campus nicht auf dem vorgegebenen Weg von Gebäude zu Gebäude ging, sondern eine effiziente Abkürzung durch das Gestrüpp wählte und deshalb pro Laufstrecke sieben Sekunden sparte.

So ein Mitarbeiter wäre ich.

Ich will nicht schlendern, sondern einfach nur zur U-Bahn-Station am Sendlinger Tor gelangen. Ich will kein Eis und keinen Ballon, und ich will auch nicht die Band hören, die auf dem Marienplatz spielt. Ich will nicht der brasilianischen Jesuiten-Tanzgruppe zusehen, ich will nicht in die Schaufenster des Apple Store glotzen, und ich will mich auch nicht vom Zeugen-Jehovas-Stoßtrupp ansprechen lassen.

Schon bin ich schlecht gelaunt. Ob das bei Shaolin-Mönchen und Hindu-Kühen auch so schnell geht? Immerhin wird in tibetischen Klöstern nicht geschlendert.

Normalerweise würde ich nun mürrisch vor mich hin brabbeln und einen Lauf durch die schlendernden Slalomstangen veranstalten. Dabei würde ich ob meiner hektischen Gangart diese »Tststs«-Blicke auf mich ziehen, die man erntet, wenn man in der Oper an der falschen Stelle klatscht oder in der Kirche aufsteht, obwohl man knien müsste.

Diese Ach-guck-dieser-Lümmel-zerstört-die-Schlenderstimmung-mit-seiner-Hektik-Blicke. Dann würde ich abgehetzt auf der Rolltreppe im U-Bahn-Schacht stehen und zusehen, wie die Waggontür zugeht und der Zug langsam abfährt. Unter dem – aufgrund der bereits erwähnten Kinderstube natürlich nur flüsternden – Gebrauch der zehn gebräuchlichsten Schimpfwörter würde ich mich hinsetzen und auf die nächste U-Bahn warten, die ich auch bekommen hätte, wenn ich einfach nur mitgeschlendert wäre.

Es gibt keinen psychologischen Begriff für mein Verhalten. Es ist kein Machiavellismus, kein Konfabulieren, kein Münchhausen-Syndrom. Ich erreiche mein Ziel nicht, weil ich die Menschen anlüge, weshalb man mein Verhalten wohl unter dem Begriff der Blödheit subsumieren könnte. Ich entschuldige mich höflich für mein Drängeln, obwohl ich finde, dass die Menschen mir aus dem Weg gehen sollten – und am Ende muss ich mich doch ärgern. Meine Lüge hat keinen Sinn, aber ich tu es trotzdem. Freilich könnte ich auch mitschlendern – klar, Bayer Leverkusen könnte auch die Champions League gewinnen.

In den USA gibt es eine berühmte Episode über eine militärische Einheit im Vietnamkrieg. Eines Nachts wirft ein Vietcong eine Handgranate in die Mitte der GIs. Einer der Männer springt auf und wirft sich auf die Granate. Sie geht hoch und tötet den Soldaten – doch seine Freunde sind gerettet. Manchmal sind Menschen dazu bereit, sich selbst zu opfern, um andere zu retten. Der Soldat ist ein Held.

Viele Menschen gehen mit ihrem Ärger so um wie der Soldat mit der Granate. Wir lassen die Wut in uns platzen, wir verletzen lieber uns selbst, als unsere Mitmenschen damit zu behelligen. Wir denken, dass wir damit unsere Mitmenschen retten. Auf kurze Sicht endet das meist mit einem Tritt gegen eine Wand, mittelfristig mit dem rituellen Genuss von zu viel Alkohol und langfristig mit einem Magengeschwür. Wir opfern uns um des lieben Friedens willen und deshalb, weil wir andere nicht verletzen wollen – und weil wir nicht wollen, dass andere uns verletzen. Wir denken, dass unsere Wut lebensgefährlich ist.

Brad Blanton schreibt dazu den schönen Satz: »Ärger ist keine Granate.«

Wir müssen loslassen. Der Ärger muss hinaus, wir sollten uns darauf konzentrieren, ehrlich wütend zu sein anstatt nett und fair – so wie Kinder es auch sind. Wenn Kinder lachen, dann meinen sie es ehrlich. Wenn ihnen der Bauch wehtut, dann weinen sie ehrlich. Und wenn sie wütend sind, dann brüllen sie ehrlich. Es ist ihnen egal, was die Menschen um sie herum denken. Sie geben nicht vor, wütend zu sein, sie *sind* es einfach, und das zeigen sie auch.

Wir sollten eher wie Kinder sein. Ehrlich und aufrichtig. Warum auch nicht? Wir könnten doch unsere Wut einfach mal hinausschreien.

Natürlich wird so etwas in keinem Benimm-Buch auftauchen. Dort wird festgestellt, dass Wut und Ärger noch keinen Menschen weitergebracht haben und dass Diplomatie und konstruktive Kritik das Maß aller Dinge sind. Aber warum eigentlich? Warum dürfen wir nicht hin und wieder destruktiv sein? Mal einen Menschen anbrüllen? Etwas kaputt machen?

Wut gehört zum Menschen wie Liebe oder Angst – nur dass keiner schief angesehen wird, wenn er Liebe offen zeigt. Bei der Angst wird es schon heikel, und Wut ist gesellschaftlich nicht akzeptiert. Wir erlauben es uns nicht, offen wütend zu sein. Und züchten so ein schönes Geschwür im Magen, das wir dann operativ entfernen lassen müssen. Und beginnen beim Studieren der Krankenhausrechnung mit der Aufzucht eines neuen.

Wie oft sehen wir vor unserem geistigen Auge unsere Faust auf das Auge eines Mitmenschen prallen, wie oft haben wir in unseren Träumen schon das Prüfungsamt einer Universität in die Luft gesprengt? Das Schlimme ist, dass die Fantasien immer krasser und detaillierter werden. Vor zehn Jahren sah ich das Prüfungsamt der Uni Regensburg einfach nur in die Luft fliegen. Dann kam die überdimensionale Steinkugel vor dem Audimax hinzu, wie sie in das Zimmer der Angestellten rollt, später gab es ein Feuerwerk im Hauptgebäude, und die Brücke zwischen Geistes- und Naturwissenschaften lag in Flammen.

Eine schöne Vorstellung.

Nein, ich bin kein Amokläufer.

Hoffe ich zumindest.

Ich hätte diese Träume und den gemeinsamen Plan mit Helmut nicht, wenn wir den inkompetenten und unfreundlichen Mitarbeitern mal gepflegt die Meinung geigeigt und vielleicht die Tür eingetreten hätten. Wir neigen zwar beide überhaupt nicht zu Gewalt – selbst Fliegen dürfen sich in unserer Gegenwart sicher fühlen, solange sie dem Bier nicht zu nahe kommen –, aber ein bisschen Herumbrüllen im Prüfungsamt hätte bestimmt gutgetan.

Noch habe ich Zeit, einen Amoklauf zu verhindern, indem ich ein bisschen Aggression abbaue.

Ich beschließe, einfach mal loszulassen und destruktiv zu sein.

»Auf die Seite, ihr langsamen Quallen!«, rufe ich.

Mit zielgenauem Einsatz der Ellbogen arbeite ich mich nach vorne und muss dabei wirken wie ein schlechter Rugbyspieler – wobei Rugby zu den wenigen Sportarten gehört, die meiner Figur schmeicheln.

»Ihr verdammten Schlenderer! Macht den Weg frei für Leute, die es eilig haben! Ihr geht mir so was von auf den Sack mit eurer Langsamkeit! Es gibt auch Leute, die nicht den ganzen Tag Zeit haben! Zefix!!«

Ich remple Erwachsene an, die mich ansehen, als würde man sich in der Kirche beim Gang zur Kommunion vordrängeln. Aber niemand sagt etwas. Ich setze Ellbogen und Schultern geschickt ein, mein Blick übt eine nicht zu unterschätzende psychologische Macht aus. Und ich war mal so ein netter Kerl.

Etwa drei Viertel der Strecke geht es blendend voran. Die Menschen lassen sich problemlos beiseitedrängeln, wobei ich meine Aktionen mit einem laut ausgerufenen »Weg da, ihr Schlenderer« unterstütze. Wenn wirklich jemand mal »Hey!« sagt, dann drehe ich mich kurz um und brülle: »Dann geh schneller, du Idiot. Oder willst du ein paar aufs Maul?« Und schon ist Ruhe.

Manchmal schubse ich die Menschen einfach weg.

Es ist erstaunlich, was sich Menschen gefallen lassen, nur um einer ernsthaften Konfrontation aus dem Weg zu gehen.

Auf Höhe des Starbucks – als einer der vorhin erwähnten Punkte C übrigens vollkommen akzeptabel – treffe ich einen mutigen Schlenderer. Ich gebe ihm einen leichten, aber doch spürbaren Bodycheck, den ich mit einem »Platz da, hab's eilig« untermale.

Er brüllt: »Hey! So geht's aber nicht, Freundchen!«

Kurzes Umdrehen: »Leck mich doch!«

»Dann komm doch her und hol dir ein paar Watschn ab!«

Er unterstützt seine Drohung, indem er mich zu sich winkt und den Rotanteil seines Teints deutlich erhöht. Er ist wohl wütend. Er wird wohl nie Amok laufen, sondern sich einfach kurz prügeln – und das war's dann. Ein toller Mensch.

Ich bin kurz versucht, es darauf ankommen zu lassen, schließlich habe ich mich während meines Projekts noch nicht wirklich geprügelt und finde, dass sich eine Geschichte über eine anständige Rauferei gut machen würde. Aber zum einen ist der Mann zehn Zentimeter größer und 20 Kilo schwerer als ich und zudem mit einem leeren Maßkrug bewaffnet, zum anderen habe ich eine Mission zu erfüllen.

»Kann nicht, ich hab's eilig!! Ein andermal gern. Dann geb' ich dir eine auf die Brille.«

Und schon laufe ich ungestraft weiter. Er ruft mir noch etwas hinterher, aber ich kann die Worte nicht verstehen. Ich glaube, es war der Ausdruck »Blödes Arschloch«. Aber er hält mich nicht auf und wird mich wohl zehn Minuten später vergessen oder zum Protagonisten einer lustigen Stammtischgeschichte verklärt haben.

In der U-Bahn-Station herrscht endlich wieder beruhigende Hektik, wie alle anderen laufe ich die Rolltreppe hinunter und gehe zu meinem Gleis. Dort fährt gerade der Zug ein, den ich langsam betrete. Als sich die Türen schließen, atme ich kurz durch. Ich habe es geschafft. Ich habe die Schlenderer und Flanierer hinter mir gelassen und tatsächlich den Zug erreicht, den ich erreichen wollte. Ich habe keine Prügel bezogen, nur ein paar wütende Blicke und »Hey«-Rufe von Menschen geerntet, die ich nie wieder in meinem Leben sehen werde. Und nicht ich bin schlecht gelaunt, sondern der dicke große Schlenderer mit rotem Gesicht und leerem Maßkrug.

Ehrlichkeit kann manchmal so einfach sein.

Ich bin so ruhig wie selten zuvor.

Ich sehe mich mit anderen Hindu-Kühen beim Graskauen.

Es ist eines der ersten Erfolgserlebnisse meines Projekts. Statt Wut fühle ich nun Gelassenheit. Ja, ich habe da oben ein paar Menschen angerempelt, ich habe ein paar von ihnen beleidigt. Aber das werden sie überleben, wahrscheinlich wissen sie schon jetzt nicht mehr, dass sie angerempelt und beleidigt wurden. Dafür habe ich meine U-Bahn erwischt. Es war egoistisch, absolut. Es war unfreundlich und ungehobelt. Na und? Aber es war ehrlich, und ich fühle mich wirklich glücklich.

Dass ich heute pünktlich sein möchte, liegt an der Einladung meiner Frau zum gemeinsamen Sushi-Essen mit ihren Freunden, an dem ich gezwungenermaßen teilnehmen und wo ich deshalb auch rechtzeitig anwesend sein muss. Ich habe nichts gegen ihre Freunde, sondern vielmehr etwas gegen die Modeerscheinung, rohen Fisch als Delikatesse und gesundes Essen zu betrachten, obwohl eine Portion Sushi so viele Weight-Watchers-Punkte aufweist wie ein anständiges Schnitzel mit Pommes. In meiner persönlichen Abneigungshitparade liegt der Verzehr von Sushi etwa zwischen Frauenboxen und Schlendern – was wiederum meiner Frau und ihren Freunden absolut egal ist. Da sind eben sie egoistisch, und mich stört es nicht. Leben und leben lassen. Sie stehen darauf, wenn auf einem Fließband kleine Teller an ihnen vorbeifahren, auf denen nach strengen Feng-Shui-Vorschriften angeordnet glibbrige Thunfischlappen auf verklebtem Reis liegen. Aber ich will mich gar nicht beschweren, schließlich habe ich eine Vorliebe für gebackene Bohnen nach dem Originalrezept von Bud Spencer, was sicherlich jeder Sushi-Fan abartig findet. Jeder hat eben so seine kulinarischen Dinge, die ihm wichtig sind.

Außerdem tröste ich mich damit, dass auf dem Fließband auch hin und wieder ein frittiertes Hühnchenteil vorbeischaut und ich Hannis Trauzeugen in den Wahnsinn treiben kann, indem ich ihm auftrage, jedes einzelne vom Band zu holen und mir zu servieren.

Nachdem sich neben mir etwa 20 Miniteller stapeln, beschließe ich, dass es an der Zeit ist, mich dem Nachtisch zu widmen. Um meinen Magen nicht überzustrapazieren, indem ich ihm allzu viele Variation zumute, bleibe ich bei Frittiertem, nur dass es nun eine gebackene Banane in köstlicher Panade sein soll. Wiederum erteile ich dem immer noch nur leicht genervten Trauzeugen den Auftrag, mir jeden Teller mit gebackenen Bananen vom Band zu fischen.

»Also, ich könnte das nicht essen«, sagt Hannis Schwester Kerstin – die übrigens gerade etwas in den Mund steckt, von dem ich vermute, dass ein Tintenfisch damit vor wenigen Tagen noch um ein Weibchen geworben hat. Vor ihr liegt etwas, das aussieht wie eine Flunder und riecht wie eine Sardelle. Wer weiß, was die da so anstellen dort unten im Meer.

Ich sage: »Warum, was passt dir denn nicht?«

Sie sieht mich an, wie ein Vegetarier einen Menschen ansieht, der gerade in ein Stück Schweinshaxe beißt. Dann sieht sie auf meinen Teller. Die Theatralik ihrer Mimik verleitet die anderen – es sind außer uns beiden immerhin noch sieben Leute anwesend –, ihren Ausführungen zu folgen.

»Es ist diese Soße«, sagt sie und zieht die Nase nach oben, wie ein Vegetarier seine Nase nach oben zieht, wenn man ihm ein Stück Schweinshaxe darunterhält. »Diese weiße dickflüssige Soße zu den Bananen, die sieht einfach aus wie...«

Sie spricht nicht weiter, aber alle am Tisch nicken und rümpfen synchron die Nase.

»Wie Sperma mit Kokos«, sage ich und schiebe mir ein Stück gebackener Banane mit Soße in den Mund.

Ich weiß, der Satz ist ungefähr so passend, als würde eine Frau auf die Frage »Who's your daddy?« während des Geschlechtsverkehrs mit »Na, Heinz, du kennst ihn doch« antworten. Aber er ist ehrlich. Aus den genaserümpften Gesichtern werden plötzlich angewiderte. Alle sehen so aus wie Vegetarier, denen man gerade ein Stück Schweinshaxe in den Mund geschoben hat.

»Pfui Teufel«, sagt meine Frau und versucht, mich unter dem Tisch zu treten. Sie verfehlt mich nur knapp.

»Warum denn«, erwidere ich mit dem Gesichtsausdruck eines empörten Rechthabers. »Kerstin meinte doch genau das, oder?«

Kerstin hat inzwischen die Und-so-etwas-ist-mein-Schwager-Mimik aufgesetzt und entgegnet: »Aber man muss es doch nicht sagen.« Meine Frau befleißigt sich übrigens des Und-so-etwas-habe-ich-geheiratet-Blicks, aber den kenne ich schon so gut, dass ich ihn nicht beachte.

»Aber es hat ohnehin jeder gedacht.«

»Egal! Durchs Aussprechen wird es noch ekelhafter!«

Ich werfe mich in eine entrüstete Pose: »Nur weil ich deinen ekelhaften Gedanken zu Ende führe, bin ich jetzt der Eklige. Das kann ja wohl nicht sein! Und ich bin der Einzige, der das isst!«

Kerstin sieht nicht ein, dass ich recht haben könnte, sondern kontert mit einem Ellbogen auf dem Tisch und wörtlich mit: »Nun will es wirklich niemand mehr essen. Wer will das schon hören und es sich dann vorstellen müssen?«

Ich beschließe, nun nicht einfach aufzugeben und als Ekel durchzugehen, sondern ich versuche weiterhin, mich zu rechtfertigen.

»Na ja, es gibt bestimmt Frauen und wahrscheinlich auch Männer, die auf Sperma mit Kokos stehen.«

Ich weiß, dass diese Behauptung nicht nur ehrlich, sondern auch wahr ist. Hannis Trauzeugen jedoch fällt bei meiner Bemerkung ein Stück Lachs aus dem Mund, aus drei Mündern ertönt ein »Bäääh«, und mir wird für den Rest des Abends ein eigener Tisch zugeteilt – was ich übertrieben finde, aufgrund der Demokratieregelung in Hannis Freundeskreis aber nicht ändern kann. Bezahlen muss ich auch noch für alle.

Nach meinem befreienden Erlebnis in der Innenstadt bin ich nun wieder der Depp, der alle beleidigt hat. Ich fühle mich trotzdem nicht schuldig. Wer mit Ehrlichkeit nicht umgehen kann, der soll mir eben aus dem Weg gehen.

Später beim ehelichen Gute-Nacht-Gespräch will ich mich über die Verbannung echauffieren.

»Schmieder«, sagt Hanni. Sie nennt mich nur dann bei unserem Nachnamen, wenn sie sich davon distanzieren möchte und sich wünscht, wieder Stadtler zu heißen. »Schmieder, halt doch einfach mal dein Maul, wenn du weißt, dass keiner hören will, was du sagen willst.«

»Jetzt pass aber mal auf: Ich war zum einen ehrlich, und zum anderen habe ich nur ausgesprochen, was alle gedacht haben. Und wer nicht daran gedacht hat, dem habe ich auf die Sprünge geholfen.«

Ich mache ein unschuldiges Gesicht.

»Und du wunderst dich wirklich darüber, dass noch niemals jemand deine sozialen Kompetenzen oder dein gentlemanhaftes Benehmen bewundert hat.«

Ich bewerte den Tag dennoch positiv. Ich habe den Schlenderern gesagt, was ich von ihnen halte. Ich habe die U-Bahn erwischt. Ich habe 14 gebackene Bananenstücke mit Soße gegessen. Und es war amüsant, einmal auszusprechen, wie diese Soße wirklich aussieht. In zwei Jahren wird daraus bestimmt eine lustige Anekdote. Hoffe ich. Schließlich wurde aus Eminems Beobachtungen auch der tolle Song »I'm slim shady«, in dem er sagt: »Alle denken es, doch nur ich habe die Eier, es vor allen auszusprechen.«

Und ich muss nicht auf der Couch übernachten.

Ich habe keinen Ärger mehr in mir, sondern zufriedene Gelassenheit.

Ja, ich war egoistisch.

Ja, ich war ekelhaft.

Das bin ich.

Na und?

Aus dem »Aaaaaaaaaaargh« fünf Stunden zuvor wird ein zufriedener Seufzer, ehe ich in den Armen meiner Frau einschlafe und von Hindu-Kühen und einem Fass mit weißer Soße träume.

Kapitel 9

Tag 17 – Ehrlichkeit ist uncool

Ich habe eine Gewissensfrage an Herrn Doktor Doktor Rainer Erlinger vom Magazin der *Süddeutschen Zeitung*: Ich fahre mit meinem Auto an eine Tankstelle. Dort warten vier Jugendliche, von denen ich den Ältesten auf 16 Jahre schätze. Er hat seinen Arm lässig um ein Mädchen geworfen, das krampfhaft versucht, wie 16 auszusehen, obwohl es höchstens 14 Jahre alt ist. Die anderen beiden, ein Mädchen und ein Junge, geben sich betont locker, ich merke jedoch, dass sie den 16-Jährigen als Chef akzeptieren.

Chef spricht mich an und fragt mich, ob ich ihnen Bier und Schnaps für eine Party kaufen könne. Er nennt mich »Kumpel«, was mir schmeichelt, er siezt mich aber auch, was mir ernsthafte Sorgen bezüglich meines Alters bereitet. Ich stehe vor einem Konflikt: Ich will einerseits nicht, dass die Kinder harten Alkohol bekommen. Andererseits muss ich damit rechnen, dass sie ohnehin an Alkohol gelangen, weil der nächste Tankstellenbesucher ihnen die harten Sachen kaufen würde. Also erwäge ich, sie mit Bier zu versorgen, auch wenn ich weiß, dass ich damit illegal handeln würde und sich die Kinder dann durch meine Mithilfe betrinken würden.

Aber irgendjemand würde ihnen sicher Alkohol kaufen.

Natürlich würde Herr Erlinger die Dichter und Philosophen zitieren und am Ende ein salomonisches und perfekt formuliertes Urteil fällen – aber ich habe nicht so lange Zeit, und Dichter und Philosophen kann ich nur zitieren, wenn ich bei Google nach Zitaten suche.

Es ist der dritte Samstagabend meines Radical-Honesty-Projekts, ich stehe an einer Tankstelle in München-Ramersdorf und werde angesprochen. Der Älteste trägt ein T-Shirt, auf dem Eminem abgebildet ist, was ihn mir grundsätzlich sympathisch macht, er jedoch durch eine Emo-Frisur wieder zunichtemacht. Emo und Eminem, das passt ungefähr so gut zusammen wie Pink und Jessica Simpson oder Karl-Theodor und noch sieben Vornamen von und zu Guttenberg und sein AC/DC-Shirt während des Wahlkampfs.

Hinter ihm steht ein kleiner Junge mit weißem Hemd und schwarzer Krawatte, der ohne größere Diskussionen als 14-jähriger Sohn von Ben Becker durchgehen könnte, was ihn mir grundsätzlich unsympathisch macht. Die Mädchen tragen Pali-Schal, rot-grün-karierte Strümpfe und einen kurzen Mini-Lederrock – offensichtlich sind sie direkt aus der ersten Reihe eines »Killerpilze«-Konzerts hierhergekommen. Ich versuche in meinem Langzeitgedächtnis abzuspeichern, meinem Sohn später strenge Auflagen zu machen, was Kleidung betrifft. Diese prämenstrualen Frauen gucken so verschreckt wie frisch gefickte Eichhörnchen, die beiden Jungs versuchen derweil, ihre Körpertemperatur auf 25 Grad zu kühlen, was ich allzu deutlich als Imponiergehabe identifiziere, weil ich das in ihrem Alter ebenfalls erfolglos versucht habe.

Ich muss vielleicht noch einwerfen, dass ich bereits stolzer fünffacher Onkel bin und mich seit der Geburt meiner ältesten Nichte – sie ist mittlerweile 18 Jahre alt – auf der krampfhaften und konfliktverschärfenden Mission befinde, der coolste Onkel der Welt zu sein. Ich bilde mir ein, die TV-Serie »Two and a Half Men« sei nach meinem Vorbild entstanden. Ich habe meine kleinen Verwandten als Erziehungsberechtigter auf Beach Partys begleitet und den Zapfenstreich der Eltern um eineinhalb Stunden überzogen – dass der Zweitälteste allerdings die Wand im Treppenhaus vollgekotzt und anschließend versucht hat, das Erbrochene mit frischer Farbe aus der Garage zu übermalen, damit hatte ich nur am Rande zu tun.

Ich spreche mit meiner ältesten Nichte Carina über Freunde, Geschlechtsverkehr, Verhütung und die spirituellen Vorzüge des rituellen Gebrauchs schwacher Drogen, was ihr nur im Beisein des gerade aktuellen Freundes peinlich ist. Ich habe mit meinem Neffen – dem mit der vollgekotzten Treppenhauswand – »Counterstrike« und »Guitar Hero« gespielt und im ersten Spiel unerwartet deutlich verloren und im zweiten unerwartet deutlich gewonnen. Ich habe zu seiner Silvesterparty nicht jugendfreie Raketen und Alkopops beigesteuert. Ich glaube, dass sich meine Nichte nur ein bisschen schämt, wenn sie mit ihren Freundinnen in die Diskothek unseres Heimatortes geht und dann ihren Onkel auf der Tanzfläche entdeckt.

Ich würde mich deshalb nicht wirklich als Vorbild für meine Nichten und Neffen bezeichnen, aber rechne damit, von ihnen als *cool* beschrieben zu werden oder *knorke* oder *tight* oder was immer die jungen Leute dazu sagen, was man zu meiner Teenagerzeit als *locker* definierte.

Ich bin der Generation Dorian Gray durchaus würdig. Das Bild von mir wird älter, während ich krampfhaft versuche, 30 Jahre lang 20 zu sein. Oder noch länger. Es ist keine Modephase, die Mitglieder werden heutzutage in allen Altersschichten rekrutiert. Der 40-Jährige reißt sich im Fitnessstudio eine 22-Jährige auf. Der 50-Jährige feiert seinen Geburtstag nicht mit einem Bankett, sondern mit einer rauschenden Party in der Münchner Nobeldisko P1. Rentner gehen nicht mehr spazieren, sondern in die Disko oder laufen einen Marathon. Immerhin schlendern sie nicht. Wir müssen alles mitmachen, aber nichts mehr richtig. Wir sind japanische Touristen unseres eigenen Lebens, wir suchen interessante Momente, machen eine kurze Aufnahme und sind schon wieder auf dem Weg zur nächsten Attraktion.

Ich bin eines der jüngeren Mitglieder dieser Generation. Ich werde bald 30 Jahre alt und trage Klamotten, als würde ich in ein paar Tagen auf Abifahrt gehen. Mein Vater hatte in diesem Alter bereits einen tollen Job bei einer tollen Bank, eine tolle Frau und zwei tolle Kinder – und in seinem Testament erwähnte er bereits, dass er nichts gegen ein Drittes, also mich, einzuwenden hätte. Ein Aborigine wird im Alter von elf Jahren auf den einjährigen Walkabout in den Busch geschickt, danach gilt er als erwachsener Mann, er ist in seinem Camp anerkannt, heiratet und zeugt Kinder. Ich bin 30 Jahre alt und noch immer nicht erwachsen. Ich musste aber auch noch nicht auf einen Walkabout gehen.

Ich versuche, jung, cool und frisch zu sein – weil jung, cool und frisch sein noch wichtiger ist als reich sein. Kürzlich beim Friseur habe ich auf das Bild eines 20-jährigen Schauspielers gezeigt, als ich mir eine Frisur aussuchen sollte. Ich weiß, wie man einen Klingelton herunterlädt, ich habe mehr als 300 Facebook-Freunde, und ich war vor wenigen Wochen auf einem Konzert der »Pussycat Dolls«. Ich weiß, was *Happy Slapping* ist. Ich will einfach nicht erwachsen werden, niemals. Nennt mich Peter Pan oder Lucien de Rubempré oder Dorian Gray.

Wir sehen aus, wie Ed Hardy oder Tommy Hilfiger oder Ralph Lauren uns suggerieren, wie wir aussehen müssten. Dreißigjährige gehen in ein *Men Spa*, sie verwenden eine Gesichtsmaske und perfektionieren die Form ihres Sixpack dreimal pro Woche im Fitnessstudio. Wir wollen äußerlich so bleiben, wie wir mit 20 einmal waren. In meinem Alter hatte mein Vater bereits einen gepflegten Bierbauch.

Es gehört zu den Eigenschaften meiner Generation, nicht in der Gegenwart zu leben, sondern entweder in der Vergangenheit oder in der Zukunft. Wir belügen uns ständig selbst, weil unsere Gegenwart von Nine-to-Five-Jobs und langweiligen Fernsehsendungen bestimmt wird. Also erzählen wir stets von der Teenager- und Studienzeit, die natürlich wilder und interessanter war als die aller anderen Menschen. Es ist ein einfacher psychologischer Effekt: Das Gehirn schneidet aus unserer Jahreserinnerung 320 von 365 Tagen einfach heraus. Die langweiligen. Der Rest wird editiert und mit ein paar Special Effects versehen – und schon wird aus einem langweiligen Heimatfilm ein Psycho-Porno-Action-Knaller. Und plötzlich kann selbst ein Lateinlehrer, der als Teenager zu schüchtern war, um in der Schule mal einen fahren zu lassen, seinen Kindern erzählen, was für ein wilder Hengst er doch mal war.

Entweder loben wir die Vergangenheit, oder wir preisen die Zukunft. Wir brüsten uns damit, was wir noch alles vorhaben in unserem Leben, um abzulenken von der fast unerträglich langweiligen Gegenwart. Das mündet dann in Sätze wie »In zwei Jahren laufe ich bestimmt beim New-York-Marathon mit, ich muss nur noch abnehmen und mit dem Training beginnen.« Oder: »Bald arbeite ich weniger, dann liege ich mit einer 20-Jährigen am Strand von Ibiza und genieße das Leben.« Oder: »Irgendwann habe ich auch wieder Sex.«

Und die wichtigste Eigenschaft der Generation Dorian Gray: Wir wollen dabei gewesen sein. Da die meisten von uns keinen Weltrekord aufstellen oder ein Leben retten oder das entscheidende Tor im Weltmeisterschaftsfinale schießen, ist es ungemein wichtig, so etwas wenigstens als Zuschauer erlebt zu haben. Mario Barth schafft es ins Guinness-Buch der Rekorde mit seiner Comedy-Show im Berliner Olympiastadion. Die Menschen in den hinteren Reihen haben Barth weder gesehen noch verstanden – was vielleicht gar nicht so schlecht war –, aber sie waren beim Weltrekord dabei. Ein Feuerwehrmann zieht einen Mann aus einem Autowrack – und wir fahren langsam vorbei, um am Stammtisch die Details erzählen zu können, auch wenn wir nie jemanden retten würden. Und das Pokalfinale haben wir natürlich gesehen, am besten im Stadion, aber zur Not taugt auch der Fernseher. So sind wir irgendwie dabei – und wenn schon nicht als Protagonist, dann wenigstens als Zuschauer. Und keiner fragt sich, was in seinem Leben schiefgelaufen ist, dass er nie im Mittelpunkt steht, sondern jeder klopft sich dafür auf die Schulter, zumindest am Rand gestanden zu haben. Früher gab es den Spruch: »Wer für sein Leben gern eine Show abzieht, wird irgendwann nicht umhinkommen, sich ein Ticket zu kaufen.« Heute muss es heißen: »Wer schon selbst keine Show abzieht, der hat wenigstens ein Ticket, um die Show der anderen zu sehen.«

Dieses dauerhafte Heranwachsen ist die bequemste Zeit im Leben. Ich bin einerseits alt genug, um mir nichts mehr befehlen lassen zu müssen von Eltern und Lehrern. Andererseits rede ich mir ein, dass ich immer noch jung genug bin, um mein komplettes Leben umkrempeln zu können. Die Zukunft wartet immer noch auf mich, das ist die Illusion: »Dann kündige ich eben meinen Job, reise um die Welt und lasse mich dann in einem Strandhaus in Thailand nieder. Weißt du, Mama, die Leute dort haben nicht viel, aber sie wissen wenigstens, wie man lebt.« Solche Sätze eben.

Dabei ist die Altersgruppe, deren Sterblichkeitsrate in Industrieländern laut einer aktuellen Studie überproportional wächst, die der Menschen zwischen 16 und 30 Jahre. Will man nicht nach den wahren Gründen suchen, dann verdammt man Computerspiele, Rockmusik oder das Internet. Es könnte aber auch sein, dass unser Heranwachsen einfach zu lange dauert und wir irgendwann einmal einsehen, dass sich die Illusion nicht aufrechterhalten lässt und wir uns 15 Jahre lang selbst belogen haben. Und dann rasten wir aus. Sterben an einer Überdosis. Rasen mit 160 Stundenkilometern über die Landstraße und in einen Traktor. Schießen erst andere und dann uns selbst über den Haufen.

Bis dahin ist vollkommen egal, dass unser Job unterbezahlt ist, wir in einem Scheißloch wohnen und seit einem Jahr keinen Sex mehr hatten. Denn, und das ist der Katechismus der Generation Dorian Gray: »Als Schüler und Student war ich cool, hatte genug Geld und habe jede Woche mindestens eine flachgelegt – in zehn Jahren verdiene ich genügend Kohle, fliege um die Welt und habe eine zehn Jahre jüngere Frau. Das hier ist nur eine Phase.« Das Opium ist nicht Religion, sondern es sind das Beschönigen der eigenen Vergangenheit und die Hoffnung auf eine interessantere Zukunft.

Wir lügen uns ständig selbst an, weil wir nur ja nicht langweilig sein wollen.

Ich als eines der Mitglieder belüge mich selbst.

Und nun stehe ich an der Tankstelle und werde von vier Jugendlichen aufgefordert, Alkohol zu kaufen. Ein Aborigine würde einfach sagen: »Geh ein Jahr lang in den Busch, dann bekommst du dein Bier.«

Ich bin grundsätzlich der Meinung, dass ein kleines Bierchen keinem 15-Jährigen schadet. Im Gegenteil: Niko – der mit der betrogenen Freundin, der mir kürzlich auf die kurze Rippe geschlagen und sie gewaltig eingedellt hat – hat an meinem 15. Geburtstag nach dem rituellen Genuss von vier Bier in den Garten meiner Nachbarn gekotzt, was ihn zum einen nicht daran hinderte, ein fantastischer Zahnarzt zu werden, und zum anderen heute noch auf jedem Klassentreffen eine witzige Anekdote hergibt. Nicht nur deshalb ist meine Einstellung zu Jugendlichen und Alkohol grundsätzlich sehr liberal.

Außerdem haben sie mich sehr respektvoll gefragt und sogar mit »Entschuldigen Sie bitte?« angesprochen – obwohl es mich immer mit einer gewissen Wehmut trifft und meinem Gehabe einen Dämpfer versetzt, außerhalb geschäftlicher Gespräche gesiezt zu werden.

Also warum nicht ein bisschen Alkohol kaufen? Schadet ja nicht unbedingt.

Auf der anderen Seite habe ich nicht die geringste Lust,

eine Straftat zu begehen – nur damit Jugendliche, die ich noch nie gesehen habe und die sich einen Scheißdreck für mich interessieren, an Alkohol gelangen. Die Chance, dass sie mich mitnehmen auf die Party, liegt wohl bei unter null Prozent, und die Chance, dass ich bei der noch nicht ausgesprochenen Einladung dort eine hübsche und intelligente Mittzwanzigerin treffe, ist noch geringer. Und am Ende bekomme ich bei meinem momentanen Negativlauf in Bezug auf die Polizei noch juristische Probleme – schließlich wurde ich in den vergangenen Wochen dreimal geblitzt, weil ich mir eingeredet hatte, dass zu Ehrlichkeit auch ehrlich schnelles Autofahren gehört. Gegen einen Strafzettel habe ich (natürlich erfolglos) Einspruch eingelegt mit der Begründung, dass auf dieser Straße statt 100 unbedingt 130 erlaubt sein müsse und dass der Blitzer nur der Bereicherung der Polizei dienen würde. Außerdem habe ich in den vergangenen Wochen immer wieder Komasaufenreportagen im Fernsehen angeschaut, und ich habe nicht die geringste Lust darauf, dass einer dieser Berichte mit einem Bild von mir und den unheilschwangeren Worten aufmacht: »Unglaublich, jetzt kaufen schon Erwachsene wie dieser Herr den Kindern den Stoff zum Komasaufen!«. Ich habe beschlossen, meine 15 Minuten Ruhm nicht an ein Boulevardmagazin im Fernsehen zu verschwenden.

»Was ist denn nun, Alter? Geht das klar?«, fragt der Älteste in einem Ton, der ihn noch mehr zum Chef werden lässt. Immerhin, das »Alter« kenne ich noch und weiß, dass er das nicht negativ meint.

»Wir brauchen zehn Bier, eine Flasche Wodka, eine Flasche Campari und eine Flasche Batida.«

Es ist bereits kurz nach neun Uhr, weshalb ich glaube, dass die vier schon eine Weile hier leicht bekleidet in der Kälte stehen und auf jemanden warten, der sie mit Getränken versorgt. Die zwei Mädchen jedenfalls scheinen tierisch zu frieren. Wir haben als Teenager Pornohefte durchgeblättert, haben uns aus Taschentüchern Zigaretten gebastelt und in die Jeans Löcher geschnitten. Heute gibt es diese Jeans mit Löchern für viel Geld zu kaufen, und Teenager hängen an Tankstellen rum. Auch eine Beschäftigung.

Ich sehe sie lange an.

Ich sage: »Kommt mit rein!«

»Abgefahren!«

Ah, »abgefahren« sagt man also heutzutage. Eigentlich ein blödes Wort, das ebenso aussterben sollte wie »dufte« und »krass« – dafür sollten »Lump« und »Bader« grandiose Comebacks feiern. Aber es sind immer die hässlichen Worte, die irgendwie überleben.

Ich gehe direkt zur Kasse. Die zwei Jungs bewegen sich auf den Kühlschrank mit den Bieren zu, die Mädchen auf die Spirituosen. Sie kennen ihren Laufweg besser als Wide Receiver beim Football, was mich sicher sein lässt, dass sie das hier nicht zum ersten Mal abziehen. Ich sehe sie noch einmal lange an.

Der Tankwart sitzt auf seinem Stuhl und blättert gelangweilt in einem Männermagazin, was mich schließen lässt, dass auch er zur Generation Dorian Gray gehört. Wahrscheinlich träumt er gerade davon, sein Studium doch noch zu beenden und die Tankstelle zu kaufen und sich dann mit der Kollegin niederzulassen, einen Kombi zu kaufen und Kinder zu zeugen.

»Guten Abend, die Nummer vier? Sonst noch was?«

Ich sehe den Tankwart an.

»Ja, eine Schachtel Philipp Morris.«

»Blau?«

»Ja!«

Eigentlich sind alle Philipp-Morris-Schachteln weiß, aber irgendwie hat sich die Bezeichnung »Blau« für die stärkere Version durchgesetzt. Ich habe keine Ahnung, wie man die leichteren nennt. Hellblau vielleicht.

»Sonst noch was?«

Ich sehe noch einmal kurz zu den Jugendlichen, die die Getränke bereits in Tüten verpacken, die sie offensichtlich mitgebracht haben. Chef trägt die Tüte in meine Richtung und sieht mich an.

»Ja, noch was.«

Ich sehe den Tankwart an.

»Die vier versuchen, Alkohol zu kaufen und wollten mich dazu missbrauchen. Sie wollen Bier, Wodka, Campari und Batida. Ich kaufe ihnen nichts. Sollte ein anderer Erwachsener hereinkommen und diese Sachen kaufen, dann können Sie sicher sein, dass draußen diese vier warten. Es ist Ihre Entscheidung, ob sie Alkohol an Jugendliche verkaufen wollen. Ich will ihnen nichts kaufen, weil ich keinen Bock habe, eine Figur in einer schlechten RTL-2-Reportage zu werden.«

Ich schnaufe kurz durch. Mein Puls schnellt auf 180 Schläge, wie er das in den letzten Tagen immer tut, wenn ich ehrlich bin. Ich bekomme eine Gänsehaut und fühle, wie Adrenalin durch meinen Körper schießt. Es gibt mir einen Kick, ehrlich zu sein. Da ich keine Erfahrungen mit harten Drogen habe, kann ich nur schlecht einen Vergleich ziehen – aber nach dem zu schließen, was mir Freunde erzählt haben, die über diese Erfahrungen verfügen, muss es wohl ein ähnliches Gefühl sein. Ich merke, wie Blut sich durch meinen Körper pumpt und vor allem in meinen Kopf strömt. Meine Halsschlagader pulsiert, mein linker kleiner Finger zittert, und auch meine Unterlippe will einfach nicht stillhalten.

Es ist ein großartiges Gefühl. Wirklich. Es macht süchtig.

Die vier sehen aus, als hätte man ihnen gesagt, dass es bei der Abiturfahrt eine männliche und eine weibliche Reisegruppe geben wird und beide in verschiedene Städte fahren werden.

Der Tankwart runzelt die Stirn und sieht mich an, wie ich damals meinen Vater angesehen habe, als er meinen Diskobesuch »auf den Tanz gehen« nannte.

Ich fühle mich, als wäre ich 60 Jahre alt.

Als wäre ich mein Vater.
Als wäre ich das älter gewordene Bildnis von Dorian Gray.
Niemand sagt etwas.
Innerhalb von zehn Sekunden bin ich um 30 Jahre gealtert.
Mein Walkabout.
Ich bin erwachsen.
Ein schreckliches Gefühl.
Im Hintergrund wird Musik gespielt, die meinem Vater gefallen würde.
Ich lege meine Kreditkarte auf den Tisch, der Tankwart nimmt sie wortlos und zieht sie durch das Gerät. Es piepst, dann rattert es, dann legt er mir einen Zettel hin, den ich unterschreiben soll.
Er sagt nichts. Ich fühle mich, als würde ich auf der Anklagebank eines Coolness-Gerichts sitzen ohne Rechtsanwalt an meiner Seite. Die vier Jugendlichen sind die Geschworenen, der Tankwart der Richter – und ich habe gerade ein Plädoyer gegen mich gehalten.
Ich habe mich verhalten wie jemand, der ich nie sein wollte.
Aber ich war ehrlich.
Und ehrlich ist: Ich bin ein verdammter Spießer geworden.
Ich bin so, wie ich dachte, dass diejenigen werden, die ich früher auf dem Schulhof verprügelt habe. »Vollidioten mit Stock im Arsch« haben wir diese Pseudoerwachsenen damals genannt. »Trau keinem über 30« lautete damals ein Spruch. Ich bin erst 29. Und ein verdammter Spießer. Ich schäme mich vor mir selbst. Im Glasfenster der Tankstelle sehe ich mein Spiegelbild. Da steht ein Mann, der aussieht wie 30 und sich gerade verhalten hat wie 60. Ich sehe Augenringe, den Ansatz eines Doppelkinns und kleine Falten an der Stirn.
»So ein verdammter Vollidiot mit Stock im Arsch«, sagt

der Chef zu seinen Freunden. Er sagt es so laut, dass es nicht seinen Freunden gilt, sondern mir. Auf die Party werde ich nun sicher nicht eingeladen.

Ich kann nichts dagegen sagen, ich denke nur daran, dass sich die Bezeichnung für einen Idioten seit meiner Jugend nicht wirklich verändert hat. Und ich weiß, dass sie recht haben.

Ich bin ein Vollidiot mit Stock im Arsch.

Ich unterschreibe, nehme meinen Beleg und gehe nach draußen, ohne die vier anzusehen. Ein Mädchen gibt mir noch das Wort »Fucker« mit auf den Weg. Ich setze mich ins Auto – es ist eine Marke, die ich einst denen zugetraut habe, die ich früher auf dem Schulhof verprügelt habe. Ohne das Radio anzumachen, fahre ich nach Hause. Ich spiele an diesem Abend nicht Computer, ich chatte nicht im Internet, ich gehe in keine Diskothek. Ich lade mir keinen Klingelton herunter.

Ich sitze einfach nur herum und denke nach, was aus dem Typen geworden ist, der im Fußballverein noch immer den Rekord für die meisten Tequilas auf einer Saisonabschlussparty hält – 23! Was aus dem Rebellen, der heimlich Frauen auf sein Zimmer im Dachboden des Elternhauses geschmuggelt hat und dort immer Bier und Wodka bereitstehen hatte? Aus dem Teenager, der seiner Deutschlehrerin die Frage stellte, wo sie im Urlaub gewesen war, mit dem Zusatz: »Wo schmeckt's denn so gut – Sie kann man ja rollen!« Diesen Menschen gibt es nur noch auf Fotos, während er in Wirklichkeit älter und spießiger geworden ist. Weil ich ehrlich war, habe ich das gemerkt – und ich würde mich jetzt am liebsten selbst verprügeln. Was mich an der heutigen Jugend am meisten stört, ist die Tatsache, dass ich nicht mehr dazugehöre.

Ich weiß nicht, ob Herr Erlinger meine Tat unterstützen würde. Es ist mir auch egal. Ich gehöre nicht mehr zur Jugend. *Alt*, *uncool* und *verstoßen* sind unterschiedliche Adjektive, aber manchmal fühlen sie sich sehr ähnlich an.

Kapitel 10

Tag 19 – Ehrlichkeit ist eine Kunst

Mal eine ehrliche Frage: Wann haben Sie zuletzt jemandem ein ehrliches Kompliment gemacht? Wir sprechen jetzt nicht über die »Ja-du-siehst-gut-aus«-Floskel, wenn uns jemand danach fragt, und auch nicht über das gelangweilte »Gute Arbeit heute« am Abend und schon gar nicht über das schleimige »Hast du schöne Augen«, das in Wahrheit gar kein Kompliment ist, sondern nur der Auftakt männlichen Balzgehabes mit dem Ziel, ein paarungsunwilliges Weibchen zum Geschlechtsakt zu überreden. Ich meine ein ehrliches, wohlüberlegtes Kompliment, das Überwindung kostet und dem anderen detailreich erklärt, warum er denn nun gut aussieht oder was denn an der Arbeit so toll war oder was an diesen Augen nun wirklich so grandios ist. Ein Kompliment, bei dem man auch ein Stück seiner eigenen Seele offenbart und sich vielleicht ein wenig schämt, wenn man es ausspricht.

Und noch eine ehrliche Frage: Wann haben Sie zuletzt jemanden aufrichtig kritisiert? Kein »Das steht dir nicht« oder »Das war nicht so toll« – und auch kein Fünf-Minuten-Anschiss gegenüber dem Praktikanten, weil einen der Chef gerade genervt hat und man nun jemanden zum Abreagieren braucht und sonst keiner in der Nähe ist. Sondern Kritik, mit der Sie Ihrem Kollegen oder Ehepartner oder Freund ruhig, sachlich und vor allem emotionslos erklären, was Sie stört. Bei der Ihr Gegenüber merkt, dass Sie sich Gedanken gemacht und sich mit ihm beschäftigt haben und nicht nur aufgestauten Frust abbauen möchten.

Und noch eine Frage: Wann haben Sie zuletzt einem Menschen ein ehrliches Geständnis gemacht? Einen Fehler offen und aufrichtig und in allen Facetten zugegeben?

Ganz ehrlich: Das ist bei mir schon lange her. Ich glaube, es war im Jahr der Ratte.

Es wird mir heute bewusst, an diesem Sonntagabend im Bremer Weserstadion. Es herrscht Finanzkrisenwetter, gerade hat der FC Bayern München nach einer Finanzkrisenleistung 0:0 gegen Werder Bremen gespielt. Ich bin in der Mixed Zone, wo sich nach einem Fußballspiel Journalisten und Fußballer treffen. Zwei Meter von mir entfernt steht Uli Hoeneß und motzt über einen Kollegen von der *Abendzeitung*. Er steht zwei Herzschläge vor einem Hirnaneurisma, seine Gesichtsfarbe ähnelt einem sieben Jahre alten Côte du Rhône, er brüllt etwas von »Frechheit« und »Sauerei« und »Wahnsinn«. Er ist offensichtlich sauer. Zwei Meter weiter links steht Jürgen Klinsmann und versucht, die Fragen der Journalisten wegzulächeln. Er ist offensichtlich nicht ganz so sauer.

Ich habe mir vorgenommen, ehrlich zu sein, und mir dafür den Spieler ausgesucht, bei dem dies am schwierigsten ist. Der Mann, der auf dem Platz gerne agiert wie ein Verkehrspolizist an einer Kreuzung in Manhattan, für den die Parole »Zeichen setzen« bedeutet, einem Gegenspieler gepflegt in die Achillesferse zu grätschen oder zumindest den Unterarm gegen die Brust zu rammen. Jener Mann, der von Trainern gerne als *aggressive leader* bezeichnet wird, was auf gut Deutsch nichts anderes bedeutet als »rabiate Drecksau«. Ich will ehrlich sein zu Mark van Bommel. Nun steht er vor mir und wartet darauf, dass ich ihm eine Frage stelle. Er sieht seltsamerweise gut gelaunt aus, was meine Angst nicht schmälert. Mark van Bommel nach einem schlechten

Spiel zu fragen, warum er schlecht gespielt hat, ist ungefähr so klug, als würde man auf dem Parteitag der CSU mit einem »Mehr-Demokratie-wagen«-Shirt die Einführung autofreier Tage fordern.

Und alles, was ich zu Mark van Bommel sage, ist: »Mensch, Sie haben richtig schlecht gespielt heute Abend!« Er sieht mich lächelnd an und sagt: »Ja, das ist richtig.« Dann geht er weiter – und ich bin enttäuscht. Nicht über Mark van Bommel, weil er ehrlich zugegeben hat, dass er schlecht war. Ich bin enttäuscht von mir selbst.

Es hätte so viele Möglichkeiten gegeben, van Bommel zu kritisieren. Ich hätte ihm erklären können, was mir nicht gepasst hat an seiner Spielweise, was genau ich schlecht fand und warum ich denke, dass er besser spielen kann. Aber das habe ich nicht getan, ich habe einfach nur einen provokanten Satz hinausgepustet und gehofft, dass van Bommel wütend wird und über die Absperrung springt und mir eine aufs Maul gibt.

Ich war ehrlich – aber ich habe mir dabei so viel Mühe gegeben wie ein 16-Jähriger bei den Hausaufgaben.

Mir wird klar, dass mir das in letzter Zeit häufiger passiert ist. Ich bin ein Desperado der Ehrlichkeit, wie ein Schnellfeuergewehr feuere ich meine Sprüche ab, doch habe ich dabei die Präzision einer Schrotflinte. Es ist zwar ehrlich, was ich sage – aber es kommt einfach nur provozierend bei meinen Mitmenschen an. Warum sollte sich Mark van Bommel für mich interessieren, wenn ich ihm einfach vorhalte, schlecht gespielt zu haben? Warum sollte sich ein Mitarbeiter für meine Meinung interessieren, wenn ich ihm nur vorwerfe, dass sein Sakko geschmacklos sei? (Seine Reaktion war übrigens: »Na ja, wer sich mit einem Big-Lebowski-Shirt in die Arbeit traut...«) Warum sollte meine Frau aufhören, schreckliche Kleider zu kaufen, nur weil ich ihr ohne Begründung erkläre, dass mir eines nicht gefällt?

Mit Komplimenten verhält es sich genauso: Ich habe einer Kollegin gesagt, dass ich sie äußerst attraktiv finde. Ihre Reaktion: ein gelangweiltes Lächeln. Ich hatte mir für diesen billigen Satz Begeisterungsstürme erwartet, obwohl ich wahrscheinlich der 3476. Mensch war, der ihr gesagt hat, dass sie hübsch sei. Mit meinem ehrlichen Kompliment war ich nicht besser als all die Schleimer, die ihr das ebenfalls sagen in der Hoffnung, dass sie auf der Weihnachtsfeier nüchtern genug ist, um sich daran zu erinnern – und betrunken genug, um es nicht mehr abgedroschen zu finden. Und der Praktikant hat sich wohl auch nicht wirklich gefreut, als ich ihm vorgestern im Vorbeigehen ein »Gute Arbeit heute« zugeraunt habe. Ich habe ihm nicht mitgeteilt, was ich gut fand, also muss es ihm wie eine nette Floskel vorgekommen sein, die man abends eben so austauscht. Und meine Frau bekommt mittlerweile einen Gesichtsmuskelkrampf vom Gähnen, wenn ich ihr wieder einmal versichere, dass ich sie liebe. Dabei sollte ich ihr doch erklären, warum ich das tu – jeden Tag aufs Neue.

Mir wird gerade klar, dass Ehrlichkeit sehr viel gemein hat mit Verliebtsein und Liebe. Am Anfang meines Projekts, da gab es diesen Kick. Dieses flaue Gefühl in der Magengegend, das Herzklopfen, die Gänsehaut. Es war spannend, ehrlich zu den Menschen zu sein – zu Mitarbeitern der Bahn, zur Freundin meines besten Freundes, dem Finanzamt gegenüber. Es war aufregend, die Reaktionen in den Gesichtern zu sehen, und es war im Nachhinein betrachtet auch eine lustvolle Erfahrung, einen Schlag auf die kurze Rippe für den Verrat zu bekommen. Dieses Ding mit der Ehrlichkeit war neu, es hatte etwas Verbotenes, es war prickelnd. Es war, ja wirklich, ein wenig wie verliebt sein.

Nach der ersten Verzweiflung, den ersten Erfolgen und der ständigen Wiederkehr des Kitzels setzte Routine ein, es gab ein paar lustige und ein paar schmerzhafte Erfahrungen – aber die Spannung war gewichen. Ich habe meine spitzen Bemerkungen abgefeuert, weil ich eben ehrlich sein musste und das zu meinem Projekt gehörte. Komplimente trug ich vor, als würde ich die 20-Uhr-Nachrichten vom Teleprompter ablesen. Wirklich nachgedacht habe ich nicht mehr. Ehrlichkeit wurde zur Gewohnheit. Ich habe mir überhaupt keine Mühe gegeben. Meine Beziehung zur Ehrlichkeit kühlte ab, sie war so spannend wie ein Heimatfilm. Ich kannte die meisten Reaktionen der Mitmenschen so gut, dass ich manchmal nicht einmal mehr darauf achtete. Das System war immer das Gleiche: Kritisierte ich jemanden kurz, erntete ich einen bösen Blick oder Kritik en retour. Machte ich ein liebloses Kompliment, dann gab es ein kurzes Lächeln oder ein nettes Wort zurück. Ja, Ehrlichkeit war wie eine Freundin, mit der ich seit 13 Jahren zusammen bin und seit einem halben Jahr keinen Sex mehr habe.

Ich sehe ein, dass ich mehr investieren muss in meine Freundschaft mit der Ehrlichkeit. Ich muss mich vorbereiten, ich muss noch mehr über meinen eigenen Schatten springen, wenn ich möchte, dass mehr dabei herauskommt als böse Blicke und freundliches Lächeln. Ich bekomme vielleicht nicht den Reiz des ersten Mals zurück, aber es wird vielleicht intensiver. Es ist wie in einer Liebesbeziehung, die ein wenig langweilig geworden ist: Da helfen auch keine Paartherapie und kein Besuch im Swingerclub und schon gar kein Urlaub auf einer einsamen Insel – denn wer die Liebe dorthin nicht mitbringt, wird sie dort nicht finden. Es hilft nur, sich Gedanken zu machen, sich selbst ein wenig zurückzunehmen und sich vor allem viel Mühe zu geben.

Ich will meine Beziehung zur Ehrlichkeit retten.

Ich tippe eine SMS in mein Handy, der Empfänger ist meine Frau. Ich schreibe: »Hallo, geht's dir gut? Ich wollte dir nur sagen, dass ich dankbar bin, dass du in meinem Leben bist. Ohne dich würde ich jetzt wahrscheinlich unter einer Brücke schlafen und zugedröhnt auf das Ende meines Studiums oder der Welt – je nachdem, was eher passiert –

warten. Außerdem hast du das schönste Gesicht, das ich je live sehen durfte. Bis Morgen! Lieb' dich!«

Ich muss zugeben, dass mir dieses Kompliment ziemlich leichtfällt. Ich bekomme aber keine Antwort, wahrscheinlich schläft sie schon, oder sie denkt, ich sei gerade vom Blitz getroffen worden.

Die nächste SMS ist schwieriger, die Empfängerin ist eine ehemalige Freundin von mir. Ich bitte um ein Treffen am kommenden Wochenende und schreibe, dass ich gerne mit ihr ein ernsthaftes Gespräch führen würde. Vor vielen Jahren hatte ich die Beziehung aus fadenscheinigen Gründen beendet und habe seither das Gefühl, dass ich ihr eine Erklärung schuldig bin – selbstverständlich hat es diese Erklärung nie gegeben, weil ich zu feige war. Sie beantwortet meine Nachricht mit drei Fragezeichen, aber sie willigt nach einer weiteren SMS ein, sich mit mir zu treffen. Einen Tag später sitzen wir in einem Café. Ohne große Floskeln – ich erkläre ihr nur, dass ich ehrlich sein will – beginne ich zu beichten. Ich erzähle, dass ich in der Beziehung damals nicht immer treu gewesen (ihre Reaktion: »Das dachte ich mir schon.«) und irgendwann gelangweilt war von der ständigen Routine, die sich in Teenagerbeziehungen so oft einstellt (ihre Reaktion: »Ging mir genauso!«). Ich gestehe ihr noch ein paar andere Dinge, die ich hier nicht wiedergebe, weil diese Details die Öffentlichkeit nun wirklich nichts angehen – die man sich aber denken kann, wenn man als hormongesteuerter Teenager mal eine turbulente Beziehung geführt hat. Ich erkläre ihr, dass ich damals nicht Schluss gemacht habe, weil sie sich verändert habe – das hatte ich damals als Vorwand benutzt –, sondern weil ich einfach keinen Bock mehr auf sie hatte, sie nicht mehr mochte und sie mir tierisch auf die Nerven ging. Ich war schuld, weil ich mich nicht mehr für sie interessierte, sondern glaubte, etwas Besseres zu finden. Und, ja, ich hatte damals schon wieder eine Freundin. Dafür entschuldige ich mich, ehrlich und aufrichtig.

Wissen Sie, wie schwer es ist, das einem Menschen ins Gesicht zu sagen? Auch nach so vielen Jahren. Der Kick ist wieder da, das Kribbeln, der flaue Magen. Willkommen in der Ehrlichkeit.

Sie hört sich mein Geständnis geduldig an, manchmal nickt sie. Als ich fertig bin, sagt sie: »Ja, du warst ein ziemliches Arschloch damals. Wirklich. Das haben alle gedacht, nicht nur ich.«

Willkommen in der Ehrlichkeit.

»Ich habe mir alles, was du jetzt erzählt hast, bereits gedacht. Aber es ist schön, die Entschuldigung aus deinem Mund zu hören.«

Wir unterhalten uns noch eine halbe Stunde über die alten Zeiten, dann umarmen wir uns und verabreden uns, auch in Zukunft Kontakt zueinander zu halten.

Und plötzlich habe ich ein richtig gutes Gefühl. Es kostet Überwindung, so ein ehrliches Geständnis. Natürlich hätten wir beide unser Leben auch dann glücklich weitergeführt, wenn ich die Lüge von damals durch mein Schweigen aufrechterhalten hätte. Es wäre nicht aufgefallen, wenn ich nichts gemacht hätte. Aber es ist aufgefallen, dass ich etwas getan habe.

Ich investiere in den kommenden Tagen noch mehr in mein Projekt. Ich nehme mir eine Stunde Zeit, um meinem Praktikanten mitzuteilen, was ich an seiner Arbeit gut finde und warum ich es gut finde. Ich erkläre ihm seine Fehler und beschreibe geduldig, was er verbessern kann. Er freut sich. Ich klingle bei meinem Nachbarn und stelle ruhig und emotionslos klar, dass es mich tierisch nervt, dass er vor der Haustür immer so parkt, dass kein zweites Auto dahinterpasst, obwohl genügend Platz für beide wäre, wenn er sich beim Einparken ein wenig Mühe gäbe. Von diesem Tag an parkt er vorbildlich. Ich beichte meiner Mutter, dass ich damals 15 Mark aus ihrem Geldbeutel gestohlen habe, weil ich kein Geld hatte, den Eintritt für die Disko zu bezahlen.

Ich erkläre meiner Kollegin, was genau ich an ihr attraktiv finde, und versichere, dass mein Kompliment keine dahergesagte Floskel gewesen sei. Die Reaktion bleibt ein Lächeln, aber immerhin kein müdes mehr. Und ich schreibe meiner Frau jeden Tag auf einen Zettel, was ich an genau diesem Tag toll an ihr finde. Sie wartet jeden Tag ungeduldig auf eine neue Nachricht und dankt es mir, wie es sonst nur hormongesteuerte Teenager tun.

Ehrlichkeit – das sind nicht nur um sich geworfene Gedanken. Ehrlichkeit erfordert Mut und Respekt. Ehrlichkeit ist eine Kunst.

Und irgendwann, wenn ich einmal besonders mutig bin und ihn alleine und ohne Kameras und ohne andere Journalisten und ohne Mixed Zone treffe, dann werde ich auch Mark van Bommel erklären, warum ich ihm an den Kopf geworfen habe, dass er schlecht gespielt hat. Damals, im Weserstadion.

Kapitel 11

Tag 21 – Ehrlichkeit im Buch der Bücher

Heute ist Dienstag, es ist der 21. Tag meines Projekts – und ich fühle mich sehr gut, körperlich wie auch psychisch, was bei mir nicht oft vorkommt. Ich habe den Brief an den Designer eingeworfen, ich habe den Mann – ich bin mir nach wie vor sicher, dass nur ein Mann so ein Kleid entwerfen kann – nicht beleidigt, sondern ihm emotionslos erklärt, warum mir das Ding nicht gefällt und warum ich es unverständlich finde, dass meine Frau mehr als 50 Euro dafür bezahlt hat. Überhaupt hat meine Frau meine Bewährungsstrafe aufgehoben, seit ich ihr jeden Tag einen kleinen Zettel zustecke, auf dem steht, was ich gerade wunderbar an ihr finde.

Ich darf sogar wieder im Bett schlafen, was meinem Rücken nur guttut und der Grund für die Verbesserung meines physischen Zustands ist. Ich darf im Bett auch Dinge tun, die meinem Rücken nicht so guttun, aber mein seelisches Gleichgewicht deutlich verbessern. Sie sehen also: Ich habe die coolste Frau der Welt.

Außerdem habe ich seit einer Woche Urlaub, was der Laune eines normalen Menschen so auf die Sprünge hilft wie Tomatensaft und Aspirin nach einer durchzechten Nacht. Die Hälfte der Ehrlichkeitsfastenzeit ist vorbei; ich habe den Eindruck, dass ich ein bisschen was gelernt habe über Wahrheit und Ehrlichkeit und das Universum.

Die Ehrlichkeit und ich, wir sind jetzt Freunde. Vielleicht nicht so wie Matt Damon und Ben Affleck in »Good Will Hunting«, eher so wie Bud Spencer und Terrence Hill in »Zwei Himmelhunde auf dem Weg zur Hölle«. Von nun an wird rückwärts gezählt, ich habe den Eindruck, dass die schlimmsten Tage bereits überstanden sind.

Selten zuvor habe ich mich in meinem Leben so geirrt. Denn eigentlich geht es nun erst los. Ich bin wie Sisyphos, der gerade einen Steinblock den Berg hinaufgerollt hat in der Hoffnung, dass er oben liegen bleibt – und am besten nun Eurydike kommt und Weintrauben bringt. Ich weiß noch nicht, dass der Fels bereits wieder hinuntergekullert ist und jetzt schadenfroh auf mich wartet, wieder nach oben gebracht zu werden. Ja, ich habe etwas gelernt über Ehrlichkeit. Meine Frau hat sich arrangiert mit der Ehrlichkeit, wie sich Ehefrauen eben mit Dingen wie Schnarchen in betrunkenem Zustand oder ungewaschenen Fußballsocken arrangieren. Auch ein paar meiner Kollegen sind der Ehrlichkeit begegnet. Die Ehrlichkeit und meine Kollegen, das sind noch keine Freunde, eher entfernte Bekannte – aber das kann ja noch werden. Aber ein paar mir wichtige Menschen kennen sie noch nicht, meine neue Freundin, die Ehrlichkeit. Und ich habe mir vorgenommen, sie ihnen vorzustellen. Diese Menschen sind meine Eltern, mein Bruder und meine besten Freunde.

Meine Frau und ich sind nach Hause zu meinen Eltern gefahren, um uns anständig bekochen und schmutzige Wäsche säubern zu lassen – und natürlich auch deshalb, damit meine Eltern sehen, dass ich noch lebe und mich mindestens einmal täglich wasche. Ich weiß, es ist irgendwie peinlich, als fast 30-Jähriger seine Mutter dazu zu bringen, die eigene Wäsche zu waschen, aber zum einen ist meine Mutter mit Samaritergen geboren, zum anderen löse ich auf diese Weise ein Versprechen ein, das ich meiner Frau geben musste, um wieder im Bett schlafen zu dürfen: »Ich kümmere mich in dieser Woche um die Wäsche.« Außerdem gehört es zum Katechismus der Generation Dorian Gray, auch mit 30 Jahren noch abhängig von seinen Eltern zu sein – sei es finanziell, emotional oder wie in meinem Fall kulinarisch und haushälterisch.

Es ist nämlich so, dass ich vom Überschreiten der Türschwelle an sämtliche haushälterischen Pflichten an meine Mutter abgebe. Sie will das so. Meine Mutter hat einen größeren Ordnungssinn als jedes andere Säugetier auf diesem Planeten, dazu hat sie mehr Familiensinn als Strauße und Pinguine. Für Außenstehende mag es befremdlich wirken, dass eine 64-jährige Frau Wäschekörbe in den Keller schleppt, während der 30-jährige Sohn im Massagesessel sitzt und sich ein Bier eingießt und sich zwischen den Funktionen »Walken« und »Streichen« entscheidet. Aber zum einen ist meine Mutter erstaunlich fit für ihr Alter – und ich erstaunlich fragil für meines –, zum anderen soll man gewachsene Traditionen nicht aufgeben.

Auf dem Weg – es war gerade, als ich von der Bundesstraße abbog auf die Straße, die keine Markierungen in der Mitte hat, und mir zwei Autos mit »FC«-Mittelbuchstaben auf dem Kennzeichen entgegenkamen – habe ich beschlossen, es langsam angehen zu lassen mit der Wahrheit gegenüber meinen Eltern. Ich will mich vorsichtig herantasten an das, was ich ihnen schon immer einmal ehrlich ins Gesicht sagen will. Ich meine, mit einer neuen Freundin poppt man ja auch nicht gleich auf dem Küchentisch der Eltern. Ich finde es klug, bei diesem Besuch zwar ehrlich zu sein und das zu sagen, was ich gerade denke – aber es erscheint mir noch klüger, die Themen der Gespräche auf unverfängliche Dinge des Lebens wie Fußball oder den Ausbau des Marktplatzes zu lenken.

Der Psychologe Friedemann Schulz von Thun nennt das in seinem äußerst lesenswerten Buch »Miteinander reden« *selektive Authentizität* – ein Begriff, den die Psychologin

Ruth Cohn eingeführt hat. Der Wegweiser, alles herauszulassen, was in einem stecke, mit der Begründung, dass es das Problem der anderen sei, wenn sie damit nicht umgehen könnten, birgt die Gefahr, missverstanden zu werden. Bei einem Gespräch gibt es eben nicht nur den Sender – also in diesem Fall ich, der ungebremst ehrlich sein möchte –, sondern auch den Empfänger, der möglicherweise nicht auf mich eingestellt ist. Es ist also durchaus ratsam, meinen Eltern das Ehrlichkeitsprojekt vorzustellen, sie mit ausgewählten Wahrheiten vorzubereiten und erst später deutlich zu werden. Cohn sagte in einem Interview: »Ich glaube, dass absolute Offenheit ein Aberwitz ist.« Schon erstaunlich, wie viele intelligente Menschen, von Philosophen über Mathematiker bis zu Psychologen, so wenig von Offenheit und Ehrlichkeit halten.

Wie gesagt, Offenheit und Ehrlichkeit sind meine Freunde geworden – aber vielleicht liegt es daran, dass ich kein besonders intelligenter Mensch bin.

Zumindest an diesem Tag jedoch stimme ich diesen Mahnern zu, von denen jeder Einzelne bedeutend schlauer ist als ich – denn sagen wir es so: Ich habe tierischen Schiss davor, ehrlich zu meinen Eltern zu sein.

Mein Vater und meine Mutter wissen von dem Projekt, aber sie wissen nicht so recht, wie sie damit umgehen sollen – für sie ist es etwa so, als hätte ich ihnen erzählt, dass meine neue Freundin eine strenggläubige Katholikin sei, die Tätowiererin gelernt habe und nun als Tänzerin mit Metallica auf Tour gehen wolle. Mein Vater, der immer noch nicht verstehen kann, dass Schreiben mittlerweile als halbwegs seriöser Beruf angesehen wird, kommentierte mein Vorhaben mit einem unmotivierten »Aha«, was übersetzt »Was für eine Bullenscheiße« bedeutet. Meine Mutter, die jeden Beruf ihrer Kinder für seriös hält außer Tätowiererin und Metallica-Tänzerin, sagte ebenfalls »Aha«, was übersetzt »Was hat er denn jetzt schon wieder für eine Schnapsidee?« bedeutet. Natürlich hatten sie bei der Erziehung versucht, ihrem Sohn klarzumachen, dass Ehrlichkeit zu den Grundtugenden eines Menschen gehört. Als gläubige Menschen haben sie mich die zehn Gebote gelehrt und mir aus der Bibel vorgelesen. Aber ihnen war auch klar, dass die gepflegte Lüge zum Leben gehört, weshalb mein Vater sich nach wie vor felsenfest als Nichtraucher bezeichnet, obwohl er mindestens zwei Zigaretten am Tag raucht – und weshalb er nicht müde wird, jeden Menschen, der ihn zum Raucher stempelt, als unwissenden Spinner abzutun. Meine Mutter gehört zu den freundlichen Lügnern, sie sagt: »Ich wasche deine Wäsche gerne«, auch wenn ihr Blick andeutet: »Du 30-jähriges Kind, werd' verdammt noch mal erwachsen und kümmere dich endlich selbst um dein Leben.« Sie tut auch so, als würde sie nicht wissen, dass mein Vater raucht. Nur manchmal platzt ein »Jammer bloß nicht, dass dir alles wehtut« aus ihr heraus. Sie belügen sich. Aber irgendwie funktioniert das Spiel.

Am ersten Abend meines Besuchs versuchen wir alle drei, die Themen Wahrheit und Ehrlichkeit nicht anzusprechen. Ich erzähle zwar von den ersten Wochen, den Rückschlägen und den ersten Erkenntnissen – bei der Schilderung meiner Steuererklärung sehe ich, wie sich mein Vater eine Träne aus den Augen wischt –, aber irgendwie versucht jeder, geschickt abzulenken und ein anderes Thema anzuschneiden. Nach einiger Zeit sind wir über Umwege bei der Bibel angelangt. Meine Mutter ist verzückt, als sie hört, dass ich in der Bibel lese – ja wirklich, verzückt. Ich hätte nie gedacht, dass ein Mensch verzückt sein kann, abgesehen vom jungen Mann im Heimatfilm aus den 50er-Jahren, wenn er in sein Dorf zurückkehrt und seine Jugendliebe zum ersten Mal seit 20 Jahren wiedersieht. Aber meine Mutter ist tatsächlich verzückt. Sie hat gerade die Wäsche hinuntergebracht, nun sitzt sie am Küchentisch und reibt sich ihren Rücken. Ich glaube, dass es sie juckt.

In der Tat ist die Bibel zu einem Leitfaden bei diesem Projekt geworden. Schließlich versuche ich, eines der zehn Gebote in aller Radikalität zu befolgen, und ich erhoffe mir durchaus Rat aus dem Buch der Bücher. Ehrlicherweise muss ich gestehen, dass ich mir vor dem Beginn meiner lügenfreien Zeit die elektronische Version heruntergeladen und nach den Stichwörtern »Wahrheit«, »Ehrlichkeit« und »Lüge« gesucht habe. Ich hatte den Eindruck, das würde reichen, um hin und wieder ein passendes Zitat einflechten zu können, um wenigstens halbwegs gebildet und religiös zu wirken. Die einzelnen Passagen faszinierten mich jedoch, und ich hatte das Gefühl, immer eine Bibel in der Nähe haben zu müssen, weil darin wirklich spannende Geschichten erzählt werden und Weisheiten enthalten sind, die das Leben verändern können. Nur werden diese Geschichten in keinem Gottesdienst vorgelesen, man muss wahrlich danach suchen.

Mittlerweile habe ich die Version mit Bildern von Marc Chagall, die mir mein Bruder zum Studienbeginn geschenkt hat, hervorgekramt und lese beinahe täglich eine Seite oder bewundere zumindest Chagalls Interpretationen.

Ich berichte meinen Eltern in ziemlich klugscheißerischem Ton, dass die Autoren der Bibel es mit Wahrheit und Ehrlichkeit nicht so genau nahmen – was bei meiner Mutter die Verzückung verschwinden lässt und sie in eine Abwehrhaltung versetzt, die Fans des FC Bayern annehmen, wenn man sie auf die Transferpolitik des Vereins hinsichtlich südamerikanischer Verteidiger und offensiver Mittelfeldspieler in den vergangenen zehn Jahren anspricht. Die Abwehrhaltung könnte auch mit ihrem Rücken zu tun haben, aber sie ist ein tiefreligiöser und auch in weltlichen Dingen transzendenter Mensch, was mich zu der Überzeugung kommen lässt, dass, wenn meine Mutter es nicht in den Himmel schafft oder sie zumindest als Königin wiedergeboren wird, wir anderen überhaupt keine Chance auf irgendeine Form der Erlösung haben. Sie lebt nach dem Motto: »Was würde Jesus tun?«, während die ersten 29 Jahre meiner Existenz sich eher danach richteten: »Was würde Jesus nicht tun?« Das brachte mir nicht selten den Satz »Was haben wir nur falsch gemacht?« ein – von meiner Mutter in ruhiger Verzweiflung vorgetragen und von meinem Vater voller Wut und unter Erwägen der Enterbung.

Wir diskutieren über Noah. Ich glaube, wir kamen darauf, weil meine Frau im Schwangerschaftsfieber den Namen Noah in die Vornamensdebatte in Bezug auf unseren Sohn einwarf, was von mir durch Nennung des Namens Kurt gekontert wurde. Wir sprachen über den Bau der Arche und das Platzieren der richtigen Anzahl von Tieren. Von den unreinen Tieren sollte er jeweils ein Männchen und ein Weibchen einpacken, von den reinen Tieren sieben Stück und von den Vögeln gar sieben Männchen und sieben Weibchen. So steht es im Buch Genesis. Chagall bebildert die Szene übrigens mit tiefblauem Hintergrund, ein Steinbock ist knallrot, ein Elch quietschgelb, und die Menschen sind dunkelgrün. Noahs Gesicht ist hellgrün, er wirkt irgendwie krank. Dazu sind Tiere abgebildet, die ich noch nie in meinem Leben gesehen habe, und der Eingang der Arche sieht aus wie der Stollen eines Bergwerks. Ich würde Chagall gern einen Brief schreiben und mich über die Hässlichkeit des Bildes und die Uninterpretierbarkeit der Farbenwahl beschweren, lasse es aber aufgrund meiner zu späten Geburt und der damit verbundenen mangelnden Aussicht auf eine Antwort sein.

»Das ist doch vollkommener Blödsinn mit dieser Arche und so«, sage ich, nicht ohne einen fragenden Blick gen Himmel zu werfen, ob der Allmächtige mich sogleich für diese Blasphemie bestrafen würde (tat er nicht, aber ich glaube, dass der Stau auf dem Weg zur Arbeit neun Tage später seine Rache war). Meine Mutter verteidigt den Bau des hölzernen Schiffs und die Rettung der Tierarten und wirft mir vor, meine Augen nicht offen genug zu haben. »Aber Mama«, sage ich, »es gibt Millionen von Tierarten auf der Welt. Wie sollen die denn auf eine Arche gepasst haben?« Ihre Reaktion: »Es war eben eine sehr große Arche!«

Ich bin empört. Ja wirklich, empört. Wie der junge Mann im Heimatfilm, wenn er erfährt, dass die Kneipe seiner Großeltern geschlossen werden muss.

»Manche Tiere leben nur in Afrika, manche im Dschungel in Südamerika, manche am Nordpol. Wie sollen die denn zur Arche gefunden haben?«

Der Konter meiner Mutter: »Nun, die Arche war doch so groß, wie wir nun festgestellt haben. Die muss man doch sehen!«

Ich habe noch einen letzten Trumpf im Ärmel.

»Aber auf der Arche waren Löwen und Antilopen, Ameisen und Tapire, Vögel und Regenwürmer. Die hätten sich gegenseitig aufgefressen.«

Meine Mutter sieht mich an: »Das ist doch wie heutzutage: In Krisenzeiten müssen eben alle zusammenhalten.«

Führen Sie diese Diskussion mal weiter!

Ich kratze mich deshalb lieber an den Eiern. Kein Männlichkeitsritual, auch keine Taschenbillardspielchen, es juckt einfach, und ich finde, dass auch Gesten ehrlich sein sollten. Meine Mutter bemerkt es und setzt ihren Was-haben-wir-falsch-gemacht-Blick auf. Sie sagt aber nichts. Sie betrachtet mich, wie sie meine neue Freundin betrachten würde, wenn sie Tätowiererin und Metallica-Tänzerin wäre.

Es hat keinen Sinn, gegen den Glauben eines religiösen Menschen zu argumentieren. Meine Mutter wird immer versuchen, die Existenz Gottes und die Richtigkeit der Bibel zu verteidigen und Abtrünnige wie mich auf den rechten Weg zu bringen – auch wenn in der Bibel gelogen wird, dass sich die Balken derart biegen, dass selbst die größte Arche untergehen würde. Das erklärt auch einen ihrer Lieblingswitze, der sie ziemlich gut charakterisiert und den sie mir nun natürlich nicht vorenthält:

Eine alte gläubige Frau geht jeden Tag auf ihre Veranda und schreit: »Lobet den Herrn!« Jeden Morgen brüllt der Nachbar, der Atheist ist: »Es gibt keinen Gott!« So geht es wochenlang, auf ein »Lobet den Herrn« folgt ein »Es gibt keinen Gott«.

Eines Tages gerät die alte Frau in finanzielle Schwierigkeiten, sie kann sich keine Einkäufe mehr leisten. Also geht sie hinaus auf die Veranda, bittet Gott um Hilfe und beendet das Gebet mit: »Lobet den Herrn!«

Als sie am nächsten Morgen auf die Veranda geht, steht dort ein Korb mit den saftigsten Leckereien. Natürlich ruft sie: »Lobet den Herrn!« Da stürmt der Nachbar herbei und brüllt: »Hahaha, ich habe die Sachen gekauft. Es gibt gar keinen Gott!«

Da lacht die alte Frau und wendet ihren Blick zum Himmel: »Lobet den Herrn. Du hast mich nicht nur mit Leckereien eingedeckt – du hast auch noch Satan dafür bezahlen lassen...«

So in etwa verlaufen die Unterhaltungen mit meiner Mutter. Mein Vater hält sich aus diesen Diskussionen meist heraus, er hat in Bezug auf Religion und das Leben einen Pragmatismus entwickelt, der sich in dieser Geschichte äußert.

Ein Ehepaar wird an der Himmelspforte von Petrus empfangen. »Einen wunderschönen guten Tag«, sagt Petrus. »Dort hinten wartet bereits Ihre Villa mit Pool, ein Starkoch kümmert sich um Ihr leibliches Wohl, die Zimmermädchen haben Ihr Bett bereits aufgeschüttelt, die Cohiba-Zigarren sind geschnitten, und ein Cocktail wird bereits gemixt. Genießen Sie die Ewigkeit im Himmel.« Auf dem Weg zum Haus sagt der Mann zu seiner Frau: »Ohne die Knoblauchtropfen hätten wir das alles schon vor zehn Jahren haben können...«

Merken Sie sich beide Witze und Charakterisierungen, sie könnten später noch wichtig werden.

Zurück zur Bibel. Ganz offensichtlich ist das, was über die Arche in der Bibel steht, eine Lüge. Zumindest eine Übertreibung und damit nicht mehr der Wahrheit entsprechend. Gläubige Christen argumentieren deshalb oft, man dürfe die Bibel nicht wörtlich nehmen, sondern müsse sie vielmehr als eine Serie von Gleichnissen auffassen, die es zu deuten gilt und nach denen man leben solle. Wie es sich anfühlt, streng nach den Regeln der Bibel zu leben, lesen Sie übrigens im fantastischen Buch »Die Bibel und ich« von A. J. Jacobs. Weil in seinem Experiment auch Wahrheit eine große Rolle spielt, wurde ich nicht zuletzt auch durch Jacobs – der es übrigens auch einmal kurz versucht hat mit radikaler Ehrlichkeit – inspiriert, mich überhaupt auf dieses Projekt einzulassen.

Was mich wundert: Manche Passagen der Bibel werden von Gläubigen knallhart interpretiert, es sind unumstößliche Regeln, Gottes Wort persönlich. Andere wiederum sind freier interpretierbar als ein Patricia-Highsmith-Roman. Für mich ist das unverständlich. Ich würde mich weder als besonders gläubig noch als Atheisten bezeichnen. Meine religiöse Einstellung lässt sich am besten mit dieser Geschichte beschreiben:

> Ein Mann spielt in Las Vegas Black Jack, er setzt seine letzten 100 Dollar. Er bekommt eine Zehn und eine Neun und will aufhören, als ihm eine Stimme zuflüstert: »Nimm noch eine!« Er sieht sich verwundert um, nimmt dann noch eine Karte: Ein Ass, er hat 20. Er will aufhören, da hört er wieder die Stimme: »Nimm noch eine Karte!« Er wundert sich, verlangt aber noch eine Karte. Wieder ein Ass, er hat 21! Da sagt die Stimme: »Einfach unglaublich!«

Mein Problem mit der Bibel ist: Es ist das Buch der Bücher. Das meistverkaufte und meistgelesene Buch aller Zeiten. Es soll Wahrheiten enthalten – oder gar die einzige Wahrheit sein – und Leitfaden für Gläubige sein, wie sie auf richtigem Wege die Erlösung finden. Ja, es soll Gottes Wort sein! Der aktuelle Katechismus der katholischen Kirche stellt unter Punkt 140 ziemlich klar fest: »Das Alte Testament bereitet das Neue vor, während dieses das Alte vollendet. Beide erhellen einander; beide sind wahres Wort Gottes.« Und in der Konkordienformel der evangelischen Kirche heißt es, sowohl das Alte als auch das Neue Testament seien »einzig Richter, Regel und Richtschnur«, nach ihnen »müssen alle Lehren erkannt und geurteilt werden, ob sie gut oder böse, recht oder unrecht sind«.

Nun gibt es in der Bibel selbst einen Satz, der mich stutzig werden ließ. Unter Psalm 116, Vers 11 heißt es: »Jeder Mensch lügt!« Also auch die Autoren der Bibel. Es ist wie das Paradoxon des Epimenides. Der griechische Philosoph hat das unglaublich schöne Gedicht »Cretica« geschrieben, die zweite Strophe geht so:

»Sie haben dir ein Grab eingerichtet, o Heiliger und Hoher. Die Kreter sind immer Lügner, wilde Tiere, faule Bäuche. Aber du bist nicht tot, du lebst und bleibst für immer. Denn in dir leben und laufen und sind wir.«

Der zweite Satz steht auch in der Bibel, bei Titus 1,12f.:

> Es hat einer von ihnen gesagt, ihr eigener Prophet: »Die Kreter sind immer Lügner, böse Tiere und faule Bäuche.« Dies Zeugnis ist wahr.

Daraus wurde das Paradoxon des Epimenides. Wenn er als Kreter behauptet: »Alle Kreter sind Lügner«, dann stimmt etwas nicht – weil sich der Satz nie erfüllen kann. Wenn er als Kreter lügt, dann stimmt auch seine Behauptung nicht mehr und im abermaligen Rückbezug die Annahme, dass er lügt. Wenn man darüber nachdenkt, kann einem ganz schön schwindlig werden.

Also: Wie kann die Bibel das Buch der Wahrheiten sein, wenn selbst deren Autoren behaupten, dass alle Menschen lügen? Und warum steht eine derart hanebüchene Geschichte wie die über die Arche Noah darin? Diskutieren Sie das mal mit einem Menschen wie meiner Mutter! Sie würde nie bei »Schlag den Raab« teilnehmen, deshalb hier ihre Millionen-Fragen bei »Wer wird Millionär«, die sie locker beantworten könnte:

- Nennen Sie alle Produkte, die man in einem Eine-Welt-Laden kaufen kann!
- Wie ist der Name des Ehemanns der biblischen Figur Leah?
- Wer waren die drei Päpste im Drei-Päpste-Jahr?
- Nennen Sie das meistgesagte Wort in Rosamunde-Pilcher-Filmen!
- Wie ist der Name der Hilfsorganisation, die beim Erdbeben in China geholfen hat?
- Wie viel Spendengeld ist nötig, um ein Kind in Tansania auf die Schule zu schicken?
- Was ist die geheime Zutat in Coca-Cola?

Es ist ja nicht nur so, dass manche Stellen in der Bibel unschlüssig klingen, nach wissenschaftlichen Erkenntnissen unmöglich sind oder arg überzeichnet erscheinen. Es gibt einfach keine Basis, mit einem gläubigen Menschen darüber zu diskutieren. Meine Mutter etwa hat wie viele Gläubige ein System entwickelt, jedes Zwiegespräch über Glauben und die Bibel für sich zu entscheiden. Dass die Erde wohl nicht innerhalb von sieben Tagen erschaffen wurde, ist auch ihr einigermaßen klar. Sie begründet das jedoch zum einen mit dem unterschiedlichen Zeitbegriff, den Gott und die Menschen offensichtlich haben müssen, und andererseits damit, dass »das damals eben alles sehr schnell ging«. Argumentieren Sie mal dagegen …

Warum konnten die Autoren der Bibel nicht einfach nur emotionslos und ehrlich aufschreiben, was wirklich passiert ist? Ehrlichkeit war offensichtlich auch damals kein guter Freund und treuer Begleiter.

Noch schlimmer wird es, wenn ich versuche, wissenschaftlich zu argumentieren. Die unbefleckte Empfängnis Mariens etwa ist ein für mich biologisch nicht zu verstehendes Phänomen. Meine Mutter sagt dann, dass mir einfach der Glaube fehle, und verkündet inbrünstig, dass ich in der Lage wäre, Berge zu versetzen, wenn denn mein Glaube nur so groß wie ein Senfkorn wäre. Und außerdem habe sich die Wissenschaft in den vergangenen Jahrhunderten so oft geirrt, dass man ihr auch heutzutage nicht wirklich trauen könne. Wer weiß, vielleicht sind unbefleckte Empfängnisse in 500 Jahren die normalste Sache der Welt!

Den Einwand, dass die katholische Kirche im 17. Jahrhundert Galileo Galilei verstieß – Papst Urban VIII. gab vor, dass die vielfältigen Naturerscheinungen, die der Allmächtige bewirke, sich dem beschränkten Verstand der Menschen für immer entzögen –, obwohl dieser die Kirchenmeinung nicht widerlegen, sondern sie vor einem Irrtum bewahren wollte, tut meine Mutter ab als klitzekleinen Fehler der Kirchengeschichte. Der sei dann 1992 aufgehoben worden, was ja zeige, dass die Kirche in der Lage sei, Fehler einzugestehen.

Mein Vater ist da weitaus pragmatischer. Er lässt sich gar nicht auf irgendwelche Diskussionen mit seinem Sohn ein. Er sagt: »Das ist eben so. Punkt. Aus.« Ende der Diskussion. Das ist mein Vater, der aufgrund mehrerer Herzinfarkte und Schlaganfälle nicht gegen Stefan Raab antreten kann und deshalb auch mit Millionen-Fragen beschrieben werden muss:

- Wer schoss die Tore der deutschen Elf im WM-Halbfinale 1954?
- Was passiert in der dritten Minute des Films »Drei Männer im Schnee«?
- Nennen Sie alle Varianten einer Mundharmonika!
- Wie lautet der 22. Punkt der Anlage A einer Steuererklärung?
- Errechnen Sie im Kopf die Gleichung: 24 plus Wurzel aus 5 820 463 mal Quadratwurzel aus 49 198 246 geteilt durch die doppelte Wurzel aus 482 812!
- Nennen Sie den Gründungstag sämtlicher privaten Fernsehsender!
- Beantworten Sie jede gestellte Frage, die sich mit den 60ern befasst!

So bin ich aufgewachsen. Mit der Bibel als Buch der Bücher und zwei Eltern, die keine Diskussion darüber zulassen. Auch das wird wohl bei der nächsten Begegnung mit ihnen noch eine Rolle spielen.

Ich wundere mich immer mehr darüber, wie oft in der Bibel gelogen wird, als wäre es die normalste Sache der Welt. Natürlich könnte man nun argumentieren, dass die Lüge eben zum Menschen gehört wie Mundgeruch und Bauchweh nach der Weihnachtsgans, wenn selbst die heiligsten Menschen ihr verfallen waren. Warum sagt die Schlange im Paradies: »Unsinn! Ihr werdet nicht sterben. Gott weiß: Wenn ihr davon esst, werden eure Augen geöffnet – ihr werdet sein wie Gott und wissen, was Gut und Böse ist.« Warum sagt sie nicht einfach: »Hey, Gott wird euch aus dem Paradies vertreiben, er wird euch sterblich machen und euch verschmähen. Aber esst trotzdem, die Dinger schmecken verdammt gut!«

Jede Wette, dass Adam und Eva auch dann zugegriffen hätten...

Oder mein Lieblingsbeispiel Petrus. Bei dem kündigt

Jesus gar an, dass er von ihm verraten werde. Petrus, dieser Kämpfer vor dem Herrn, der am Ölberg so weit ging, dass er einem Schergen das Ohr abschlug, nur um Jesus zu verteidigen – dieser Petrus sitzt nun mit anderen Menschen im Hof und wartet darauf, was denn nun passiert mit seinem Herrn, als er verdächtigt wird, einer seiner Jünger zu sein. Petrus leugnet, er lügt, er schwört, ja er verflucht sich selbst. Bis der Hahn kräht, Petrus seinen Irrtum erkennt und nach draußen läuft, wo er bitterlich weint. Ich habe mir bei dieser Stelle oft gedacht: Warum geht Petrus nicht zurück und sagt: »Ja, ich gehöre zu Jesus. Ich finde, dass er der Sohn Gottes ist. Und nun macht, was immer ihr wollt!«

Dieser Feigling.

Damit konfrontiere ich meine Eltern heute: »Wie könnt ihr nur felsenfest daran glauben, wenn so viele Lügen darin stehen? Habt ihr denn nicht den kleinsten Anflug von Zweifel? Ich meine, ihr müsst ja nicht gleich aus der Kirche austreten oder so. Aber ihr müsst doch zumindest akzeptieren, dass die Möglichkeit besteht, dass es ein Haufen Lügen ist und wir am besten nicht daran glauben sollten, weil es ohnehin keinen Sinn macht? Ihr dürft ja weiter daran glauben, nur solltet ihr darauf gefasst sein, dass ihr euch irren könntet.«

Sie setzen beide ihren Was-haben-wir-falsch-gemacht-und-warum-kommt-er-mit-einer-Tätowiererin-daher-Blick auf. Ich überlege, ob ich ihnen zu viel Ehrlichkeit zumute und ob ich mit meiner Authentizität nicht ein wenig selektiver sein sollte.

»Warum sollen wir zweifeln?«

Nein, nun muss ich weitermachen.

»Weil eine Möglichkeit besteht, dass alles nur Quatsch ist und das Leben überhaupt keinen Sinn hat.« Ich bin nicht mehr empört, ich bin erregt. »Ich sage ja nicht, dass alles Blödsinn ist. Aber man kann doch nicht blind darauf vertrauen, dass alles stimmt. Das ist doch einfach nur dumm.«

Ich merke, dass mein Vater mir nun mit Enterbung drohen würde, käme ich in seinem Testament überhaupt vor (das erkläre ich später). Meine Mutter jedoch bleibt geduldig wie ein Kinderarzt. Sie sitzt am Tisch wie die Geduld persönlich auf dem schönen Gemälde von Hans Sebald Beham. Meine Rolle wäre die des kleinen Drachen, den die Geduld sanft im Arm hält.

Dann steht sie auf und geht ins Wohnzimmer, kehrt zurück mit einer Bibel, deren Alter ich auf mindestens 200 Jahre schätze. Sie setzt ihre Brille auf, die noch älter ist, und blättert herum. Dann verkündet sie feierlich eine Passage aus der Offenbarung, es ist der letzte Absatz:

»Ich bezeuge jedem, der die prophetischen Worte dieses Buches hört: Wenn einer ihnen etwas hinzufügt, über den wird Gott all die Plagen bringen, von denen geschrieben ist in diesem Buche. Und wenn einer was wegnimmt von den Worten dieses prophetischen Buches, dem wird Gott seinen Anteil wegnehmen am Baum des Lebens und an der Heiligen Stadt, wovon geschrieben ist in diesem Buche!«

Sie sieht mich an mit diesem mitleidigen Blick, den Fans des FC Bayern aufsetzen, wenn sie einem Anhänger eines Vereins begegnen, der gegen die Münchner gerade mit 0:5 verloren hat.

Ich sage nichts mehr. Ich nehme die Bibel und gehe ins Bett. Ob ehrlich oder nicht: Die Bibel bleibt mein Begleiter. Schließlich will ich meinen Anteil am Baum des Lebens nicht gefährden.

Kapitel 12

Tag 24 – Ehrlichkeit macht frei

Mir ist langweilig. Ich meine das nicht im Sinne von »Ich sitze seit drei Stunden in der Oper, mir ist langweilig« oder als Urlaubsfloskel à la »Wir liegen in der Sonne, mir ist langweilig, lass uns Beachvolleyball spielen« oder als Drohung beim Kartenspiel, wenn mein Freund Matthias mal wieder zwei Minuten überlegt, bis er eine Karte ausspielt.

Ich habe schon überlegt, ob ich an Burnout leiden könnte, der In-Krankheit für den gehobenen Mainstream meiner Generation. Es hört sich dramatischer an als »gestresst« und klingt auch nicht so provinziell wie das gute alte Magengeschwür. Krankheiten sind ja bis auf den immerwährenden Klassiker Bandscheibenvorfall zunächst Modeerscheinungen. Kommen Sie jetzt mal mit Rinderwahn oder Vogelgrippe um die Ecke – jeder wird Sie für ein Relikt der 90er halten. Es muss schon Schweinegrippe sein, am besten in der mutierten Version, mit der man dem Nachbarn reinwürgen kann, dass man letzte Woche im Urlaub in Honduras war. Ich beschließe, dass ich frühestens in 20 Jahren den guten alten Bandscheibenvorfall bekomme und dass ich jetzt keinesfalls an Burnout leide.

Ich bin einfach nur gelangweilt, seit zwei Tagen schon. Ehrlichkeit ist ein guter Freund geworden – und gute Freunde langweilen sich eben bisweilen, denke ich. Der Kick und damit auch der Zauber, als würde ich gleichzeitig vier

Zigaretten rauchen, drei Cocktails trinken und zwei nackte Frauen am Strand ansprechen, die sind wie gesagt ein wenig verschwunden. Ich bekomme keine Gänsehaut mehr, wenn ich zu einem Menschen statt »Guten Morgen« nur »Hallo, mir egal, wie es dir geht« sage. Ich habe kein beklemmendes Gefühl mehr, wenn ich einer guten Freundin mitteile, dass sie mich seit Jahren mit ihren Elendsgeschichten nervt und sie endlich mal aus ihrer sicheren Welt ausbrechen und etwas Neues ausprobieren soll. Ich habe auch kein schlechtes Gewissen mehr, meiner Frau mitzuteilen, dass sich die Schwangerschaft nicht nur auf ihren Bauch auswirkt.

Lügen waren früher ein Sicherheitsnetz für ein stressfreies Leben – wie der Job mit sechsmonatiger Kündigungsfrist inklusive Berufsunfähigkeitsversicherung oder der Bausparer, den mir der übereifrige Bankbeamte eingeredet hat. Ich habe eines meiner Sicherheitsnetze vor 24 Tagen entfernt – und habe dennoch nicht das Gefühl, dass ich härter fallen könnte. Ich schwinge da oben an meinem Trapez hin und her und langweile mich.

Es liegt nicht nur an mir.

Die Menschen in meinem Umfeld haben sich an meine unflätigen Kommentare gewöhnt, der Schock ist aus ihren Gesichtern gewichen, weil sie wissen, dass ich ihnen ungefragt meine Meinung ins Gesicht sage. Andere, die häufiger mit mir zu tun haben, wie meine Frau, verspüren eine Entwicklung zum Positiven. Sie freut sich, wenn ich ihr ehrliche Komplimente mache. Mein Nachbar parkt immer noch vorbildlich vor unserem Haus. Nur der Designer hat mir noch nicht geantwortet.

Es liegt vielleicht auch daran, dass ich die Menschen einfach nicht interessiere. Ich bin ihnen egal. Ich mache, was ich will – und die Leute haben höchstens ein Kopfnicken dafür übrig. Ich bin heute Morgen aufgewacht und hatte keine Lust, mich zu waschen oder anzuziehen. Die Zähne habe ich mir nur geputzt, weil ich tierische Angst vor einer horrenden Zahnersatzrechnung in 30 Jahren habe. Ich habe mir einen weißen Bademantel übergeworfen, eine dreckige Mütze aufgesetzt und bin zum Bäcker geschlurft. Dort habe ich ein paar Brötchen bestellt und für meine Frau ein Gebäckstück mit Marmelade drin und Puderzucker drauf – seit sie schwanger ist, steht sie auf dieses Zeug, obwohl es nicht nur ihren Bauch dicker werden lässt, wie ich ihr auch gesagt habe und dafür jeweils einen gewaltigen Tritt gegen das Schienbein und in die Magengegend kassiert habe – zufälligerweise an der Stelle, an der sich ohnehin noch ein blauer Fleck von Nikos Schlag befindet. Es waren fünf Menschen in der Bäckerei, und kein Einziger hat mich aufgrund meines Aufzugs komisch angesehen. Niemand hat den Kopf geschüttelt, niemand verächtlich gelacht. Und keiner hat etwas gesagt, nicht einmal ein: »Hach, Urlaub möchte ich auch mal wieder haben.«

Nichts.

Ich habe ausgesehen wie ein Penner, und es hat niemanden interessiert.

Ich bin kurzzeitig versucht, das Desinteresse auf die moderne Gesellschaft zu schieben, in der die Menschen über Computer miteinander kommunizieren, sich nur noch auf ihre Freunde in *Facebook* fokussieren und so sehr mit der Virtualität ihrer selbst beschäftigt sind, dass sie keinen Blick mehr haben für das, was vor ihnen in der Realität passiert. Ich rufe mir jedoch ins Gedächtnis, dass ich kein Kulturpessimist bin, das Internet für einen noch größeren Segen halte als die Erfindung von Red Bull und tragbarem Alkoholtester – und die Gründe für meine Langeweile andere sein müssen.

Ich bin einfach nichts Besonderes. Was ist so schlimm daran, wenn ein Mensch im Bademantel zum Bäcker geht, wenn er nicht gerade Boris Becker heißt, von einem Leserreporter fotografiert wird und am nächsten Tag in der *Bild*-Zeitung auftaucht?

Nichts.

Ich habe auch gedacht, dass mein neues Tattoo mehr Aufsehen erregen würde. Ich wollte kein chinesisches Zeichen auf dem Unterarm, das »Ente süß-sauer« bedeutet, ich wollte auch kein verschnörkeltes Zeichen am L4/L5-Wirbel oder eine Variante eines Plattencovers einer Heavy-Metal-Band. Ich habe mir einen Schriftzug auf den rechten Bizeps tätowieren lassen, wobei ich mich vorher versichert hatte, dass man den Muskel auch dann Bizeps nennen darf, wenn er nicht wirklich austrainiert ist. Ich wollte das Tattoo, weil ich den Spruch ehrlich beeindruckend finde, habe mich vor meinen Ehrlichkeitswochen jedoch nicht getraut. Nun steht auf meinem Oberarm in einer Schriftart, die auch über dem Eingang irischer Bars zu finden ist: »He walks amongst us, but he's not one of us«, was übersetzt bedeutet: »Er wandelt unter uns, er ist aber keiner von uns.« Er stammt aus der Fernsehserie »Lost«, und ich weiß, dass es grundsätzlich peinlich ist, sich Zitate aus Serien auf den Körper malen zu lassen. Aber ich finde, dass der Spruch meinem Lebensmotto ziemlich nahekommt und darüber hinaus eine nicht zu unterschätzende transzendente Botschaft in sich trägt. Schließlich war Jesus einer der ersten Rebellen der Geschichte. Wenn man mal darüber nachdenkt.

Ich habe das Tattoo stolz vielen Menschen präsentiert, die heftigsten Reaktionen waren ein »Na ja, wenn du meinst« und ein »Das soll Jesus sein, oder?« Einer fragte immerhin: »Du glaubst echt, dass du das bist?« Ausgelacht wurde ich nicht.

Dann habe ich mir meine Haare, die zuvor aussahen, als hätte man Heu auf meinem Kopf ausgekippt, auf eineinhalb Zentimeter abrasieren lassen, weil ich schon immer wissen wollte, wie ich später mal mit Glatze aussehe, wenn der bei mir eindeutig erblich bedingte Haarausfall einsetzt. Als ich nach Hause gekommen bin, sah ich aus, als wäre ich mit einem SS-Jahrbuch zum Friseur gegangen.

»Sieht doch süß aus – und wenn es nachwächst, dann

wird das schon wieder. Auf jeden Fall bist du auch mit Glatze niedlich.« Das war die einzige Reaktion meiner Frau. Die blöden Kommentare meiner Kollegen (von »Sauber gescheitelt« bis »Stillgestanden!«) hätte ich wohl auch bei jedem anderen Haarschnitt ertragen müssen. Meine Oma hat sich sogar gefreut, weil »der Bub endlich mal vernünftig aussieht«.

Wieder keine Reaktion.

Ich sitze nun zu Hause im Bademantel und kaue auf meinem Brötchen herum, während sich meine Frau ein Stück Marmeladen-Puderzucker-Gebäck in den Mund schiebt. Als das Telefon klingelt, gehe ich nicht ran, weil ich gerade keine Lust habe zu telefonieren. Ich ignoriere heute den Computer, weil ich einfach kein Bedürfnis verspüre, mit anderen Menschen zu kommunizieren, und ich nicht das Gefühl habe, meinen Facebook-Status stündlich aktualisieren zu müssen. Ich lese keine Zeitung und schalte auch den Fernseher nicht ein. Ich habe keine Lust und lebe das heute konsequent aus.

Ich lese ein wenig in der Bibel, tätschle den Bauch meiner Frau und frage mich, ob es das Kind ist, das mich da tritt oder doch ein wütendes Marmeladenstück. Dann lege ich mich auf die Couch und schlafe ein wenig. Tief und fest.

Ich erkenne: Mir ist nicht langweilig, ich bin einfach nur ruhig. Zum ersten Mal seit Jahren.

Glücklich wie eine Hindu-Kuh.

Ich bin so was von Zen.

Kein Gedanke an Arbeit, an Freunde, an Sorgen.

Ich denke: nichts.

Ein schönes Gefühl.

Ohne jetzt besserwisserisch oder Dale-Carnegie-mäßig daherkommen zu wollen: Wann haben Sie zuletzt an gar nichts gedacht?

Ich habe mir stets eingeredet, dass der Stress, unter dem ich stehe, äußerlich bedingt ist. Ich habe Sätze gesagt wie: »O Gott, die Arbeit stresst mich zur Zeit total. Ich bin nur auf Reisen, und ich muss noch fünf Artikel schreiben und weiß gar nicht, wann ich das tun soll.« Oder: »Meine schwangere Frau lässt mich nicht zur Ruhe kommen, ständig schickt sie mich herum, damit ich ihr das Gebäck hole oder das Bad putze oder sie zum Arzt fahre.« Oder: »Die Jungs wollen, dass ich heute Fußball spiele, dann mit ihnen ein Bier trinken gehe.« Oder: »Ich muss noch härter arbeiten, damit ich endlich die Gehaltserhöhung bekomme, die mir zusteht. Ich reiße mir den Arsch auf, und dann muss es doch endlich so weit sein.«

Das ist alles Bullshit.

Nicht die Welt bereitet mir Stress, ich selbst bereite mir Stress.

Eine Studie des Disease Control Center in Atlanta ergab, dass 53 Prozent der Menschen, die mit weniger als 65 Jahren sterben, aus Gründen ableben, die direkt mit ihrer Lebensweise zu tun haben. Nicht die Vogelgrippe rottet uns aus oder Aids oder Computerspiele oder Rockmusik, sondern wir selbst. Mehr als die Hälfte der Menschen erleben die Rente nicht, weil sie rauchen, weil sie zu hart arbeiten, weil sie nur noch fettes Essen in sich hineinstopfen. Weil sie sich ärgern, weil sie sich streiten, weil sie nur noch herumhetzen.

Nicht das Fernsehen macht doof, sondern wir sind doof, wenn wir die falschen Sendungen gucken. Es gibt keine Blödmacher, wir sind die Blödgemachten. Nicht Computerspiele laufen Amok, sondern Menschen, die mit ihrem Leben nicht umgehen können.

Hör auf, andere für deine Fehler verantwortlich zu machen!

Ich bin genauso. Ich reiße mir den Arsch auf in der Arbeit, ich bin ein Stressraucher, und in der Mittagspause schiebe ich mir schnell fettes Kantinenessen in den Magen. Zum Vorgesetzten sage ich: »Passt schon, ich fliege schnell hoch, schicke den Artikel um drei Uhr morgens und nehme dann den Nachtzug heim, damit ich zur Redaktionskonferenz wieder da bin.« Während der Arbeit sage ich mir: »Die paar Zigaretten schaden schon nicht, wenn ich mal weniger arbeite, kann ich ja aufhören.« Und natürlich schwöre ich mir, mich irgendwann einmal gesünder zu ernähren und wieder mehr Sport zu treiben, wenn ich Zeit dafür habe. Dabei bin ich einfach nur eine faule Sau. Ich zerstöre mich gerade selbst. Alt werde ich wahrscheinlich nicht.

Und schuld daran bin ich. Oder vielmehr: war ich.

Jetzt bin ich ehrlich. Ich habe den Kollegen mitgeteilt, am Wochenende nicht arbeiten zu wollen, weil ich einfach keine Lust darauf habe, sondern faul auf meiner Couch liegen möchte. Ich habe das Fußballspiel und das anschließende Saufgelage abgesagt. Ich habe noch keine Zigarette geraucht heute, und mein Frühstück war tatsächlich gesund. Ich habe sogar Müsli und einen Apfel gegessen. Ich habe nicht einmal meine Kaffeemaschine beschimpft, wie ich es sonst tue, weil sie von einem Anarchisten zusammengebaut wurde und nur funktioniert, wenn sie es will. Normalerweise habe ich viel für Anarchismus übrig, aber beim Kaffee hört das Verständnis dann doch auf.

Die einzige Erwartung, die ich heute an mich habe, ist, auszuschlafen, ein wenig zu lesen, einen guten Film zu sehen und bei meiner Frau noch andere Körperteile zu streicheln als ihren Bauch. Ich habe beschlossen, in diesen Kategorien ein absoluter Streber zu sein. Ich erfülle alle meine Erwartungen.

Und nun liege ich auf meiner Couch. Babys schlafen nicht so gut wie ich.

Mir ist nicht langweilig. Ich bin gelassen. Befreit.

Wie kann es einem Menschen nicht gut gehen, der vorhin seinem Kollegen mitgeteilt hat: »Ja, ich hätte Zeit, dir zu helfen – aber echt keine Lust!«

Ich muss Brad Blanton und der radikalen Ehrlichkeit danken. Ich sage an diesem Tag nicht: »Ich müsste noch …« oder »Du willst schon wieder …« oder »Das macht mich …« oder »Ja, ich mach schon noch …«

Ich sage: »Alles in Ordnung! Mir geht's gut. Keine Lust, dir zu helfen. Ich will schlafen.«

Wann habe ich das zuletzt gesagt und auch so gemeint? Keine Ahnung.

Nein, ich habe kein Selbsterfahrungswochenende besucht, ich war nicht auf Exerzitien oder auf einem »Lerne-dich-selbst-zu-lieben«-Seminar. Ich habe auch kein einziges Buch von Dale Carnegie gelesen und habe es auch nicht vor.

Ehrlichkeit ist ein toller Freund.

Ja, ich bin tätowiert, ich habe eine lächerliche Frisur und liege gerade faul auf der Couch, ohne an die Arbeit oder etwas anderes zu denken. Das ist egoistisch, aber es schadet auch keinem anderen Menschen. So gesehen folge ich dem britischen Philosophen Herbert Spencer, der forderte, dass jedes Individuum das Recht hat, seine Anlagen frei auszuüben, soweit dies mit der gleichen Ausübung der jeweiligen Anlagen seitens jedes anderen Individuums vereinbar ist. Und meine Anlage heute ist, mich von der Welt gewaltig am Arsch lecken zu lassen, ihr gegebenenfalls sogar den Mittelfinger zu zeigen und einfach nichts zu tun und nichts zu denken.

Das ist nicht schlimm.

Im Radio lief ein neuer Song der Band »Silbermond«. Eine Textzeile lautet: »Gib mir in dieser schnellen Zeit irgendwas, das bleibt.« Es ist ein schöner Song, vor allem den kraftvollen Mittelteil mit dem Chor im Hintergrund finde ich faszinierend. Außerdem sieht die Sängerin fantastisch aus und hat auch eine außergewöhnliche Stimme. Ich glaube, dass ich bei diesem Song am Ende eingeschlafen bin.

Und wenn ich bei diesem Projekt vielleicht auch kaum etwas lernen werde, so war da zumindest dieser eine Tag auf der Couch mit viel Schlaf, guten Büchern und einer wunderschönen Frau, die sich von mir löffeln lässt und noch tiefer schläft als ich. Sonst ist da nichts.

Und das reicht.

Dieser Tag wird bleiben.

Kapitel 13
Tag 25 – Ehrlich sein beim Zocken

Ralf sitzt mir gegenüber, er sieht mich an. Sein rechter Fuß zuckt und klopft dumpf auf den Boden, er atmet kurz und schnell. Sein Kopf wippt wie der eines Wackeldackels auf der Hutablage. Sein linkes Auge hat er zugekniffen, wie er es immer tut, wenn er seinem Gegner die männlichste Männlichkeit aller Männer demonstrieren will – was er wie bereits erwähnt nicht nur beim Pokerspiel, sondern auch beim Zigarettendrehen und beim Kickern und eigentlich immer tut. Die Lippen sind zusammengekniffen und zu einem selbstsicheren Grinsen nach oben gezogen. Ich glaube, in seinem Kopf ertönt gerade die Mundharmonikamelodie aus »Spiel mir das Lied vom Tod«.

Es stinkt nach Rauch wie im Hinterzimmer einer Sportbar am Münchner Hauptbahnhof. Auf dem Tisch liegen Chips, die man auch in den tschechischen Casinos verwendet, in denen deutsche Grenzlandbewohner so viel Geld verspielen, dass sie sich keine Thai-Massage mit Happy End leisten können und nicht einmal das billige Benzin, von dem sie der Ehefrau zuvor erzählt haben, dass sie nur deswegen über die Grenze fahren. Ich weiß das, denn ich bin in dieser Gegend geboren, von der bei *Google Maps* auf deutscher Seite nur eine grüne Fläche mit grauen Flecken zu sehen ist, während die tschechische Seite blinkt wie sonst nur Las Vegas oder Atlantic City.

Mir ist noch immer unerklärlich, warum Pokern vor allem in Deutschland einen derartigen Boom erlebt. Wahrscheinlich liegt es daran, dass die Regeln einfacher zu lernen sind als die von Mau-Mau und sich somit jeder Anfänger als Pokerspieler bezeichnen darf. Ohnehin ist jeder Pokerspieler ein Experte und vor allem ein Gewinner. Ich habe noch niemanden getroffen, der sagt: »Mensch, ich spiele absolut beschissen und verliere deshalb 100 Euro pro Monat.« Jeder gewinnt, weshalb wohl irgendwo in Gibraltar ein unglaublich reicher Mann sitzen muss, der die Identität von mehr als 50 000 Online-Spielern angenommen hat und ungefähr eine Million Euro pro Monat an deutsche Anfänger verliert. Denn keiner, wirklich keiner gibt zu, dass er das Spiel nicht beherrscht und dauerhaft Geld verliert.

Und wenn einer mal verliert – was nur sehr selten vorkommt –, dann hört man in 103 Prozent der Fälle den Satz: »Ich war klar vorn, ein verantwortungsvoller Call. Aber der andere Typ hatte Glück auf dem River.« Die oberste Grundregel beim Pokern scheint zu sein: Wer gewinnt, der kann es – und wer verliert, der kann es auch und hatte einfach nur Pech. Diese Sätze sind wichtig. Man muss diese Begriffe kennen, um sich von unkundigen Spielern abzugrenzen, die es ja eigentlich nicht gibt. Jede Starthand hat einen Spitznamen, jede Endhand auch, und selbst für das Bieten gibt es Sondernamen. Und so gibt es Sätze wie »Mit Anna Kournikova vor dem Flop All-In geraist, dann das Set bekommen und trotzdem am River gegen Runner-Runner-Flush verloren.« Der Satz heißt übersetzt: Gute Karten gehabt, alle Chips in die Mitte geschoben, ein noch besseres Blatt bekommen, aber gegen ein Glücksschwein alles verloren. Die Spieler nicken dann mitleidig und anerkennend. Sie wissen Bescheid, weil beim Pokern diese Begriffe ins Gespräch eingestreut werden, so wie man beim Fußball ohne weitere Erklärung »Wembley-Tor« und »Abseits« sagen darf.

Ralf sieht mich an.

Er würde es Pokerface nennen. Würde ich jedoch ein Foto machen, könnte ich es bei Wikipedia unter dem Begriff »Chauvi-Visage« hochladen.

»All-In«, hat er gesagt und Chips im Wert von 20 Euro von sich geschoben.

»Und nun?«, hat er gesagt.

»Angst?«, hat er gesagt.

Es geht nur noch um Ralf und mich und 55 Euro. Die haben wir bereits in die Mitte geschoben. Wenn ich dabei bleibe, dann geht es um 75 Euro. In einem Spiel. Ich fühle mich wie Steve McQueen am Ende von »Cincinnati Kid«. Ich bin Kid, Ralf ist Rip Tom. Natürlich ging es im Film um viel mehr Geld und auch darum, wer der beste Pokerspieler der Stadt ist. Wir sind nur Hobbyspieler im Esszimmer eines guten Kumpels und nicht im Hinterzimmer einer verruchten und verrauchten Kneipe im Mittleren Westen. Es geht auch nicht darum, den besten Pokerspieler der Stadt zu küren, Ralf und ich sind nicht einmal die besten Spieler dieser Runde. Das würde ich natürlich niemals öffentlich zugeben. Ralf würde sich das nicht einmal selbst eingestehen. Heute trägt er statt eines zu engen T-Shirts ein gestreiftes langärmliges Hemd wie die Mitarbeiter einer Sportschuhkette, nur nicht in den Farben Schwarz und Weiß, sondern Schwarz und Dunkelrot. Wahrscheinlich war er nicht im Fitnessstudio. Dafür trägt er Schuhe, die auch die Schurken in Bud-Spencer-Terrence-Hill-Western anhatten.

Er sieht mich an.

Ich sehe auf den Tisch – zuerst auf die Aschekrümel von den fünf Zigarettenpackungen, die wir acht Spieler gemeinsam durch unsere Lunge gejagt haben. Dann auf die zu vielen Biere, die wir hinuntergekippt haben. Ein Pokerexperte im Fernsehen – der übrigens im wahren Leben ein unfassbar schlechter Pokerspieler ist – hat einmal gesagt, dass man keinesfalls betrunken Karten spielen und sich niemals von seinem Stolz leiten lassen solle. Ralf und ich haben beide Regeln ignoriert.

Ich versuche, einen klaren Kopf zu bewahren. Ich sehe auf die Karten, die auf dem Tisch herumliegen: eine Pikzwei, ein Pikbube, eine Herzdame, ein Kreuzkönig und eine Pikacht. Ich versuche, den Gesichtsausdruck der anderen Spieler zu deuten. Ich sehe die Karten an, die ich verdeckt in der Hand halte: eine Kreuzzehn und ein Kreuzass.

Jetzt spielt in meinem Kopf besagte Mundharmonikamelodie, nur in der 180-Beats-per-minute-Version – und ich glaube, Ralf merkt das auch. Er grinst selbstsicher. Wie kann er nur so grinsen, dieser Vollidiot? Für all jene, die mit dem Pokersport nicht vertraut sind: Ich habe eine Straße von Zehn bis Ass, eine überdurchschnittliche Hand im Poker, weil es ein Pärchen, zwei Pärchen und gar einen Drilling besiegt.

Und dennoch schiebt Ralf all seine Chips in die Mitte. Spinnt er? Mit dem Pokerspiel vertraute Menschen werden nun einwenden, dass Ralf ja nicht wissen kann, was ich habe, und deshalb vielleicht nur ein wenig unvorsichtig ist. Denen muss ich entgegnen: Doch, er weiß es. Weil ich es ihm gesagt habe.

Er hat mich gefragt, und ich habe ihm ehrlich geantwortet: »Ich habe eine Straße.«

Dann hat er ohne zu zögern seine Chips in die Mitte geschoben.

Ich habe an diesem vierten Samstag meines Wahrheitsprojekts beschlossen, auch beim Pokern die Wahrheit zu sagen. Was für eine beknackte Idee!

Als ich vor ein paar Stunden verkündet habe, stets ehrlich zu sagen, welche Karten ich in der Hand halte, haben mich die anderen so angesehen, wie Jungs einen Kumpel beim Fußballtraining ansehen, wenn der sagt, er würde heute nur mit dem linken Fuß schießen. »Du wirst einen Haufen Geld verlieren heute Abend«, gab Uli, der Gastgeber, zu bedenken.« »Das ist doch total bescheuert«, kommentierte Marina, seine atemberaubend hübsche Freundin. Nur Ralf war restlos begeistert: »Ist doch super, dem Schmieder nehme ich heute Geld ab!« Ralf mag mich, aber er mag mich noch ein bisschen mehr, wenn er mir überlegen sein darf.

Wir sind bei Uli, einem pokerbegeisterten Freund von mir, der in regelmäßigen Abständen Pokerabende bei sich veranstaltet und von einem Leben als Pokerprofi träumt – so sehr, dass er bereit wäre, nach Gibraltar zu ziehen, nur um für eine Online-Pokerschule zu arbeiten. Die Blinds, also die Grundeinsätze, die vor dem Spiel zu entrichten sind, liegen bei 25 und 50 Cent, jeder bekommt Chips im Wert von 20 Euro. Man kann jederzeit nachkaufen, wenn man keine Chips mehr hat. Die Limits sind so gewählt, dass keiner von uns seine Existenz gefährdet, er sich aber einen ordentlichen Anschiss von der Ehefrau, der Freundin oder zumindest dem Hund abholt, wenn er verliert – weshalb ich mich bei Ralf grundsätzlich frage, warum er so vorsichtig spielt, wo doch weder Ehefrau noch Freundin noch Hund daheim auf ihn warten. Uli vermeidet jede Form von Anschiss dadurch, dass er seine Freundin mitspielen lässt. Er sieht ein wenig aus wie Matt Damon in »Rounders« und ist auch ähnlich intelligent und raffiniert wie die Figur im Film, was ihn zu einem gefährlichen Gegner beim Pokern macht. Außerdem hat er kein Problem damit, 100 Euro bei einem Spiel zu riskieren, was ihn zu einem noch gefährlicheren Gegner macht.

Uli spielt regelmäßig, gewinnt gegen Profis im Casino – und hat das Pokern in seiner Wohnung als lukrative Geldquelle entdeckt. Er besitzt einen Pokertisch, mit dem man ein Esszimmer innerhalb von fünf Minuten in ein durchaus brauchbares Casino verwandeln kann. Zum Geburtstag haben wir ihm professionelle Keramik-Pokerchips geschenkt. Er beendet einen Pokerabend gewöhnlich mit mindestens 50 Euro Gewinn. Sollte Tom anwesend sein, ein

Lufthansa-Pilot mit Hang zum Risiko – wobei ich mich stets frage, warum ein Pilot ein derartiges Faible für Risiko hat –, kann sich der Gewinn auch gerne auf 200 Euro erhöhen. An einem Abend. Macht bei drei Pokerabenden im Monat 600 Euro. Das ist bei 20 Stunden Spielzeit ein Stundenlohn von 30 Euro. Marina hat ein wenig Ähnlichkeit mit der Schauspielerin und Pokergöttin Jennifer Tilly, was dafür sorgt, dass die anderen Spieler sich stets von ihr bezirzen lassen und sie mit Gewinn vom Tisch geht. Beide Gastgeber verdienen so etwa 850 Euro. Pro Monat. Mit Pokern. Und da Pokern in Deutschland unverständlicherweise als Glücksspiel angesehen wird, müssen Gewinne nicht einmal versteuert werden. Meiner Meinung nach sind deutsche Pokerprofis über diesen Umstand nicht einmal unglücklich, weil sie auf Plattformen, die in Gibraltar oder einer kanadischen Provinz angesiedelt sind, Geld verdienen, die Gewinne jedoch nicht versteuern müssen.

Mein Job ist nicht so gut bezahlt.

Pokern basiert wie viele Kartenspiele auf Wahrscheinlichkeitsrechnung und Psychologie. Bei meiner Mathematik-Abiprüfung habe ich nach dem Durchlesen der Aufgaben Stochastik abgewählt und tatsächlich lieber die Fragen in Geometrie und Infinitesimalrechnung beantwortet. Meine schauspielerischen Fähigkeiten im Schultheater wurden vom Kritiker – einem Lehrer, den ich für diese Beurteilung heute noch hasse – als »gepoltert und zu laut« abgetan. Mir fehlen demnach bereits die Grundfähigkeiten, um ein wirklich guter Pokerspieler zu sein. Pokern basiert auf Lügen und der psychologischen Fähigkeit, die Lügen der Mitspieler zu entlarven und anhand ihrer Reaktionen – und sei es nur ein Augenzwinkern – zu lesen, welche Karten sie haben. Da beim Pokern kaum gesprochen wird, geht es um Körpersprache. Überhaupt funktioniert die menschliche Kommunikation laut mehreren Studien zu mehr als 90 Prozent nicht über die Bedeutung der Worte, die gesagt werden, sondern über den

Klang der Sprache, vor allem aber über Gestik und Mimik. Ein Zucken der Augenbraue kann eine Lüge entlarven, ein Klopfen mit dem Fuß ebenso, und Gänsehaut sowieso. Man muss nur darauf achten.

Die Psychologin Marie-France Cyr schreibt in »Die Wahrheit über die Lüge« darüber, wie man körperliche Aktivitäten einschätzen und so Lügen entlarven kann. Ein Zeichen für Lügen sind etwa herumwurstelnde Hände – was beim Pokerspiel nichts hilft, weil jeder Spieler mit den Chips spielt und somit ständig wurstelt.

Ich habe mich ja in den vergangenen Tagen mit der Ehrlichkeit angefreundet, sodass ich nicht herumzuwursteln brauche, sondern konzentriert auf die Reaktionen der anderen achten kann. Ein guter Pokerspieler achtet natürlich bei jedem Spiel auf die Reaktionen der anderen, aber wie schon erwähnt bin ich kein guter Pokerspieler. Und ich werde ein noch schlechterer werden, weil ich ehrlich sein muss. Es ist erstaunlich, wie plausibel manche Ideen klingen, wenn sie einem durch den Kopf strömen – und wie bescheuert sie sind, wenn es an die Ausführung geht. Beim Pokern ehrlich sein ist noch dümmer, als im Bundestagswahlkampf ehrlich sein. Oder als gegenüber seiner Frau ehrlich sein, wenn sie fragt, ob sie einen dicken Hintern hat – wobei ich hier anmerken möchte, dass, wer hier ehrlich zu sein vermag, in der Kirche eine Kerze aufstellen oder am besten gleich den Jakobsweg ablaufen möge.

Selbst Brad Blanton, der Erfinder der *Radical Honesty*, gab in einem Interview zu, bei zwei Dingen in seinem Leben nicht die Wahrheit zu sagen: beim Golfspiel und beim Pokern – was mich kurz grübeln ließ, über welche Art von Golf Blanton da sprach. Doch das soll nun nicht interessieren, es geht ums Pokern. Tja, Mister Blanton, Mister Truth Doctor, das werde ich nun doch einmal versuchen. Ich will wahrhaftiger sein als der Begründer der radikalen Wahrhaftigkeit.

Ich setze mich an den Tisch, zwinkere Marina zu und mache Witze über Ralf ob seines Hemds: »Thomas Gottschalk hat angerufen, er will sein Shirt zurück.« Er weist mich darauf hin, dass ich die »Der-und-der-hat-angerufen«-Witze viel zu häufig gebrauche und darüber hinaus Ehrlichkeit nicht mit dummen Sprüchen verwechseln soll. Außerdem sei ich immer noch fett.

Auch meine Frau glaubt nicht wirklich daran, dass ich heute erfolgreich sein kann. Als ich ihr verkündete, beim Pokern einen Abend lang nur die Wahrheit zu sagen, lachte sie: »Wo ist da der Unterschied zu sonst? Du verspielst Geld, kommst sauer nach Hause und hast wieder nichts gelernt.« Unter Androhung von Arbeitsverweigerung im Haushalt verlasse ich die Wohnung. Ich lege ihr einen kleinen Zettel auf den Tisch, auf dem steht: »Ich hab' dich lieb, auch wenn Mitarbeiter- und Ehemannmotivation nicht zu deinen Stärken gehört!« Als ich aus der U-Bahn steige, bekomme ich eine SMS von ihr: »Viel Glück. Ich verkaufe jetzt mal was bei Ebay, damit wenigstens einer in der Familie heute Abend Geld verdient.« Wer so eine Ehefrau hat, der muss an ein glückliches Leben nach dem Tod oder mindestens an eine Wiedergeburt als König glauben.

Zurück zum Tisch: Die Runde beginnt unspektakulär, ich werfe die meisten meiner Karten weg und gewinne einige unbedeutende Einsätze. Hin und wieder verliere ich, ohne dass es jemanden interessiert. Es ist wie sonst auch. Mir wird fast ein wenig langweilig. Pokern kann eine ziemlich zähe Angelegenheit werden, wenn man keine anständigen Karten bekommt

Nach etwa einer Stunde bekomme ich meine erste Chance: Ich entdecke bei den Karten, die ich sehe, zwei Könige. Dieses Paar gehört zu den besten Starthänden, die es im Pokern gibt. Ich sollte mich an den Rat aus den Pokerlehrbüchern halten: kleiner Einsatz, unschuldiger bis gelangweilter Gesichtsausdruck. Das kann ich heute nicht tun, denn ich muss die Wahrheit sagen. Ich nehme einen Schluck von meinem Bier und verkünde stolz: »Zwei Könige!« Zu den Blinds von 50 Cents lege ich einen Euro, ich erhöhe auf 1,50 Euro. »Da werdet ihr kaum eine Chance haben!« Ich freue mich über die Könige, ärgere mich aber, dass ich wie ein Hofnarr verkünden muss, dass ich sie habe.

Kai sieht mich an, als hätte ich ihm gerade erzählt, dass Murmeln eine richtige Sportart wäre. Ralf, Patrick und Milan werfen kommentarlos ihre Karten in die Mitte und unterhalten sich über kürzlich angelaufene Filme. Uli geht nach einigem Zögern mit, Tom wirft sofort Chips in die Mitte. Er sagt, nachdem er einen kräftigen Schluck aus seinem Weinglas genommen hat: »Raise auf vier Euro!« Er sieht mich dabei an wie ein Teenager, wenn er seinem ärgsten Feind verkündet, dass er mit dessen Freundin geschlafen hat. Ich gehe mit, Uli auch. Von Marie-France Cyr habe ich gelernt, dass Toms Einsatz und der übertrieben starre Blick in die Augen eine Drohgebärde ist, die nicht wirklich ernst zu nehmen ist.

Ich weiß nicht, welche Karten die anderen haben. Mein Herz pocht, mein linker Oberarm zuckt, obwohl ich es tunlichst vermeiden wollte. Ich versuche, meine Emotionen zu kontrollieren, obwohl ich es nicht müsste. Die anderen wissen doch ohnehin, welche Karten ich habe. Ich könnte also genauso gut gelassen herumsitzen. Aber das funktioniert nicht, ich bin einfach zu nervös, wenn es darum geht, ein paar Euro zu gewinnen oder zu verlieren.

Uli – er ist in diesem Spiel der Geber – deckt die ersten drei Karten auf: ein Ass, eine Zwei, ein König. Ich habe einen Drilling, nur das Ass bereitet mir ein wenig Kopfzerbrechen. Sollte jemand zwei Asse in der Hand halten, habe ich kaum eine Chance. Aber die Wahrscheinlichkeit, dass jemand zwei Asse auf die Hand bekommt, ist verschwindend gering. Um genau zu sein: 0,454 Prozent. Tom wirft sofort drei Euro in die Mitte, was mich kaum verwundert, weil er das immer tut und weil er aus seiner ersten Drohgebärde nicht mehr herauskommt. Uli wirft seine Karten weg. Ich sehe Tom an und sage: »Tom, ich habe einen Drilling! Drei Könige! Ohne zwei Asse auf der Hand hast du keine Chance!« Es scheint Tom nicht zu stören, selbst als ich auf sechs Euro erhöhe, geht er immer noch mit und versucht, mich abwechselnd mit seiner Uhr und dem Weinglas zu blenden.

Die folgenden Karten sind eine Vier und eine Neun, also keine Gefahr auf eine Straße oder einen Flush, auch ein Full House ist nicht möglich. Ich sollte die stärkste Hand haben. Ich sage Tom noch einmal: »Tom, ich habe einen Drilling!« Ich sehe ihn an wie das Mädchen in der achten Klasse, der ich versichern wollte, dass ich in kein anderes Mädchen verliebt bin. Es lässt ihn ebenso kalt, wie es das Mädchen damals kalt gelassen hat. Tom geht eine weitere Erhöhung mit und deckt auf: ein Ass und eine Zwei. Er hat nur zwei Paare. Ich gewinne.

Ich nehme die Chips und sage: »Spinnst du? Du hattest doch überhaupt keine Chance! Die Wahrscheinlichkeit, dass du gewinnst, war verschwindend gering und rechtfertigt überhaupt nicht den hohen Einsatz!« Ich sehe zu Patrick, der zustimmend nickt und mich so wissen lässt, dass mein Vorwurf berechtigt war. Mit dieser Bestätigung sehe ich Tom an. Der nimmt einen Schluck Wein: »Ich hab's dir einfach nicht geglaubt.« Ich denke, entgeisterter als in diesem Moment habe ich in meinem Leben nur geguckt, als ich von der Wiederwahl George W. Bushs im Jahr 2004 erfahren habe.

»Aber ich habe dir doch gesagt, dass ich heute die Wahrheit sage!«

»Macht nichts, ich hab's trotzdem nicht geglaubt.«

Ich fühle mich, als wäre ich Josef Schmitz oder Willi Eisenring im Roman »Biedermann und die Brandstifter« von Max Frisch. Darin gehen zwei Brandstifter in das Haus von Gottlieb Biedermann und verkünden ihm, das Haus anzünden zu wollen. Der glaubt den Pyromanen nicht und kommt schließlich im Feuer um. Einer der wichtigsten Sätze im Roman lautet: »Scherz ist die drittbeste Tarnung. Die zweitbeste: Sentimentalität. Aber die beste und sicherste Tarnung ist immer noch die blanke und nackte Wahrheit. Die glaubt niemand.«

Max Frisch ist ein Genie. Es war nicht nur so, dass Tom mir trotz meiner Ankündigung die Wahrheit nicht geglaubt hat, er hat auch noch mehr als zehn Euro dafür bezahlt, um es herauszufinden.

Von diesem Moment an werden alle Mitspieler am Tisch verrückt. Bei jeder Hand, an der ich in irgendeiner Form beteiligt bin, fragen sie mich: »Was hast du? Was hast du?« Ich antworte ehrlich – und kann erkennen, wie sie danach zu überlegen beginnen, und es wirkt, als würden sie dem Hamster in ihrem Gehirn befehlen, noch ein wenig schneller zu treten. Dann legen sie meist das Gesicht in Falten und schütteln den Kopf – oder sie entspannen total und ziehen einen Mundwinkel nach oben.

Sie merken nicht, dass sie in diesem Moment ehrlicher sind, als ich es jemals sein könnte. Weil sie sich nur darauf konzentrieren, ob ihre Hand besser ist als das, was ich ihnen gesagt habe, verraten sie mir ihre Karten. Deshalb steige ich aus, wenn ich das Gefühl habe zu verlieren, und bleibe dabei, wenn ich einen Sieg vermute – und werde so plötzlich zu einem grandiosen Pokerspieler, auch weil ich mich nicht mehr darum kümmern muss, was die anderen von mir denken. Ich spiele einfach – und auf einmal liegen statt 20 nun 75 Euro in Chips vor mir.

»Ist ein Architekt anwesend? Ich kann die Dinger kaum noch stapeln...«

Ich denke, dieser kleine Witz würde die Runde auflockern.

»So ein Scheiß, Schmieder«, brüllt Uli. »Halt endlich die

Fresse. Es interessiert keine alte Sau, welche Karten du hast! Wie geht mir das auf die Nerven, und dann gewinnt der auch noch!«

Uli kann anscheinend genauso gut verlieren wie ich.

»Dann fragt mich halt nicht. Ihr seid selbst schuld.«

»So ein Quatsch, das mach keinen Spaß.«

Ein anderer stimmt ihm zu: »Das ist wirklich eine komische Pokerei.«

Ich merke, dass die Stimmung eindeutig gegen mich ist – und da ich weiß, dass Wut ein schlechter Freund beim Pokern ist, freue ich mich umso mehr und spiele einfach so weiter. Ehrlichkeit ist ein toller Begleiter, denke ich mir.

Als ich erhöhe und sage: »Das ist eigentlich doof, weil ich nur eine Herzsieben und eine Kreuzdame habe«, steigen alle anderen aus. Entweder hatten sie noch schlechtere Karten als ich – oder sie glaubten mir meine Wahrheit nicht. Ich nenne die Spieler nur noch »Biedermänner«. Wahrheit beim Pokern macht Spaß – vor allem, wenn sie einem keiner glaubt.

Gegen zwei Uhr nachts ist es dann so weit: Ich habe fünf Bier getrunken und schiele auf meine Karten, als ich die Zehn und das Ass entdecke. Nur Ralf geht mit – es kommt zum bereits angedeuteten Showdown.

Ich versuche, Ralf anhand von Cyrs Regeln zu »lesen«. Sein klopfender Fuß ist ein Zeichen für den Wunsch, den Gegner anzugreifen, sein nach vorn geneigter Oberkörper ebenfalls. Er dreht seine Schultern von mir weg, was bedeutet, dass es ihn kaum interessiert, was ich zu sagen habe. Er atmet ruhig, er zwinkert nicht, er hat keine rote Gesichtsfarbe. Er will mich unter Druck setzen und fürchtet kein Unheil. Kein gutes Zeichen für mich.

Mein innerer Lügendetektor sagt mir, dass Ralf die besseren Karten hat und ich aufgeben sollte. Andererseits: Selbst ausgefeilte Detektoren können sich irren. Die Psychologin Isabelle Bourdial bestätigte, dass eine Lügendetektor-Software dem damaligen US-Präsidenten Bill Clinton glaubte, als der behauptete, keine sexuelle Beziehung zu Monica Lewinsky gehabt zu haben.

Ich wüsste nur zu gern, welche Karten Ralf in der Hand hält. Warum nur musste ich ihm sagen, was ich habe? Ich versuche es mit Mathematik: 35 Euro in einen Pott, in dem derzeit 55 Euro liegen. Es wären 35 in einen 90-Euro-Pott – das bedeutet, mir würde eine 38,8-Prozent-Chance genügen, damit es sich rechnet. Aber wie hoch ist die Wahrscheinlichkeit, dass er einen Flush hat, also fünf Karten der gleichen Farbe? Ab diesem Zeitpunkt wird es mir zu hoch, ich denke lieber wieder an Wahrheit, Psychologie – und Freundschaft.

Ralf nämlich gehört zu jenen Menschen, denen es wichtig ist, von ihren Kollegen und Freunden respektiert zu werden. Er kann deshalb nur schlecht verlieren und sich auch in der Arbeit kaum einen Fehler eingestehen – eine Eigenschaft, die noch in einem anderen Kapitel deutlicher wird. Aufgrund seines Männerstolzes ist es für ihn das Schlimmste, die Karten umzudrehen und zu verlieren. Er weiß jedoch, dass meine Bereitschaft zu verlieren noch geringer ist als seine. Wir sind zwei Menschen, die permanent Schwanzvergleiche durchführen und niemals den Kürzeren ziehen wollen. Was also will mir Ralf mit seinem »All-In« sagen? Soll ich wegwerfen oder dabei bleiben?

»Verdammt, Ralf! Was hast du? Schlägst du meine Straße?«

Er sieht mich an, wie er mich seit fünf Minuten ansieht.

»Schau es dir halt an!«

Sein Fuß klopft auf den Boden.

»Verdammt!«

»Tja, ich will nicht wissen, was du hast, das posaunst du ja fröhlich raus. Aber du erfährst nur, was ich habe, wenn du Chips in die Mitte wirfst.«

Ralf weiß, wie er mich ködern kann.

Aber es hilft nichts, alle Indizien sprechen gegen mich. Er

wird besser sein als ich, und ich habe keine Lust, 20 Euro dafür zu bezahlen. Ich werfe meine Karten weg und sage: »Verdammt, ich kann nicht mitgehen.«

Ralf grinst und dreht seine Karten um: eine Herzzwei und eine Herzdrei. Er hat nur ein Paar. Sonst nichts. Ich hätte eindeutig gewonnen.

Er hat mich gebluflt. Einfach so. Er rollt sich eine Lucky-Luke-Zigarette und zündet sie lässig an. Marie-France Cyr nennt das »männliches Revierverhalten«, ich nenne es »einen Ralf bauen«. Die anderen Spieler am Tisch lachen. »So spielt man einen aus, der ehrlich sein will. Großartig!«, ruft Uli.

Ich sage: »Du Hund. Du hättest viel Geld verloren. Du bluffst doch sonst nie! Du willst doch nie verlieren!«

Er sieht mich an: »Aber ich wusste auch, dass du dich nicht traust. Ich musste dich nur glauben machen, dass ich besser bin als du. Das ist mir eindeutig gelungen, mein Freund. Das nennt man Psychologie.«

Ich wurde ausgespielt wie ein Anfänger.

»Hättest du mir nicht gesagt, was du hast, dann hätte ich mich nie getraut, den Bluff zu starten. So jedoch wusste ich, dass du nachdenkst und am Ende die Karten wegwirfst.«

Ich schlage die Hände über dem Kopf zusammen, während Ralf die Chips einsammelt und sich mit den anderen Spielern abklatscht. Mit seiner Lüge hat er mich und die Ehrlichkeit besiegt.

Der Abend geht weiter, die Mitspieler haben den »Biedermann-und-die-Brandstifter«-Effekt mittlerweile kapiert und nutzen es aus, dass ich immer nur die Wahrheit sage. Ich verliere nicht viel, weil ich nur dann spiele, wenn ich wirklich gute Karten habe. Ich kann aber auch nicht viel gewinnen, weil meine Gegner nicht mehr den Fehler machen, mich falsch einzuschätzen. Am Ende des Abends habe ich insgesamt fünf Euro gewonnen – und sieben Bier auf Ulis Kosten getrunken. Im Gegensatz zu anderen Abenden, an denen durch meine mangelnde Spielkunst mehr als

40 Euro in Ulis Taschen wanderten. Das erkennt auch Uli an: »Du hast heute gut gespielt, das habe ich dir gar nicht zugetraut.« Patrick ergänzt, dass er auch mathematisch keinen Fehler erkannt hatte, während er seine Chips zu einem Empire State Building formt.

Für diese Aussagen wünsche ich den Kindeskindern meiner Pokerkumpels Fußpilz und wandere nach Hause. Dort gehe ich nicht ins Bett – auch um mir den schadenfrohen Blick meiner Frau zu ersparen –, sondern ins Internet und melde mich bei einer Pokerplattform an. Ich will wissen, wie Fremde reagieren, wenn ich, durch Anonymität geschützt, ehrlich meine Karten verrate, und hoffe, durch meine Max-Frisch-Taktik das eben Verlorene wieder hereinzuspielen. Mein Benutzername ist *Finn4815*, mein Bild eine philippinische Flagge, das soll Tarnung genug sein.

Pokern im Internet hat den verwirrenden Effekt, dass es den Spieler glauben macht, es sei kein echtes Geld, worum da gespielt wird. Man schiebt keine Geldscheine in die Mitte und auch keine Chips, die man dafür bekommen hat, dass man Geldscheine dafür getauscht hat, sondern man klickt mit der Maus auf einen Button. Und wenn das Geld verbraucht ist, dann klickt man zweimal mit der Maus auf andere Buttons, und schon wird Geld vom Kreditkartenkonto abgebucht. Es ist virtuelles Geld – nur die Abrechnung am Ende des Monats ist verdammt real. Ich habe ja die These aufgestellt, dass Online-Pokerplattformen die erfolgreichsten und vor allem profitabelsten Banken der Welt sind. Die Spieler zahlen Geld auf ein virtuelles Konto ein, belassen es dort zinsfrei und heben in den seltensten Fällen etwas ab. Aber das wollen wir nicht vertiefen.

Was ich amüsant finde, ist die Warnung bei jedem Einloggen: »Glücksspiel kann süchtig machen.« Ich würde gerne mal eine Studie lesen, die aufzeigt, wie viele Menschen vor dieser Warnung tatsächlich zurückschrecken: »O mein Gott, süchtig! Da gehe ich lieber wieder zurück und sehe fern!« Es sind wahrscheinlich genauso viele, wie es Teenager sind, die angesichts der Homepage-Warnung »Klicken Sie hier, wenn Sie 18 Jahre alt sind« sagen: »Ooops, ich bin erst 17, da lasse ich das mal lieber mit den Bildern von nackten Frauen.« Da finde ich die Warnungen auf Zigarettenschachteln schon drastischer: »Raucher sterben früher« steht da, was ich sehr sympathisch finde, weil es ehrlich und leicht zu merken ist – obwohl ich auch in diesem Fall kaum glaube, dass ein Raucher eine Schachtel Zigaretten kauft, sie sich ansieht und dann sagt: »Ach du Scheiße, ich sterbe eher! Die Schachtel werfe ich lieber mal weg!« Aber die Sprüche sind wirklich gut, und ich frage mich manchmal, wer sie sich ausgedacht hat – weil sich in Deutschland eigentlich nur Guido Westerwelle so plakative Sachen ausdenken kann.

Aber zurück zur Online-Pokerplattform, deren Hinweis mich nicht aufhalten konnte. Ich setze mich virtuell an einen Tisch mit dem Namen *Canonia II fast*, an dem vier weitere Spieler sitzen, *die leguuu, tajtrey, Chester7144* und *Bodyman34* heißen. In das Chatfenster tippe ich ein: »Guten Abend, kleines Experiment: Ich sage euch alle Karten, die ich habe.«

Keine Antwort.

Nach einer halben Stunde, die an Langeweile und Monologen kaum zu überbieten war, bekomme ich tatsächlich zwei Asse auf die Hand. Ich tippe ein: »Ich habe zwei Asse.« Ich setze drei Euro. Drei Spieler gehen mit, was mich verwundert die Augen reiben lässt. Ich schreibe: »Hallo? Zwei Asse!«

Keine Antwort.

Nachdem alle Karten aufgedeckt sind – ich habe ein drittes Ass und zwei Neunen bekommen, was ein fast unschlagbares Full House bedeutet –, gebe ich ihnen noch eine Chance: »Full House!!!« Ich drücke auf den Knopf, der mich virtuell alle Chips in die Mitte schieben lässt. Das sind immerhin 20 Euro insgesamt. Nur klackert es nicht so schön wie bei echten Chips, es macht vielmehr ein Geräusch, als würde man mit dem Fingernagel über eine Raufasertapete streifen. Zwei Spieler gehen mit. Einer hat zwei Paare, der andere ein Full House mit drei Neunen und zwei Assen. Ich bin der Sieger. 60,75 Euro wandern auf mein Konto, 40,75 Euro davon sind Gewinn.

Ich schreibe: »Ich habe es euch gesagt!«

Die Antwort von *Chester7144*, dessen Profilbild übrigens ein Foto von Heath Ledger als Joker ist: »Fuck you!«

»Warum hört ihr nicht auf mich?«

Nun schreibt auch *Bodyman34*, dessen Profilbild einen alten Mann – wahrscheinlich ihn selbst – zeigt: »Fuck you!«

Und schon sitze ich allein am Tisch, alle anderen sind gegangen.

Ich tippe: »Ihr Loser! Ihr könnt wohl nicht mit Wahrheit umgehen! Im Internet ist wohl keiner gerne ehrlich oder was?« Aber das liest keiner mehr.

Ich versuche es noch an anderen Tischen, als Ergebnis gibt es zwei Varianten: Die Menschen mit den komischen Namen und den noch komischeren Profilbildern reden nicht miteinander, sie verwenden nicht einmal Begriffe wie »Anna Kournikova« oder »Set«. Und da heißt es in der Werbung immer, auf den Pokerportalen könne man chatten und Freunde treffen. In Wahrheit trifft man hier nur Menschen, die alle Suchtwarnungen ignorieren und wortlos Chips umherschieben. Es gibt nur Reaktionen, wenn es um viel Geld geht. Wenn ich gewinne, werde ich beschimpft und allein gelassen. Verliere ich, werde ich wahlweise als »Hofnarr« und »Vollidiot« verspottet. Ich muss zugeben, dass Letzteres einmal häufiger vorkommt und ich morgens um sechs Uhr mit einem Verlust von zehn Euro dasitze.

Ich freue mich dennoch, dass mir Ehrlichkeit beim Pokern nicht geschadet hat – und werde nur ein wenig stutzig bei dem Gedanken daran, welch schlechter Pokerspieler ich an den anderen Abenden sein muss, an denen ich lügen darf.

Und ich frage mich, wie Ehrlichkeit bei anderen Kartenspielen wie Schafkopfen oder Skat funktioniert. Falls Sie Lust darauf haben, probieren Sie es aus und schreiben mir, wie es war.

Ich kuschle mich zu meiner Frau ins Bett, sie wacht gerade auf.

»Und?«

»Ich war besser als sonst! Ich habe den ganzen Tisch durcheinandergebracht, die waren total von der Rolle. Das mit der Ehrlichkeit hat prima funktioniert.«

»Wie viel hast du gewonnen?«

»Nichts, nur ein bisschen verloren.«

Sie kann nur mit Mühe einen Lachkrampf verhindern.

Ich drehe mich um, schlafe ein – und träume von einem glücklichen Leben nach dem Tod oder zumindest einer Wiedergeburt als König.

Kapitel 14
Tag 28 – Ehrlich in den Ausschnitt starren

Die Frau macht eine Verrenkung, die ich noch niemals live gesehen habe – einmal habe ich sie in einer Zeitschrift entdeckt, die man erst ab 16 Jahren kaufen darf, und ein andermal in einem Film, für den man ins das rot eingefärbte Nebenzimmer einer Videothek gehen musste. Wie die Musik von Metallica ist auch diese Verrenkung live doppelt so gut wie nur medial vermittelt.

Die Frau liegt auf dem Bauch und spannt ihre Beine so über den Rücken, dass die Fersen ihre Ohren berühren. Ihren Oberkörper biegt sie nach oben und berührt mit den Händen ihre Knie, sodass die Männer in ihren Ausschnitt linsen können. Sie könnte glatt als menschliches Hamsterrad durchgehen. Sollte Ihnen beim Lesen nun der dritte Lendenwirbel herausgesprungen sein oder Sie im Duden unter »Bandscheibenvorfall« nachschlagen oder gleich das wunderbare Buch »Tanz den Fango mit mir« meines lieben Kollegen Christian Zaschke hervorkramen, dann kann ich Ihnen versichern, dass diese Übung orthopädisch korrekt ist und nicht nur in Lehrbüchern über ausgefallene Stellungen bei der Paarung sexuell äußerst aufgeschlossener Menschen auftaucht.

Sie trägt eine schwarze Sporthose, die zweimal zu heiß gewaschen wurde, und ein weißes Grobripp-Oberteil, das man eher bei einem dickbäuchigen Mann auf der Couch beim Sportschau-Gucken vermuten würde. Normalerweise würde man sich bei der Kombination dieses Outfits darüber wundern, was sich die Trägerin nur dabei gedacht hat, als sie es morgens aus dem Kleiderschrank zog. Die Frau sieht darin atemberaubend aus, weil sich darunter nicht nur die chirurgisch korrekten Brüste abzeichnen und sich ein flaches Sixpack andeutet, sondern weil auch zu sehen ist, dass sie den Körperfettanteil von Nicole Scherzinger unterbietet.

Ich habe wirklich versucht, mich an die vom Trainer geforderte Atemtechnik (»Bei Anstrengung einatmen, beim Lockerlassen ausatmen«) zu halten, was für einen Menschen wie mich nicht einfach ist, weil ich 29 Jahre lang zu den Anstrengungs-Ausatmern und den Lockerlassen-Einatmern gehörte. Seit Monaten will ich dem Trainer sagen, dass es doch vollkommen egal ist, wann der Mensch einatmet und wann er ausatmet, solange er überhaupt atmet, aber ich will nicht als Banause gelten. Außerdem würden mich die anderen Kursteilnehmer mit diesem mitleidig-arroganten Blick ansehen, wie sonst nur Veganer blicken, wenn sich jemand ein Schnitzel bestellt. Also atme ich ein, wenn ich eigentlich ausatmen möchte, und umgekehrt.

Dann aber setzt der bei Männern angeborene Pawlow'sche Reiz ein, dass sie auf eine wohlgeformte Brust starren müssen, wenn sich im Umkreis von fünf Metern zufällig eine befindet.

Ich bemerke, dass ich nicht der einzige Mann bin, der sich taktisch klug verhalten hat, sondern dass dies auch viele andere Männer im Raum getan haben. Ich habe die perfekte Position und einen brillanten Blickwinkel. Das menschliche Auge ist dankenswerterweise so konzipiert, dass es die gestrandeten Wale und Männer mit moosartiger Rückenbehaarung hinter der hübschen Frau einfach ausblendet und sich ganz und gar auf die sekundären Geschlechtsmerkmale der Frau fokussiert. Es ist wie Ein- und Ausatmen, und weil einem keiner befiehlt, dass es effektiver wäre, auf die unattraktiven Menschen zu achten, funktioniert es prima.

Neben mir liegt Alex, ein mir äußerst sympathischer Fitnessstudiobegleiter. Er hat das gleiche Outfit wie die Frau, was seine moosartige Rückenbehaarung betont. Er trägt sein Shirt und das darunter hervorlugende Fett jedoch so offensiv, dass man es einfach wunderbar finden muss. Er ist eine menschliche Kugel, bezeichnet sich selbst als »Gesamtkunstwerk« und ist deshalb nicht selten mit einer hübschen Frau anzutreffen. Außerdem bittet er mich vor jedem Besuch des Studios, ihm nur ja mitzuteilen, falls er zu dünn geworden sei.

Ich gebe vor, diese rückendefinierende Übung zu versuchen, sehe dabei allerdings nicht aus wie ein Hamsterrad, sondern eher wie ein Blauwal, der versucht, durch wippende Bewegungen zurück ins Meer zu gelangen. Die pralle Form meines Bauches verstärkt den wippenden Effekt und sorgt für ein Geräusch, das frisch gekaufte Turnschuhe auf Parkett machen. Mein Rücken ist nicht moosartig bedeckt, aber ich trage dennoch ein T-Shirt, um möglichst viel zu bedecken und möglichst wenig zu schwitzen. Ich gehöre zu den Gestalten, die vom Auge der anderen Teilnehmer glücklicherweise ausgeblendet werden. Wenn sie mich beachten, dann nur, weil ich das mit dem Ein- und Ausatmen nicht draufhabe.

Ich bin im Fitnessstudio und nehme gerade an einem Kurs teil, der *Power-Abs* heißt. Die Leute hätten ihn auch »kraftvolle Bauchmuskeln« nennen können, aber im Fitnessstudio wird Englisch gesprochen, weshalb die anderen Kurse auch *Hot Iron* heißen und *Aqua Gym* und *Rock your Body*. Eingehende Recherchen meinerseits haben ergeben, dass kein Fitnessstudio deutsche Begriffe verwendet und dort selbst das Mineralwasser aus der nördlichen Oberpfalz *Oxygen Powered Water* genannt wird.

Der Kurs findet in einem Raum statt, an dessen Wänden

überdimensionale Spiegel und in dessen Mitte vom Boden bis zur Decke reichende eiserne Stäbe angebracht sind. Es läuft Musik von Eric Prydz, Paris Hilton und Justin Timberlake, das Licht flackert wie in einer Disko der 80er-Jahre. Wenn ich nicht damit beschäftigt wäre, die Verrenkung der jungen Frau zu studieren, würde ich mir überlegen, dass man diesen Raum in 30 Minuten in eine Tabledance-Bar umdekorieren könnte und so das Studio auch zu nächtlicher Zeit noch Ertrag bringen könnte. Nur so eine Idee.

»Komm schon, hoch mit dir!«, brüllt eine Stimme, die mich an den Ausbilder im Film »Full Metal Jacket« erinnert – die hübsche Frau kann das also nicht sein. Ich drehe mein linkes Auge nach oben – schielenderweise erkenne ich noch Nuancen der Frau, was mich noch mehr für die Funktionalität des menschlichen Auges begeistert – und sehe den Typen, der diesen Kurs leitet. Er trägt ein hautenges Shirt, aus dem die Muskeln quellen, wobei die Oberarme aussehen wie die Wülste eines Kinderplanschbeckens, das man zu fest aufgepustet hat. Sein Rücken wäre moosartig bewachsen, würde er sich dort nicht häufig rasieren, wie die kleinen Pickel auf seiner Steckdosenbräunung verraten.

Ich habe nun drei Optionen, mich aus dieser Lage zu befreien. Die erste und naheliegendste wäre, angestrengt zu gucken, den Oberkörper nach oben zu wuchten und dabei auszuatmen. Die zweite wäre, den *Drill Instructor* darauf hinzuweisen, dass die hübsche Frau auf der Matte liegt, die ich für gewöhnlich benutze, und mich das irritiert. Vielleicht wäre die Frau so perplex, dass sie mit mir die Plätze tauscht, mich ungestraft auf ihre Brüste starren und sie mich vielleicht sogar anfassen lässt – ich meine, sie steht ja in meiner Schuld, seit sie auf meiner Matte ist.

Ich wähle Option drei.

»Bleib locker, Ronny Weller«, sage ich. »Und lass mal ein bisschen Luft aus deinem Oberkörper raus. Außerdem ist es völlig schnuppe, wann der Mensch ein- und ausatmet.

Ich bin froh, dass ich überhaupt noch atmen kann bei den Übungen.«

Unglücklicherweise macht Justin Timberlake in diesem Moment eine künstlerische Pause, sodass zumindest der zweite Teil meiner Ansage für alle um mich herum verständlich gewesen sein muss. Er sagt nichts, sondern lässt nur seinen linken Bizeps um etwa die Hälfte anschwellen, was ihn wie das Mensch gewordene Michelin-Männchen aussehen lässt und mich einerseits in Erstaunen über die Dehnbarkeit der menschlichen Haut versetzt, ich andererseits als Aufforderung zum Weiterreden interpretiere.

»Ich will meinen Oberkörper nur so weit nach oben wuchten, damit ich der Granaten-Frau hier in den Ausschnitt gucken kann. Oder warum glaubst du, dass sich vor dir noch vier Männer exakt hier positioniert haben?«

Ich wende mich an die Frau, die ihre Hamsterrad-Stellung aufgegeben hat, nun auf dem Bauch liegt und mich so anstarrt, wie ich sie vor dreißig Sekunden angestarrt habe – nur dass ihr Blick nicht sabbernd und geifernd ist, sondern eher überrascht und vielleicht auch ein wenig angewidert. Ich glaube, dass es nicht an meinem Astralkörper liegt und auch nicht an dem vollgeschwitzten schlabberigen Shirt, das mir vor zwei Jahren tatsächlich gepasst hat, jetzt aber bei unglücklichen Bewegungen die weiße Kugel unter meinen Männertitten freilegt. Sie wundert sich wohl über das versteckte Kompliment – also erkläre ich ihr das noch einmal. Obwohl ich mich kurz verfluche, nicht Option zwei gewählt zu haben.

»Sorry, aber du siehst fantastisch aus. Die Jungs hier werden das bestätigen, sie gucken dich auch schon die ganze Zeit an – und ich würde mich wundern, wenn du das nicht bemerkt hättest. Natürlich sind wir zu feige, dass wir dich ansprechen, weil im Fitnessstudio jemanden anzusprechen ebenso unpassend ist wie im Schalke-Fanblock einen Dortmund-Schal zu tragen. Also starren wir dir lieber auf die

Titten, ohne was zu sagen. Ich meine, sonst sieht man so was ja nur im Tabledance-Laden.«

Die Jungs neben mir haben die Gesichtsfarbe englischer Touristen auf Mallorca bekommen und üben sich in entrüsteten, erstaunten und unschuldigen Gesichtsausdrücken – was ihnen nicht wirklich gelingen will. Sie versuchen, überall hinzusehen, nur nicht auf die Brüste der Frau – was ungefähr so erfolgreich ist, als würde man sich selbst dazu zwingen, in Anwesenheit einer dicken Frau auf das Wort »fett« zu verzichten. Es geht ihnen wie »Austin Powers« im dritten Teil, als er einen Kollegen nicht auf dessen riesige Warze ansprechen darf.

Jetzt, da ich ohnehin schon in der Scheiße sitze, will ich noch einen draufsetzen und sage noch einen ehrlichen Satz: »Ich glaube, dass ein paar von ihnen sogar an dich denken, wenn sie onanieren.« Ich weiß, damit verstoße ich gegen die Regel, keine Behauptungen aufzustellen und emotionslos ehrlich und bei den Fakten zu bleiben. Außerdem ist der Spruch sexistisch und für das feine Ohr im Ekelbereich angesiedelt. Aber ich war ohnehin bei Option drei, und wie viel schlimmer kann es denn werden?

Nun hat auch die hübsche Frau die Gesichtsfarbe englischer Touristen, ich glaube, dass sie nun nicht mehr gerührt ist von meinem Kompliment, sondern eher peinlich berührt von der Onanie-Sache.

Im Hintergrund singt Justin Timberlake weiter, ich glaube, es sind die passenden Worte: »I'm gonna have you naked by the end of this song.« Eine rundliche Frau im Hintergrund versucht sich immer noch an der Übung. Der Kursleiter steht vor mir und sagt nichts. Ich glaube aber, dass er sauer ist. Die Ader an seiner linken Stirn pulsiert jedenfalls furchterregend, ich habe Angst, dass sie platzen könnte.

»Sorry, ich bin nur ehrlich. Muss ich sein. Keine Lügen während der Fastenzeit. Also noch mal in Kurzform: Du geile Sau, wir notgeile Spanner. Feige, aber wahrscheinlich kurz vor der Erektion – weshalb uns das Wippen so schwerfällt.«

In Hollywood-Filmen bekommt man in diesem Moment eine gescheuert oder zumindest einen Drink ins Gesicht gekippt wie Dustin Hoffman in »Tootsie« – im wahren Leben tut sich erst mal gar nichts. Meine verbale Inkontinenz bleibt zunächst ungestraft.

Der Kursleiter hat inzwischen seine Fassung und auch seinen Wortschatz wiedergefunden.

»Okay, dann wäre das ja geklärt. Können wir jetzt weitermachen?«

Ich sehe mich im Kursraum um. Inzwischen haben alle aufgehört, sich in dieser Kamasutra-Übung zu versuchen, und sehen uns an. Aber keiner sagt etwas, nicht einmal Alex beschwert sich.

Ich stehe auf.

Justin Timberlake singt: »Gentlemen, good night.«

»Nein, mir reicht's für heute. Mein Bedarf an hübschen Frauen ist für heute gedeckt. Ich muss ja auch noch was trainieren. Euch noch viel Spaß.«

Justin Timberlake singt: »Ladies, good morning.«

Ich gehe zur Tür. Niemand sagt etwas.

Justin Timberlake singt: »Yeah, yeah.«

Ich gehe hinaus.

Das Lied ist vorbei.

Mein Auftritt auch.

Zum Mitglied des Monats werde ich wohl nicht mehr gewählt.

Ich setzte mich auf einen Hometrainer und beginne zu treten. Wenn man da so sitzt und strampelt und ansonsten nichts zu tun hat, dann sieht man nicht den keuchenden Mittvierziger neben sich oder die Hausfrau mit verwegenem türkisen Shirt, sondern man sieht auf das Display und wundert sich. Ich werde nirgendwo ankommen, so schnell und so lange ich auch trete. Ich bleibe immer auf der Stelle, nur die Anzeige vor mir will mir erzählen, dass ich schon zwei Kilometer gefahren sei, und das mit einer Durchschnittsgeschwindigkeit von 23 Kilometern pro Stunde. Ich spüre nicht einmal den Windzug, der einem beim Fahrradfahren gewöhnlich ins Auge bläst. Ich sehe nicht Bäume oder gar einen See, sondern schwitzende Menschen an Geräten, die nach Eisen riechen.

Das sagt einem nur keiner beim Unterschreiben des Vertrags.

Mir sind Fitnessstudios suspekt, weil sich mir der Sinn nicht vollständig erschließt. Ich kann auf einem Laufband 20 Minuten lang bei einer Geschwindigkeit von 14 Stundenkilometern rennen – ich musste jedoch noch nie um mein Leben laufen und sehe auch nicht ein, dass mir diese 20 Minuten im Ernstfall weiterhelfen würden.

Ich schaffe 60 Kilogramm beim Bankdrücken, habe mich aber in der Hochzeitsnacht geweigert, meine Frau über die Schwelle zu tragen – was allerdings auch an meinem Promillegehalt lag. Ich halte es 30 Minuten auf dem Rudergerät aus, bin mir aber sicher, niemals mit einem Boot über die Themse zu fahren oder an einer Regatta teilzunehmen. Die einzigen Gründe, so ein Studio zu besuchen, sind Eitelkeit und die Hoffnung, dass die Leute nicht mehr glauben, ich würde an offener Lungentuberkulose leiden, wenn ich die Treppe benutze. Ich bin hier, weil ich es nicht leiden kann, dass meine Frau mir ständig in die Hüften kneift – und weil sie letztes Jahr ein Osterei an meinen Bauch gehalten hat mit der Begründung, dass es glänzen würde, wenn man es mit Fett einreibt. Ich habe schon erwähnt, dass ich grundsätzlich gern verheiratet bin, oder?

Der Besuch im Studio ist reine Selbstbefriedigung, weil man nach dem Training in den Spiegel schauen kann und feststellt, dass der Bizeps um 0,2 Zentimeter gewachsen ist und die Fettpolster um die Hüfte nicht mehr ganz so schwabbelig sind. Es ist Onanie vor dem Spiegel.

Fehlt nur noch, dass man sich am nächsten Tag Blumen schickt.

Außerdem fühle ich mich in diesem Studio wie ein Außenseiter. Es gibt die 20-jährige Frau an der Eingangstür mit dem fantastischen Arsch, die mich immer mitleidig anlächelt, wenn ich hereinkomme – so wie Jungs auf dem Bolzplatz ein Mädchen anlächeln, wenn es fragt, ob es mitspielen darf. Sie wird ständig angeflirtet von den muskelbepackten Chauvi-Trainern, sie kann nicht ausweichen, weil sie eben am Eingang stehen muss und deshalb nicht wie in einer Diskothek so tun kann, als würde die beste Freundin auf sie warten. Ich habe sie freilich noch nie angesprochen, sondern ihr nur meine Mitgliedskarte gereicht, die sie dann durch eine Maschine zieht, wobei sie ein Geräusch erzeugt, das einer Supermarktkasse nicht unähnlich ist.

Dann wackle ich gewöhnlich in die Umkleidekabine. Ich trotte hinein und bekomme zuerst eine Prise des Geruchs in die Nase, der in der Umkleidekabine eines Fitnessstudios in der Luft liegt. Es riecht wie eine Mischung aus Douglas-Teenager-Abteilung und nasser Hund. Am Ganzkörperspiegel steht meist ein Mitglied mit 8oer-Jahre-Batik-Ballonhose und prüft den korrekten Sitz der Oberarmmuskulatur. Auch heute. Ich gehe zu ihm, klopfe ihm auf die Schulter und sage: »Schon knackig. Aber ich bin leider nicht schwul.« Dann gebe ich ihm einen Klaps auf seinen Hintern. Er öffnet seine Augen, wie sonst nur ein Koboldmaki auf Mindanao seine Augen öffnet, kann aber nichts sagen.

Weiter hinten stehen zwei ältere Menschen, denen man ansieht, dass sie früher Fußballtrainer und noch früher würdige Vertreter der Spezies des Kreisliga-Spielmachers waren. Sie unterhalten sich über Frauen, die sie wahrscheinlich früher wirklich einmal beim Rendezvous ausführen durften. Daneben steht ein Mann, dessen Körperfettanteil den der vorhin erwähnten hübschen Frau noch unterbietet. Er sagt nichts, sondern hört den Männern nur zu und nickt gelegentlich. Dann gibt er den beiden etwas zu trinken. Ich denke mir: Wenn man dessen Meinung zu einem Thema hören will, dann muss man wahrscheinlich seine Frau oder die beiden anderen fragen.

Ich ziehe mich um, nicke den zwei älteren Herren anerkennend zu und trotte zum Fahrrad ohne Räder, von dem ich den Eindruck habe, dass es mich nicht leiden kann. Einmal ist das Pedal abgebrochen, einmal zeigte es die Kilometer nicht an, meistens geht der Ton beim eingebauten Fernseher nicht. Es mag mich nicht, dieses Fahrrad. Es macht auf mich jedes Mal den Eindruck, als würde es mich wütend ansehen – und wenn ich nach 20 Minuten absteige, dann seufzt es erleichtert. Irgendwie sind sich das Eichhörnchen auf meinem Balkon und das Fahrrad nicht unähnlich.

Nach zehn Kilometern auf dem Hometrainer, bei denen ich lediglich die stinkende Luft meiner Nebenleute eingeatmet habe, bewege ich mich zum Freihantelbereich. Er riecht wie in einer Schwimmhalle, die Geräusche ähneln denen in einer Schmiede. Wenn jemand eine Hantel fallen lässt, dann hört es sich an, als würde jemand einen Hammer auf einen Amboss fallen lassen.

Ich muss vorbei an Geräten, die im Mittelalter als Folterinstrumente durchgegangen wären: Ein Mann ist in einer Höhe von einem Meter waagerecht eingespannt, als würde er gleich gestreckt oder geviertteilt werden. Dann presst er seinen Körper zusammen und liegt in Embryonalstellung da, eher er sich wieder komplett ausstreckt. Dabei macht er Geräusche, als würde er an einem Monica-Seles-Screamalike-Contest teilnehmen. Er trägt Kleidung, die man im Mittelalter Menschen angezogen hat, die gestreckt oder geviertteilt wurden, und die heute nur noch Menschen tragen, die die Sexualstellung »gestreckt und geviertteilt« versuchen wollen. Immerhin passt sein Stöhnrhythmus zum Lied aus den Lautsprechern, in dem Lady Gaga ihr Pokerface besingt.

Diese Geräte machen mir eher Angst. In Gedanken habe ich jedes Mal eine *Bild*-Schlagzeile vor mir: »Dicker Mann von Fitnessgerät gevierteilt« oder »Finger abgerissen« oder »Mann auf zwei Meter zehn gestreckt«.

Ich bleibe kurz stehen vor einem Gerät, an dem eine Frau sitzt und eine Stange herunterzieht. Ein Mitarbeiter des Fitnessstudios steht neben ihr und korrigiert ihre Haltung. Das ist einerseits löblich, hat für ihn aber auch den Vorteil, dass er wie eine Krake an Körperstellen herumfummeln darf, die ich bei meiner Ehefrau in aller Öffentlichkeit nicht berühren dürfte. Im Vorbeigehen sage ich: »Komisch, dass du mich nicht antatschst, wenn du meine Haltung korrigierst – oder eher: wenn du bei Männern überhaupt mal was korrigieren würdest.« Ich blinzle ihm kurz zu, gehe dann aber schnell weiter, weil er kurz vor einer Halsschlagaderzerrung steht – Fitnesstrainer haben anscheinend eine Vorliebe für ausgeprägte Halsschlagadern – und ich natürlich keine Lust darauf habe, schon wieder eine Faust an meiner kurzen Rippe zu spüren. Außerdem muss ich mich zügeln, ich wollte doch keine Menschen mehr beleidigen. Ich sollte doch mittlerweile wirklich etwas gelernt haben während des Projekts.

Vor dem Spiegel im sogenannten Freihantelbereich – die Verantwortlichen bezeichnen diese Zone komischerweise nicht mit einem englischen Namen wie *Free Weight Pushing* – steht ein Mann in rosa 80er-Jahre-Batikhose und schwarzem Muskelshirt. Er sieht aus wie ein Würfel mit Füßen, seine Oberarme haben den Umfang meiner Oberschenkel, sein Hals auch. Er presst Hanteln nach oben, auf denen eine »50« aufgemalt ist, manchmal knirschen seine Zähne oder die Gelenke seiner Ellbogen, möglich wäre beides. Ich gehe zu den Gewichten und nehme zwei Stangen, die nicht einmal die Hälfte von seinem Gerät wiegen. Ich zwinkere ihm zu. Er sieht mich an, wie ein Mann einen anderen ansieht, wenn der ihm verkündet, dass er den Boxkampf von Regina Halmich am Abend vorher toll fand.

Ich versuche dazuzugehören.

Ich schiebe meine Ärmel so hoch, dass zumindest meine Unterarme sichtbar werden. Mit selbstsicherem Grinsen hebe ich die Hanteln nach oben, nach fünf Wiederholungen stehe ich kurz vor einem Fingerkrampf. Immerhin ist mein Stöhnen mit einer Mischung aus Leiden und Testosteronüberschuss beinahe professionell. Ich sorge sogar dafür, dass eine Schweißperle von meiner rechten Augenbraue tropft.

Aus den Lautsprechern dröhnt »Creep« von Radiohead.

Er sieht mich so an, wie alle deutschen Männer während des EM-Halbfinales 2008 geguckt haben, als im halben Land plötzlich der Strom ausfiel.

Radiohead singen: »What the hell am I doing here?«

»Was ist?«, frage ich.

Er sagt: »Nichts, alles in Ordnung. Du machst die Übung nur falsch, und außerdem benutzt du Gewichte, die selbst für meine Freundin lachhaft sind.«

Klar, er will mich herausfordern.

Wahrscheinlich hat sich auch er vorgenommen, in der Fastenzeit ehrlich zu sein.

Radiohead singen: »You're just like an angel.«

Ich weiß, ich sollte mich für den nett gemeinten Hinweis bedanken. Es ist doch eine schöne Geste, wenn ein Fortgeschrittener einem Anfänger wie mir hilft. Wieder habe ich drei Optionen, mich aus der Sache herauszureden. Die richtige Antwort wäre gewesen: »O danke. Zeigst du mir, wie man es richtig macht? Ich kann wirklich Hilfe gebrauchen. Außerdem sind deine Muskeln fantastisch definiert.« Das würde zeigen, dass ich etwas gelernt habe, dass ich ehrliche und nette Komplimente austeilen kann. Aber ich bin einfach nicht in der Stimmung, am liebsten würde ich sagen: »Weißt du, ich will nicht so aussehen wie ein aufgepumpter Traktorreifen, der sich vor lauter Kraft nicht mehr bewegen kann und nicht nur keinen Sex bekommt, sondern vor lauter Oberarmen auch seinen Schwanz nicht mehr berühren kann.«

Beide Antworten wären ehrlich.

Radiohead singen: »I wish I was special.«

Ich erkenne: Manchmal gibt es zwei Aussagen, wie sie unterschiedlicher kaum sein können – und doch ist jede auf ihre Art ehrlich. Ehrlichkeit ist eine Freundin – aber sie kann eine gute und eine böse Freundin gleichzeitig sein. Ich fühle mich wie in einem Comic, bei dem auf den Schultern des Protagonisten ein Engel und ein Teufelchen erscheinen. Mein Vorteil ist, dass ich mich nicht entscheiden muss, ich darf einen diplomatischen Mittelweg finden. Option Nummer drei.

»Sorry, mein Freund. Normalerweise wäre ich dir echt dankbar für den Hinweis. Aber ich bin heute unglaublich schlecht gelaunt – und gerade habe ich eine Frau sexistisch angesprochen und einen Fitnesstrainer beleidigt. Lass es gut sein heute.«

Er sieht mich an mit einem Blick, für den der Begriff »ratlos« erfunden wurde.

Hinter ihm taucht die Frau auf, der ich beim Kurs in den Ausschnitt gestarrt habe. Ich habe aber auch ein beschissenes Karma, seit ich das mit der Ehrlichkeit versuche.

Sie streichelt erst seinen Bauch, dann seine Oberarme. Dann küsst sie ihn auf die Wange. Er gibt ihr einen Klaps auf den Arsch und mustert mich kurz. Die Frau zwinkert mir zu, wie eine Frau einem Mann zuzwinkert, um ihm anzudeuten, dass sie nicht einmal dann mit einem ausgehen würde, wenn alle anderen Männer an ansteckenden Sexualkrankheiten leiden würden.

Er sagt: »Na dann halt nicht…«

Sie flüstert ihm etwas zu und sieht mich an.

Er sieht mich an.

Ich glaube, dass er in diesem Moment auch drei Optio-

nen prüft, wie es weitergehen könnte. Dann küsst sie ihn und zieht ihn weg von mir. Option drei. Sie gehen und lassen mich stehen wie Cristiano Ronaldo seine Gegenspieler.
Ich hebe die Hanteln noch zweimal.
Radiohead singen: »Whatever you want.«
Ich höre auf.
Und während ich mit um den Hals geschlungenem Handtuch, hängenden Schultern und gesenktem Kopf wie ein Boxer nach einer verheerenden Niederlage in Richtung Umkleidekabine trotte, singen Radiohead: »I don't belong here.«

Kapitel 15

Tag 29 – Der ehrlichste Mensch der Welt

Ich bin aufgeregt. Im positiven Sinn, so wie ein Mensch aufgeregt ist, wenn er zum ersten Mal nach Disneyland oder ins Fußballstadion darf. Ich werde heute mit meinem Vorbild der vergangenen 29 Tage sprechen, dem Begründer der Bewegung *Radical Honesty*, dem »Pope of no Hope«, dem wohl ehrlichsten Menschen auf diesem Planeten. Ich werde mit Brad Blanton sprechen. Von Angesicht zu Angesicht. Der Mann hat Bücher über Ehrlichkeit geschrieben, die in neun Sprachen übersetzt wurden – über Ehrlichkeit an sich, über Ehrlichkeit in der Kindererziehung, über Ehrlichkeit zu Gott. Der Mann ist Psychologe, Politiker und Papst seiner eigenen Religion. Wie soll man auch nicht nervös sein, wenn man so einen trifft?

Ich bin natürlich nicht nach Amerika geflogen. Zum einen ist mir das zu teuer, zum anderen veranstaltet Blanton derzeit keine Workshops. Die moderne Technik macht es möglich, dass sich zwei Menschen treffen und von Angesicht zu Angesicht unterhalten können, und da ich kein paranoider Kulturpessimist bin, finde ich diese technischen Möglichkeiten großartig. Warum sollte man eine Erfindung auch nicht großartig finden, bei der man seine besten Freunde treffen kann, ohne aus dem Haus zu gehen? *Skype* ist etwas Wunderbares, auch wenn meine Frau lange Zeit sauer war, dass ich es geschafft habe, betrunken ins Bett zu kommen, ohne in der Kneipe gewesen zu sein.« »Online-Stammtisch«, sagte ich nur.

Blanton hat für den Kongress von Virginia kandidiert – und immerhin ein Wahlergebnis von 25 Prozent geschafft –, er veranstaltet Workshops, die sich tagelang hinziehen, Tausende von US-Dollar kosten und bei denen man sich irgendwann einmal nackt ausziehen muss. Ich habe grundsätzlich nichts dagegen, mich nackt auszuziehen, schließlich war ich Oberligafußballer. Wenn Sie nicht wissen, warum Oberligafußballer gerne nackt sind, dann will ich das hier auch nicht verraten.

Auf Fotos sieht er aus wie eine Mischung aus Wanderprediger und Hinterbankpolitiker. Sein Lächeln ist so ins Gesicht getackert wie bei einer Hostess bei den Olympischen Spielen 2008 in Peking. Ich habe ein paar Videos von ihm auf *YouTube* gesehen. Er ist mir unsympathisch; selbstgefällig sitzt er da vor seinen Büchern und redet, als hätte er gerade das Rad, das Feuer oder zumindest das ins Gesicht getackerte Lächeln erfunden. Er wirkt, als hätte er die Wahrheit für sich gepachtet – okay, das denkt er wahrscheinlich wirklich, sonst hätte er kaum sieben Bücher darüber geschrieben, die Untertitel haben wie »Wie Wahrheit sagen Ihr Leben verändert« oder »Ehrlich zu Gott: Ein Wandel des Herzens kann die Welt verändern« oder »Sieben Schritte zu einer funktionierenden Familie in einer dysfunktionalen Welt«. Er spricht mit tiefer Stimme und einer Überzeugung, die sonst nur Sektenführer oder Fußballmanager oder Regionalpolitiker haben. Manchmal kratzt er sich am Sack.

»*Radical Honesty* kann die Welt verändern«, sagt er einmal – und ich kann es ihm nicht einmal als Provokation oder Größenwahn auslegen. Er glaubt wirklich daran, wie auch Motivationstrainer in den 90er-Jahren daran glaubten, bevor sie am Neuen Markt ihr Geld verloren und im Gefängnis landeten. Die Verkaufszahlen seiner Bücher bestärken ihn in dieser Einsicht. Zu einem Workshop wollte ich dennoch nicht. Vorerst nicht. Nicht, dass ich ein Problem damit hätte, mich nackt auszuziehen – ich habe Angst davor, während des Trainings einen Mitgliedsvertrag bei Scientology zu unterschreiben oder zumindest einen Bausparvertrag. Also erst mal ein persönliches Gespräch.

Natürlich hat Blanton die Ehrlichkeit nicht erfunden – ich weiß nicht, wer sie erfunden hat, aber bei der Lüge habe ich den dringenden Verdacht, dass es eine Frau im Paradies war. Blanton hat Ehrlichkeit lediglich in einer Zeit, in der die Lüge jeden Aspekt der Welt und des Lebens beherrscht, wiederentdeckt, ihr eine Bedeutung gegeben und für seine Zwecke genutzt. So gesehen ist er tatsächlich ein Papst. Und ich bin quasi einer seiner Jünger.

Er scheint das mit der Ehrlichkeit doch sehr ernst zu nehmen, und auch seine eher erfolglosen Kandidaturen für verschiedene politische Ämter finde ich amüsant. Aber in vielen Videos wirkt er doch arg arrogant, er kokettiert ständig mit seiner Ehrlichkeit, und irgendwie bin ich neidisch, dass er einen Haufen Geld allein damit verdient, dass er ehrlich ist und Bücher darüber schreibt. Ich habe 150 Dollar bezahlt für eine einstündige *Coaching Session*, und ich habe in der E-Mail nicht erzählt, dass es mal eine Geschichte darüber geben wird. Ich will nicht, dass er voreingenommen ist. Ich will ein normaler Kunde sein, ein normaler Anhänger seiner Bewegung. Am Nachmittag kaufe ich mir noch ein Headset, weil ich vergessen habe, dass an meinem Computer das Mikrofon nicht funktioniert.

Es ist kurz vor Mitternacht, als ich ihn anrufe. Er nimmt ab, und ich sehe einen Mann, der mich anlacht. Er nimmt seine Mütze ab, rückt seine Brille zurecht und fummelt in seinem Ohr herum. »Ich komme gerade vom Golfspielen«, sagt er und lacht, wie ein Mensch lacht, der seinen Kumpels gerade 100 Dollar beim Spielen abgeluchst hat. Seine Stimme ist unfasslich tief, er spricht, wie Opas mit einem sprechen, wenn sie was Lustiges zu erzählen haben. »Wie geht's dir?«, fragt er – und lacht wieder. Scheint ja ein fröhlicher Mensch zu sein. Ich meine, er hätte ja auch grimmig dreinschauen und mich angrunzen können. Allen, die nun einwerfen, dass ich schließlich 150 Dollar bezahlt habe und er dafür wenigstens freundlich zu sein hat, rate ich, einmal einen Tennislehrer in München zu buchen, ihm 150 Euro zu bezahlen und dann die Stunde abzuwarten.

Dieser Ehrlichkeitspapst, man kann es nicht anders sagen, hat einen so entwaffnenden Charme, dass man ihn mögen muss. Und ich hatte mir doch vorgenommen, ihn erst einmal unsympathisch zu finden. Das funktioniert nicht. Er kommt live anders rüber als in den Internet-Videos.

Nach kurzem Smalltalk eröffne ich ihm, dass ich es seit einigen Wochen versuche mit der Ehrlichkeit. Ich berichte von den Erlebnissen am ersten Tag und auch von meinem Verrat an Niko am dritten Tag. »Weißt du was?«, sagt er ruhig und mit noch tieferer Stimme. »Ich hätte erst einmal mit meinem Freund gesprochen und ihm gesagt, dass er ihr das gestehen soll. Schließlich ist das seine Aufgabe und nicht deine.« Ich nicke nur und denke mir, dass ich tatsächlich etwas lernen kann bei diesem Gespräch.

Ich sage: »Ich bin immer noch dabei, meine Grenzen zu erforschen. Und ich habe immer noch Angst vor den Konsequenzen meiner Ehrlichkeit.«

»Das ist völlig normal. Es liegt daran, dass wir in einer Gesellschaft eingesperrt sind, die uns bestimmte Verhaltensmuster aufzwängt. Du denkst immer an die Zukunft und daran, was die Leute von deinen Aktionen halten. Es geht um das Hier und Jetzt. Was geht jetzt in dir vor? Was siehst du genau jetzt?«

Er erzählt mir die Geschichte von der Tennisspielerin Billie Jean King, die von einem berühmten Journalisten direkt nach ihrem zweiten Wimbledonsieg interviewt wurde. »Wie haben Sie das gemacht«, wollte der Journalist wissen. »Ich sage dir, wie ich es gemacht habe, wenn du mich verdammt noch mal ausreden lässt«, war ihre Antwort. Sie sagte weiter: »Als ich hierherfuhr, bin ich hierhergefahren. Als ich mich umgezogen habe, habe ich mich umgezogen. Als ich auf den Platz ging, bin ich auf den Platz gegangen. Und als ich das Match gespielt habe, habe ich das verdammte Match gespielt.«

Ich muss erst einmal schlucken und will etwas sagen, doch Blanton spricht gleich weiter: »So ist es doch immer: Der Basketballer versenkt den entscheidenden Korb, und dann fragt irgendein Idiot, was er sich dabei gedacht hat, und der Typ erzählt dann irgendeinen Scheiß. Warum sagt er nicht einfach: ›Weißt du was? Einen Scheißdreck habe ich gedacht! Ich bin hochgestiegen und wollte den verdammten Ball versenken, sonst gar nichts!‹ Das wäre die ehrliche Antwort.«

Er lacht lange und laut – wie Opas lachen, wenn sie einen tollen Witz erzählt haben.

»Okay, bei einem Sportler funktioniert das. Aber nicht bei einem wie mir, der angestellt ist, der Kollegen hat und einen Chef. Ich bin schon aus einer Konferenz geflogen, weil ich unflätig war. Ich würde meinen Job gerne behalten.«

Ich erkenne am Bildschirm, wie er sich beinahe wegwirft vor Lachen. Das hat er anscheinend schon oft gehört.

»Aber warum hast du solche Angst?«

»Weil mir Ehrlichkeit schaden wird. Ich verliere meinen Job, meine Freunde, meine Frau! Ehrlichkeit in Maßen ist toll, aber in der Radikalität, die Sie fordern, ist es schädlich.«

»Aber nur kurzfristig. Wenn du deine Kollegen nicht einfach beschimpfst, sondern ihnen ehrlich deine Meinung und deine Gefühle mitteilst, dann werden sie es langfristig akzeptieren – und deine Beziehung zu ihnen wird sich verbessern. Du musst doch nicht gleich ausfallend werden.

Sag deine ehrliche Meinung, das genügt vollkommen. Vielleicht passiert es, dass sie dich wegen eines ehrlichen Wortes nicht mögen oder dass sie dich gar hinauswerfen. Vielleicht kündigst du aber auch, weil du die ganzen Lügen und die Schleimerei satt hast. Und vielleicht wird sich deine Situation dann deutlich verbessern.«

Es hört sich verdammt gut an, was er da sagt. Aber es hört sich auch verdammt gut an, was Politiker in Bierzelten so sagen. Es ist Blantons Hauptargument für viele Dinge: Ehrlichkeit mit Ehrlichkeit begründen – und wer mit Ehrlichkeit nicht umgehen kann, der möge sich Ohrenstöpsel besorgen. Ein verlorener Freund? Anscheinend egal. Eine Scheidung? Offensichtlich in Kauf zu nehmen. Eine Kündigung? Kein Problem.

Ich erkenne: Die Radikalität, mit der Blanton seine Ansichten vertritt, werde ich nur schwer erreichen – und auf keinen Fall ein Leben lang durchhalten können. Ich mag meine Freunde, meine Frau und auch meinen Job – und ich mag sie lieber als die Ehrlichkeit. Ganz ehrlich.

»Natürlich gibt es Momente, in denen ich lüge«, sagt er. »Beim Pokern zum Beispiel. Oder auch gegenüber der Regierung gehört es sich, sie anzulügen, weil sie auch nichts anderes tut.« Bei der Regierung gebe ich ihm teils recht und denke an die Steuererklärung; das mit dem Pokern hatten wir ja schon – wobei Blanton es grandios fand, dass mir keiner der Mitspieler meine Ehrlichkeit geglaubt hat. »Das ist großartig, das muss ich meinen Kumpels erzählen«, sagt er. Wieder lacht er lange und laut.

Er sagt, dass es durchaus erlaubt sei zu lügen, man solle nur sein Gegenüber darauf hinweisen: »Teile den Menschen doch mit, dass du die Hosen gestrichen voll hast und dich jetzt nicht traust, ehrlich zu sein! Und sage Ihnen, dass du Angst vor den Konsequenzen hast, wenn du genau jetzt die Wahrheit sagst. Das ist doch genau das, was dir in diesem Moment durch den Kopf geht.«

Ich stelle mir das als ziemlich lustige Situation vor: Bei jedem Gespräch weise ich mein Gegenüber darauf hin, dass ich Angst habe, ehrlich zu sein, und schließe mit der Begründung, mir gerade auch noch in die Hosen gemacht zu haben.

Aber grundsätzlich gebe ich Blanton wieder recht.

»Denke ich zu viel nach?«

»Das kann durchaus sein. Wir müssen uns befreien von diesen Zwängen, jedem gefallen zu müssen. Wir müssen uns überhaupt von Gesellschaften befreien. Wir müssen eine Post-Gesellschaft erreichen, eine Post-Religion.«

Ich sage ihm, dass mir das zu weit geht und mir Glaube und Religion nicht unwichtig sind – auch wenn ich die zu mir passende Religion immer noch suche. Er entgegnet: »Ich finde Spiritualität auch wichtig. Am christlichen Glauben etwa gefällt mir der Gedanke der Vergebung. Du solltest nach Schweden kommen, dort treffen jedes Jahr Menschen unterschiedlichster Religionen aufeinander und sprechen über Spiritualität. Und vielen wird dabei klar, dass es bei fast allen um Ehrlichkeit geht. Ich mag nur das nicht, was Religionen daraus machen.«

Er kratzt sich wieder am Ohr.

Wir sprechen noch eine Weile über Religion, Politik und Gesellschaft – und ich merke, dass mir seine Einstellung des radikalen Umsturzes doch ein wenig zu weit geht. Dann stoßen wir auf das Thema Ärger.

»Ich bin manchmal wirklich wütend, und dann platzen viele Dinge aus mir heraus. Manchmal schreie ich dann, meistens beleidige ich jemanden, es kam auch schon zu Handgreiflichkeiten. Ich bin in diesem Moment ehrlich, aber ich habe später das Gefühl, dass ich den anderen auch ungerecht behandle.«

Er schließt die Augen und überlegt. Er überlegt lange.

»Warum entkräftest du das Ganze nicht schon im Vorfeld? Es sollte nie so weit kommen, dass du explodierst. Warum sagst du dem anderen nicht öfter, was dir nicht passt? Ärger ist nichts Schlimmes, aber eine Explosion schon. Lass den Ärger vorher raus, dann gibt es keine Explosion.«

Er hat recht. Bei Konflikten werde ich schnell ungerecht und unsachlich. Ich krame Dinge hervor, die längst vorbei sind – anstatt mich auf das zu konzentrieren, was gerade passiert. Fünf kleinere Explosionen wären viel ratsamer als der eine Big Bang. Ich nehme mir vor, künftig noch ehrlicher zu sein – und dafür nicht so oft ungerechtfertigt zu explodieren und zu beleidigen.

»Bleib einfach locker und lebe im Hier und Jetzt«, meint er.

Die Stunde ist schneller vorbei, als ich gedacht habe – und ich muss gestehen, dass mir Blanton schließlich als überaus sympathischer Mensch begegnet ist. Man muss nicht alle seine Thesen und Theorien akzeptieren oder gar danach leben, aber nach einem Gespräch mit ihm fühlt man sich wirklich besser – und motivierter.

Ich lege auf und gehe zufrieden ins Bett – und ich nehme mir fest vor, einen seiner Workshops zu besuchen. Und mich dort auch nackt auszuziehen.

Kapitel 16

Tag 30 – »Werd' kein Arschloch«

Wie gut, dass wir in einem Hotelzimmer sitzen. Es gibt die verschiedensten Sorten Alkohol, das Bad ist sauber, und rauchen darf man auch noch – es ist fast wie zu Hause bei meinen Eltern, nur dass meine Mutter nicht herumwuselt und Wäsche aufsammelt.

Mein Bruder gießt uns scheußlichen Prosecco ein, was daran liegt, dass selbst die bestbestückte Minibar irgendwann einmal leer wird und in diesem Hotel der Zimmerservice nachts um zwei Uhr seine Arbeit einstellt. Es ist nun deutlich nach vier Uhr, nach Bier, Schnaps und Wein sind wir nun bei Prosecco angelangt. Ich habe mein Jackett ausgezogen, und weil ich so selten welche trage, bemerke ich nicht, dass es in der Position, in der es derzeit liegt, am nächsten Morgen noch zerknitterter sein wird als mein Gesicht.

Es ist der 30. Tag meines Projekts, am Wochenende ist Palmsonntag, und dann geht es auf die Zielgerade. Ich habe mir bereits überlegt, was meine erste Lüge sein könnte und wem ich sie erzählen werde. Ich bin ein wenig mutiger geworden mit der Ehrlichkeit, weil ich gesehen habe, dass sich die Dinge bisweilen sehr gut entwickeln, wenn ich ehrlich bin. Viele Menschen respektieren mittlerweile, wenn ich ehrlich zu ihnen bin, und auch ich profitiere davon, wenn mir jemand ehrlich seine Meinung ins Gesicht sagt. Ich kann vielleicht noch nicht behaupten, dass ich ein besserer Mensch geworden bin, aber ich habe das Gefühl, dass der Weg richtig ist. Trotz einiger Schmerzen bin ich mittlerweile davon überzeugt, dass es richtig war, dieses Experiment durchzuführen, und dass ich doch einige wichtige Dinge über die Menschen und das Leben gelernt habe.

Ich bin entspannt. Ich beleidige nicht mehr, sondern äußere meine Meinung ehrlich und meist emotionslos und hin und wieder gar mit einem Schuss ehrlicher Diplomatie. Die Welt ist vielleicht kein besserer Ort geworden, aber meine kleine Lebenswelt, die aus den verschiedensten Säugetieren und ein paar Fischen besteht, ist für mich wohnlicher und angenehmer geworden.

Ich sitze mit meinem Bruder in diesem Hotelzimmer, der Ausblick ist grandios, direkt vor dem Fenster verläuft eine befahrene Straße, weiter weg sind heruntergekommene Häuser zu erkennen. Es ist ein *Superior Room*, was mich grundsätzlich neugierig auf den Ausblick von einem *Standard Room* aus macht. Es stinkt nach Rauch und Desinfektionsmittel, an der Wand hängt ein Bild, das wohl nur in *Superior Rooms* von Hotels hängt und mich neugierig auf die Bilder in den *Standard Rooms* macht.

Ich bin der Nachzügler in unserer Familie, was mir einerseits behagt, weil Statistiken besagen, dass der Letztgeborene am längsten lebt. Andererseits konnte die späte Geburt auch zu einer nervigen Angelegenheit werden – vor allem in der Teenagerzeit, als Bruder und Schwester in der Disko feierten und ich allein daheim vor dem Fernseher sitzen musste. Der Letztgeborene hat außerdem in der Familienhierarchie wenig zu melden, wenn er dem Alter entwachsen ist, in dem einen alle süß und knuffig finden. Genauso war es bei meinem Bruder und mir. Weil ich neun Jahre jünger bin, gab es niemals einen Wettkampf, wer denn nun der Bessere war – ob nun beim Fußball, in der Schule oder bei Frauen. Es ging vielmehr darum, wer der Erste war. Das mündete in ein Hase-und-Igel-Spiel, bei dem die Rollen klar definiert waren.

Es lief so:

Als ich zehn Jahre alt war, sagte er: »Mach du erst mal Abi!«

Ich machte Abi und war besser als er.

Er sagte: »Spiel du erst mal bei den Erwachsenen Fußball!«

Ich spielte bei den Erwachsenen Fußball, zwei Klassen höher als er.

Er sagte: »Schaff du erst mal ein Studium!«

Ich schaffte ein Studium und schloss mit einer besseren Note ab.

Er sagte: »Arbeite du erst mal!«

Ich arbeitete.

Er sagte: »Heirate du erst mal!«

Ich heiratete.

Er sagte: »Bekomm du erst mal ein Kind!«

In ein paar Monaten bekomme ich ein Kind.

Er sagt: »Bekomm du erst mal ein zweites Kind!«

Wie soll ein Mensch da je mithalten, wenn der andere neun Jahre älter ist und stets auf Leistungen verweist, die der Jüngere einfach nicht vollbracht haben kann? Die späte Geburt ist eine Crux. Er führt bei dieser Diskussion gerne den Vergleich an, dass bei einem Auto auch nicht das Alter, sondern der Kilometerstand zählen würde – wobei er findet, dass sein Kilometerstand meinen um das Doppelte überschreitet. Ich bin natürlich anderer Meinung – nicht was den Vergleich angeht, sondern seinen und meinen Kilometerstand.

Ich muss vielleicht noch berichten, dass mein Bruder nicht nur ein gnadenlos guter Rhetoriker ist, sondern auch ein grandioser Fackelträger in eigener Sache – das bedeutet, dass er sein Licht nicht unter den Scheffel stellt, sondern gleichsam als grandios verzierte Lampe vor sich herträgt, weshalb er seinen Kilometerstand auch nicht als gewöhnliche Zahl angibt, sondern gravitätisch und verschnörkelt ausmalt wie die Initialen einer mittelalterlichen Handschrift.

Ich glaube, jeder Mensch kann über seine Geschwister Entsprechendes berichten, vielleicht in anderen Variationen, aber letztlich doch ähnlich. Chagall hat übrigens kein Bild zu Kain und Abel gemalt – ich frage mich seit Tagen, warum er darauf verzichtete.

Wir sitzen in einem Hotelzimmer, weil wir zuvor zu einer Whiskyprobe in der Münchner Kulturfabrik eingeladen waren. Im Gegensatz zu mir ist mein Bruder ein Kenner des Getränks, während ich mich eher zu den Freunden zählen würde. Er versicherte mir, dass sich auch bei übermäßigem Genuss kein allzu großer Rausch einstellen würde, sondern dass man einen Pegel erreicht, der den ganzen Abend über anhalten würde. Das hat nun zur Folge, dass wir beide körperlich und geistig derangiert auf unseren Sesseln lümmeln, Zigaretten der stärksten Sorte inhalieren, an einem Glas Prosecco nippen und uns hin und wieder wundern, wie stark befahren die Straße vor dem Fenster auch um vier Uhr morgens sein kann.

Ich habe diesen Tag für ein ehrliches Gespräch mit meinem Bruder ausgewählt. Ich war der Meinung, dass mir ehrliche Worte leichter von der Zunge gehen würden, wenn sie in Whisky getränkt sind – und ich glaubte, dass mein Bruder sie verdünnt mit einem zehn Jahre alten Single Malt leichter schlucken könnte. Außerdem war ich zu der Probe eingeladen und er sozusagen mein Begleiter, was meine Stellung an diesem Abend meiner Meinung nach anhob. Außerdem bin ich durch die Erfahrungen der letzten Wochen und das Gespräch mit Brad Blanton bereit, ihm meine ehrliche Meinung ins Gesicht zu sagen, ohne ihn dabei zu beleidigen und zu verprellen.

Wir haben an diesem Abend Amish Torrie getroffen, einen Mitarbeiter der gastgebenden Destille, der mit fantastischem schottischen Akzent mystische Geschichten von der Insel erzählte und von der dramatischen Rettung der traditionsreichen Destille berichtete. Neben uns standen Leute, die noch aufgeregter lauschten als wir und sich anscheinend blendend auskannten mit Whisky oder zumindest so taten.

In meiner Nase machte sich schon der Geruch des Whiskys breit, ein kleiner Schluck ließ ihn meine Speiseröhre hinunterbrennen. Ich brauchte einen Schluck Wasser, um überhaupt wieder sprechen zu können. Neben uns standen Männer im Anzug und Frauen in Abendkleidern. Gekonnt schwenkten sie das Glas und ließen das Getränk über die Zunge gleiten. Hin und wieder verschüttete einer etwas, was ich sehr sympathisch fand.

Sagen wir es so: In den 15 Minuten, die wir uns mit Torrie unterhielten, sagte ich nur »Hallo«, »Könnte ich Ihre Visitenkarte haben?« und »Bis bald«. Torrie sprach etwa zwei Minuten, der Rest gehörte ausschließlich meinem Bruder. Er berichtete von einer Whiskyreise nach Schottland mit einem Freund, erzählte die komplette Geschichte des Single Malt in der ausführlichen Version und erklärte dem staunenden Mitarbeiter der Destille, warum sein Unternehmen toll sei und der Whisky der beste überhaupt. Mein Bruder gab sozusagen eine rhetorische Bewerbung als Pressesprecher des Unternehmens ab.

»Der weiß jetzt den Namen des Kindes von deinem Kumpel«, werfe ich meinem Bruder nun in diesem Hotelzimmer zu. »Und du hast ihm drei Minuten lang erklärt, warum sein Unternehmen toll ist. Das ist seine Aufgabe und nicht deine.«

Mein Bruder sieht mich verwundert an: »Na und?«

»Weißt du denn überhaupt den Vornamen von dem Typen?«

»Nein.«

»Siehst du? Du hast nur geredet und keine Sekunde zugehört.«

Vielleicht sollte ich noch das »Schlag den Raab«-Profil meines Bruders erstellen.

- Philosophie
- Aristoteles-Zitate
- Weinsorten aus Italien und Deutschland
- 80er-Jahre-Rockbands
- Der Hamburger SV – gestern, heute und morgen
- Verhandlungstaktiken
- Wer übertreibt?

Mein Bruder sieht ein wenig aus wie der Schauspieler aus dem Film »Und täglich grüßt das Murmeltier«, der Bill Murray jeden Morgen mit den Worten begrüßt: »Na, wollen Sie sich das Murmeltier ansehen?« Er ist beleibt, sein lichter werdendes Harr kaschiert er durch eine Brille, für die Matthias Opdenhövel und viele Fernsehintellektuelle Plagiatsansprüche anmelden könnten. Er trägt außer HSV-Trikots nur Anzüge, darunter meist ein weißes Hemd und eine Weste und eine Krawatte auf halbmast. Beim Sprechen gestikuliert er meist, wie Pfarrer oder Unternehmensberater oder Motivationstrainer gerne gestikulieren; er legt oft Pausen ein, um das Gesagte wirken zu lassen, und sieht sein Gegenüber zur Unterstützung seiner Worte mit großen Augen durch die Intellektuellenbrille an.

»Was ist denn jetzt so schlimm daran?«, fragt mein Bruder und versucht, noch ein paar Tropfen aus der Minibar-Proseccoflasche zu klopfen.

»Du hörst nicht zu, sondern redest immer nur. Am liebsten hörst du dich selbst reden und ergötzt dich an deinen eigenen Weisheiten.« Ich versuche, ruhig und gelassen zu sprechen.

Mein Bruder wird nicht wütend, im Gegenteil. Er lehnt sich in seinen Sessel und zieht lange an seiner Zigarette: »Echt?«

Mit seiner verständnisvollen Reaktion bringt er mich

kurz aus der Fassung, was ich mit einem kräftigen Schluck korrigiere. Ich bemerke, dass ich den richtigen Ton getroffen habe, was mich einigermaßen verwundert.

»Ja, das ist wirklich so. Du musst anderen stets erzählen, wie toll du bist und was du alles erreicht hast und was du alles weißt.«

Ich muss kurz unterbrechen, weil ich rülpsen muss, wie wohl jeder Mensch rülpsen muss, wenn er ein Glas Prosecco mit einem Schluck leert. Ich glaube, dass im Nebenzimmer einer aufgewacht ist, zumindest höre ich ein Geräusch, als wäre jemand aus dem Bett gefallen. »Mir kommt es vor, als müsstest du ständig allen anderen beweisen, wie großartig du bist.« Den letzten Satz spreche ich ein wenig lauter und entrüsteter aus – aber ich glaube, ich bin noch entspannt genug.

Mein Bruder denkt kurz nach, dann lehnt er sich nach vorn.

»Aber du prahlst doch auch ständig rum!«

»Das liegt wohl in der Familie. Ich stelle mich hier nicht auf ein Podest und spreche aus dem Olymp zu dir. Ich sage dir nur, dass man sich immer ein kleines Stückchen kleiner und schlechter fühlt, wenn man sich mit dir unterhält.«

Er ist erstaunt: »Aber das will ich doch gar nicht!«

»Es ist aber so!«

»Aber warum darf ich denn nicht stolz sein auf das, was ich erreicht habe? Ich habe wirklich eine harte Zeit hinter mir und hart gearbeitet für das, was ich mir nun aufgebaut habe.«

Ich muss dazu sagen, dass er sieben Jahre lang katholischer Priester war und sich nach heftigen Kämpfen mit sich selbst dazu entschloss, das Amt niederzulegen, weil er sich verliebt hatte. Er kämpfte sich durch alle Widrigkeiten, gründete eine Familie und ist mittlerweile Professor. Seine Ehe läuft, so weit ich das beurteilen kann, äußerst harmonisch, er hat zwei wunderbare Kinder und kann beim Fußball immer noch mit filigranen Tricks glänzen, die bei diversen Hallenturnieren kennerisches Zungenschnalzen hervorrufen. So gesehen kann er wirklich stolz sein auf das, was er erreicht hat.

»Das will dir auch niemand absprechen. Aber du lobst dich nicht selbst, sondern immer nur das, was du hast. Du sagst nie: ›Hey, ich bin toll!‹ Du zeigst einem dein tolles Haus, dein riesiges Auto, dein Büro. Und du betonst andauernd, wie sehr andere dich loben.« Ich muss an dieser Stelle anfügen, dass ich einmal eine Vorlesung von ihm besucht habe und hinterher wirklich alle Studenten nur voll des Lobes über ihn waren. Mein Bruder lobt sich gerne selbst, was umso schlimmer wirkt, weil das Selbstlob berechtigt ist.

Immer noch ist mein Bruder mehr als gefasst.

»Wo ist der Unterschied zu dir?«

»Ich sage nur: ›Ich bin toll!‹ Das war's!«

»Ich kapier's nicht ganz.«

»Das ist einfach: Als du mir zum letzten Geburtstag ein Geschenk überreicht hast, durfte ich es nicht einfach aufmachen. Ich habe einen Vortrag bekommen, wie selten das Geschenk ist, wie schwer es zu bekommen und vor allem wie teuer es war. Es hätte doch einfach nur gereicht, es mir zu geben. So aber bekommt man fast ein schlechtes Gewissen.«

Er runzelt die Stirn und sieht an die Decke, an der ein kaputter Feuermelder hängt. Wie wohl der Feuermelder im *Standard Room* aussieht?

»Aber ich sage das doch, um zu zeigen, wie sehr ich dich schätze, wenn ich so etwas herschenke!«

»So kommt das aber echt nicht an, Mister Rhethorik!«

Wir müssen eine kleine Pause machen, weil sowohl Alkohol als auch Zigaretten fehlen. Wir tapsen hinunter an die Rezeption und erklären dem verdutzten Nachtmanager, dass zwei betrunkene Männer nachts um halb fünf dringend Wein oder Schnaps oder Bier brauchen und vor allem eine Schachtel Zigaretten. Offensichtlich übernachten in diesem Hotel nicht sehr oft Rockstars, denn er kann nur auf einen Zigarettenautomaten verweisen und auf die Minibar. Sein Gesicht wird noch verdutzter, als wir ihm eröffnen, die Minibar bereits leer getrunken zu haben und dass wir es sehr begrüßen würden, wenn er sie wieder auffüllen würde – und zwar jetzt. Nach einiger Überzeugungsarbeit – mein Bruder ist wie schon erwähnt ein gnadenlos guter Rhetoriker – sitzen wir wieder im Zimmer und sind ausreichend eingedeckt.

»Es ist interessant, das mal zu hören«, sagt mein Bruder.

Ich bin überrascht. Ich habe mit Widerspruch gerechnet, sogar mit einem Rauswurf oder mit Anschuldigungen. Aber er sitzt einfach nur da und hört mir zu.

»Du hast darüber hinaus auch die Gabe, dass andere Menschen sich schlecht fühlen. Ein Beispiel: Als ich mir ein neues Auto gekauft und stolz vorgeführt habe, da hast du gesagt: ›Na ja, ist halt eine typische Kutsche für die Ehefrau eines Steuerberaters.‹ Ist dir klar, wie herabwürdigend das ist? Sag doch einfach: ›Cooles Auto, alles in Ordnung, lass mich mal Probe fahren.‹ Und schon wären alle zufrieden gewesen. Aber du machst mein Auto herunter und betonst natürlich im selben Satz, wie zufrieden du mit deinem Auto bist.«

»Das habe ich wirklich gesagt? Im Nachhinein klingt das schlimmer, als ich es gemeint habe.«

»Du hast auch gesagt, dass es doch bescheuert sei, in München zu wohnen, und wie prima es doch auf dem Land sei.«

»Das war nur, weil du gesagt hast, wie langweilig es auf dem Land ist.«

»Aber ich habe dich nicht so runtergemacht. Ich habe gesagt, dass es mir in der Stadt gefällt, und habe nicht über das ländliche Leben geschimpft, das ist der Unterschied. Und noch was…«

Er lehnt sich wieder nach vorne und deutet mir an, dass er sehr interessiert ist an dem, was jetzt kommt. Verdammt, ist der verständnisvoll!

»Als wir vorhin darüber sprachen, wie viel ich verdiene,

sagtest du doch tatsächlich: ›Das ist doch kein Geld.‹ Weißt du, wie beschissen das ist? Und genau das hast du auch noch vor unseren Eltern gesagt und vor allem vor unserer Schwester. Weißt du eigentlich, dass die mit der Hälfte von dem, was du hast, auskommen müssen, und dann verkündest du ihnen, wie wenig das ist und dass du es schrecklich finden würdest, mit so wenig auskommen zu müssen! Weißt du, wie beleidigend und erniedrigend das ist? Die arbeiten genauso hart für ihr Geld, und dann wird ihnen von einem Schnösel erzählt, dass es doch hinten und vorne nicht reicht! Ganz ehrlich: Hanni und ich hatten monatelang keinen Bock mehr, euch zu besuchen, weil wir dann nur einen Text zu hören bekommen: Wie toll ihr seid und wie dumm wir eigentlich sind, weil wir in der Großstadt leben und nicht in einem so tollen Haus wie ihr! Deshalb haben wir Besuche mit fadenscheinigen Ausreden abgesagt, wir wollten einfach nicht.«

Gott, tut das gut. Ich habe nicht einmal ein schlechtes Gewissen. Ich bin nicht gemein oder verletzend, ich bin ruhig und ehrlich.

»Ich höre mir das wirklich genau an – weil ich das nie so gemeint habe«, sagt mein Bruder. »Das ist wichtig für mich, weil das so noch keiner gesagt hat.«

»Weil du meistens mit Leuten zu tun hast, die sich nicht trauen, dir mal zu sagen, dass du auf dem besten Weg bist, ein richtiges Arschloch zu werden.«

Er sieht mich ernst an: »Und bei dir ist das anders?«

»Wie ich schon sagte: Wir unterscheiden uns nicht wirklich voneinander. Ich bin ähnlich, genauso ein Arsch wie du. Aber ich habe Freunde, die mir mindestens einmal pro Woche sagen, dass ich ein schlechter Kartenspieler bin, dass ich ein Angeber bin, dass ich nicht intelligent bin. Die nennen mich nicht ›Herr Professor‹, sondern verarschen mich andauernd und sagen mir ihre Meinung ins Gesicht. Ich glaube, das fehlt dir!«

Er lehnt sich wieder zurück.

»Das kann wirklich sein.«

Ich bin erstaunt. Das Gespräch läuft überhaupt nicht in die Richtung, die ich prognostiziert hatte. Ich war vorbereitet auf einen handfesten Streit, auf das Abbrechen des Kontakts und auf ein Klären der ganzen Sache bei einem Gespräch, bei dem meine Mutter die Mediatorin gibt. Aber ich hatte niemals damit gerechnet, dass ich meinem Bruder diese Dinge an den Kopf werfen darf – und er sie sich anhört und darüber nachdenkt.

»Du sollst dich ja nicht grundlegend ändern«, sage ich. »Aber es wäre schön, auch mal die Leistung anderer anzuerkennen und sie zu loben und stolz auf sie zu sein.«

Nun unterbricht er mich zum ersten Mal.

»Aber ich bin verdammt stolz auf dich! Ich erzähle ständig von meinem Bruder, der einen tollen Job hat, prima schreiben kann und eine wunderbare Familie gegründet hat. Meine Freunde sind dann immer begeistert darüber, was aus dem kleinen Rabauken geworden ist. Manchmal gebe ich sogar mit dir an und prahle mit meinem Bruder herum!«

Das trifft mich nun noch härter, auch damit hatte ich keinesfalls gerechnet. Ich nehme einen Schluck Bier und zünde mir wieder eine viel zu starke Zigarette an, weil ich das erst einmal sacken lassen muss.

»Aber du prahlst schon wieder. Und zu mir selbst hast du das noch nie gesagt!«

»Das stimmt allerdings!«

»Hat es wirklich eine Flasche Whisky, Wein, Bier, Prosecco und ein Hotelzimmer gebraucht, dass wir nach 30 Jahren mal vollkommen ehrlich zueinander sein konnten?«

Er lächelt: »Sieht fast so aus!«

»Hat aber gut getan...«

Ich bin wirklich beeindruckt, weil ich nicht geglaubt hätte, dass Ehrlichkeit so befreiend sein kann. Und dass es der Beziehung zwischen zwei Brüdern derart gut tun kann, wenn sie vollkommen ehrlich zueinander sind. Wichtig war nur: Es war kein Streit, bei dem sich zwei anschreien und dann ausfällig und ungerecht werden. Es war ein Gespräch zweier halbwegs erwachsener Menschen. Wir unterhalten uns noch ein paar Stunden über unsere Eltern, über seine Frau, über meine Frau – dann beschließen wir, dass die aufgehende Sonne das Zeichen ist, endlich ins Bett zu gehen.

»Ich danke dir«, sagt er, als ich nach Hause gehen möchte. Ich sehe ihn an: »Ich dir auch!«

Und dann umarmen wir uns zum ersten Mal seit 15 Jahren, als er das entscheidende Tor bei einem Hobbyfußballturnier erzielte und sich wohl alle umarmten, die gerade nicht mit der Zunge schnalzten.

Ich fahre mit dem Taxi nach Hause, versuche erfolglos, durch minutenlanges Zähneputzen den Geruch aus meinem Mund zu bekommen, und lege mich zu meiner Frau ins Bett.

»Puh, was habt ihr denn alles getrunken?«, sagt sie.

»Whisky, Bier, Prosecco – und der Rauch!«

Der Mann einer schwangeren Frau hat keine Geheimnisse.

»Ja, war ein langer Abend.«

»Und, wie war es? Habt ihr gestritten?«

Sie hatte den Abend ebenso ausgehen sehen wie ich.

»Nein, er hat mir zugehört, geduldig und verständnisvoll.«

»Dein Bruder?«

»Ja, es war toll. Es war eines der besten Gespräche aller Zeiten.«

»Und du hast nicht übertrieben und hast ihn nicht beleidigt, wie du das sonst oft tust?«

Der Mann einer schwangeren Frau hat keine Geheimnisse.

»Nein, ich war nett. Ehrlich, aber nett. Keine Beleidigung, kein Brüllen, kein Streit.«

»Das freut mich, ehrlich. Du hast wirklich was gelernt.«

Sie steht auf, um in die Arbeit zu gehen. Ich lege mich schlafen, ich habe einen freien Tag. Ich habe wohl so laut geschnarcht, dass mein Vermieter gedacht hat, eine Kolonne Lkws würde am Haus vorbeifahren. Am Nachmittag jedenfalls spricht er mich auf den lauten Verkehr ein paar Stunden zuvor an.

Ein paar Tage später bekomme ich einen Anruf. Von meinem Bruder.

»Ich muss dir was erzählen. Ich habe natürlich meiner Frau von unserem Gespräch berichtet. Und weißt du was? Sie hat gesagt, dass du recht hast. Es war zwar drastisch, aber manche Dinge haben wirklich gestimmt. Dann sind wir zu Freunden zu einem Geburtstag gefahren, ich hatte ein tolles Geschenk dabei. Beim Auspacken habe ich natürlich erzählt, wie ich es gekauft habe und wie teuer es war. Da hat sie laut zu lachen angefangen und mir damit gezeigt, wie wahr es ist, was du gesagt hast. Das muss ich wirklich ändern.«

Ich kann kaum etwas sagen. Mein Gehirn braucht mal wieder ein wenig Zeit, um das Gesagte zu verarbeiten.

»Das Gespräch war wirklich großartig. Wir sollten so einen Abend wieder machen, das hat gutgetan. Nochmals danke!«

»Ja, ich fand es auch prima.«

Dann lädt er mich ein, in zwei Wochen zu ihm zu kommen und einen schönen Abend zu verbringen. Ich bin begeistert. Lügen mögen manche kritische Situation auflösen, sie mögen Kriege verhindern und das Zusammenleben erheblich vereinfachen. Nur kann keine Lüge der Welt ein ehrliches Wort ersetzen.

Ich brauche keine Ausrede, sondern sage nur: »Ja, wir kommen sehr gern!«

Kapitel 17
Tag 32 – Wahrheit und Arbeit

Ruth kennt keine Rücksicht. Sie fragt einfach weiter. Ohne Floskeln. Ohne Rücksicht. Ohne Taktgefühl.
»Wie viel verdienst du?«
»Denkst du, du wärst der bessere Chefredakteur?«
»Welchen deiner Kollegen würdest du rauswerfen?«
Ich muss jede einzelne Frage ehrlich beantworten.
Ruth arbeitet in der Kulturredaktion. Sie ist eine lustige Kollegin, die es zur Kunstform erhoben hat, zwischen einer und drei Minuten zu spät in Konferenzen zu kommen, was sie in meinen Augen sehr sympathisch macht, weil es alle anderen tierisch nervt. Sie stolziert dann zu einem Sessel und lässt sich lässig hineinfallen, damit auch der Letzte im Raum ihre Anwesenheit bemerkt.
Mein liebster Kollege Ralf behauptet, sie würde aussehen wie die Figur aus dem Film »Mars Attacks«, deren Kopf am Ende auf einem Stock herumgetragen wird. Ich finde, sie hat eher Ähnlichkeit mit der Schauspielerin Kate Walsh, die erst in »Grey's Anatomy« mitgespielt und nun die Hauptrolle in »Private Practice« übernommen hat. Sie ist bestens mit meiner Zimmerkollegin befreundet, und ich bin der festen Überzeugung, dass die beiden einen ernsthaften Wettstreit in der Kategorie Schnippigkeit ausfechten, wobei Ruth nach Punkten vorne liegt. Sie kann nett und umgänglich sein, wenn sie es will. Bei mir

will sie nicht allzu oft. Es könnte natürlich auch daran liegen, dass sie mich seit ein paar Wochen für einen schleimigen Lügner hält, weil ich zuerst in einem Anfall von Imponiersucht ihren Kleidungsstil gelobt habe – um ihn dann zu Beginn des Projekts vernichtend zu kritisieren. Warum sollte sie mich noch mögen?

Ruth braucht ein »Wer-wird-Millionär«-Profil, weil sie nie gegen Stefan Raab antreten würde:

- Alles, was in den 80er-Jahren populär war
- Haarfarben und Wimperntusche aller Nationen
- TV-Sendungen aller Art
- Münchner Nachtleben
- Kleine Hunde
- Karneval in Köln
- Französisches Essen

Es ist bereits der 32. Tag meines Projekts, als ich auf Ruth treffe. Ich bin den Kater losgeworden, der sich nach dem Abend mit meinem Bruder in meinem Körper eingenistet hat – Tomatensaft und zehn Klimmzüge mögen Wundermittel sein, sind aber nicht durch Kaffee und Aspirin zu ersetzen. Mein Bruder mag durchaus recht gehabt haben mit seiner Behauptung, dass Whisky keinen Kater verursacht. Aber die Mischung aus Wein, Bier und Minibar-Prosecco hinterher, verbunden mit einer Schachtel Zigaretten, lockt ein ganzes Rudel an Katern an, die es sich über Nacht gemütlich machen in so einem Kopf.

Nun aber bin ich wieder topfit und darf nicht vergessen, meinem amerikanischen Kumpel Joey zu danken, dass er mir damals die alles wegblasenden Kopfwehtabletten aus New York geschickt hat – und meiner besten Freundin Dani, einer Ärztin, die mir klargemacht hat, dass in Deutschland viel zu schwache Schmerzmittel verschrieben würden, die Menschen weiter Schmerzen hätten und deshalb mehrere Tabletten nacheinander einwerfen würden.«»Ein Mittel, das muss aber knacken«, sagt sie immer.

Ich bin in der Arbeit, und ich bin fit. Ich habe in den vergangenen Wochen bereits herausgefunden, dass ich mich in Konferenzen eher zurückhalten sollte. Jetzt geht es mir vor allem darum, zu erfahren, wie die zwischenmenschlichen Beziehungen in so einem Büro ablaufen, wenn jemand ehrlich ist.

Darf ich Kollegen die Wahrheit sagen?

Vertrage ich es, wenn sie ehrlich zu mir sind?

Denn wie schon erwähnt, koexistieren in einem Büro die verschiedensten Charaktere und Temperamente, und natürlich sind Mitarbeiter sensibel und der Ehrlichkeit gegenüber nicht immer aufgeschlossen. Ich glaube, jeder Mensch kennt das aus seiner Arbeit – es sei denn, er ist Chef. Oder besser: König eines kleinen Landes. Ich bin beides nicht, wobei ich den Traum vom König noch nicht vollständig aufgegeben habe.

Auf meine Ankündigung, ehrlich sein zu wollen, habe ich kaum Reaktionen bekommen, aber ich merke deutlich, dass einige Kollegen versuchen, mir aus dem Weg zu gehen. Wenn ich morgens über den Flur und an den Büroräumen vorbeipatrouilliere und peinlich genau darauf achte, nur denen einen »Guten Morgen« zu wünschen, bei denen ich es auch ehrlich meine, dann sehen viele angestrengt auf ihre Bildschirme oder grüßen wortlos zurück. Manch einer hat seit Tagen die Tür seines Büros zugemacht. Ich glaube, dass sie mir einfach aus dem Weg gehen wollen. Feiglinge.

Ruth ist anders. Sie fragt einfach.

»Woher hast du denn all die Fragen?«, sage ich, als wir uns auf dem Flur treffen. Sie hat einen Zettel in der Hand. Ich eine Zigarette.

»Manche sind von mir, manche stammen von Kollegen.«

Sie verzieht dabei keine Miene.

»Von Kollegen?«
»Sie haben mir Dinge gesagt, die ich dich fragen soll.«
Ich verschlucke mich fast an meinem Kaffee. Ein paar Tropfen fallen auf mein Hemd, das Ralf ohnehin als untragbar bezeichnet hat, weil es zu eng sei und zum anderen die Farbe einer Tapete aus den 70ern habe. Und das, obwohl er heute ein T-Shirt trägt, das ihm eine Firma zum Abschied geschenkt hat, bei der er vor 20 Jahren Ferienarbeit geleistet hat.
»Wie? Warum fragen die mich nicht selbst?«
»Keine Ahnung. Aber sie brennen schon auf die Antworten.«
Ich putze mir die Flecken vom Hemd.
»Wer macht denn so was?«
Ruth grinst.
»Kann ich nicht sagen. Ich muss ja nicht ehrlich sein.«
Ein Punkt für sie im Schnippigkeitswettbewerb mit meiner Zimmergenossin.
»Solche Feiglinge! Die trauen sich nicht, zu mir zu kommen und sich die Antworten wenigstens live anzuhören? Ist das schwach!«
Sie hebt die Augenbrauen: »Aber clever. Und du antwortest jetzt erst mal. Sonst bist du der Feigling.«
Noch ein Punkt.
Ich sehe, in welch ungünstige Situation ich mich durch meine Ankündigung von Ehrlichkeit manövriert habe. Bisher bin ich ja durchaus zufrieden mit dem Verlauf meiner Ehrlichkeitswochen, aber jetzt habe ich doch ein ungutes Gefühl. Unter dem Deckmantel der Anonymität bekomme ich Fragen gestellt, die neugierigen Nasen erhalten eine Antwort, ohne dass sie mir dabei gegenüberstehen müssen. Ich habe nun nicht nur zwei kaum zu übersehende Kaffeeflecken auf dem Hemd, sondern befürchte auch, dass dieses Gespräch nicht gut für mich ausgehen wird. Ich habe die Vorahnung eines kleinen Jungen, der den kompletten Süßig-

keitenvorrat in seinen Magen transportiert hat und nun von seiner Mutter zum Rapport bestellt wird.

Ich denke nach: Ruth hat mir die Frage gestellt, wen ich entlassen würde, um die Redaktion durch Neueinstellungen zu verbessern. Eine Fangfrage, ganz klar. Wenn ich nun ehrlicherweise ein paar Namen aufzähle, und Ruth leitet meine Antworten an eine dieser Personen weiter, dann habe ich definitiv ein paar Feinde mehr unter den Mitarbeitern. Noch schlimmer: Würde meine Aussage bereits als Mobbing gelten, wenn sie es dem Betriebsrat steckt?

Ruth ist zwar schnippisch, aber nicht hinterhältig.

Trotzdem ist die Frage gefährlich.

Ich zähle ehrlicherweise ein paar Namen auf, jeweils mit Begründung – und es sind sehr wenige. Ich glaube nicht, dass ich ungerecht oder gemein bin – ich glaube vielmehr, dass jeder Mensch ein paar Mitarbeiter in seinem Büro nennen könnte, die er für eher unterdurchschnittlich und damit entbehrlich hält. »Hmmm, das war erwartbar«, sagt sie und bestätigt mir damit, dass sie wohl an ähnliche Namen gedacht hat. Sie hakt die Frage ab. Ich ziehe an meiner Zigarette und finde, dass es nicht so schlimm war, wie ich gedacht habe.

Sie macht jedoch sofort weiter: »Denkst du, dass du Chefredakteur sein könntest?«

Diese Frage ist einfach. Ich schaffe es sogar, meinen Kaffee unfallfrei zu trinken.

»Ich glaube, dass ich irgendwann einmal durchaus dazu taugen würde. Aber derzeit bin ich zu jung und zu unerfahren, außerdem fehlen mir noch Kompetenzen bei Menschenführung und Planung. Und ich wäre zu ungeduldig mit Mitarbeitern, die nicht mitziehen. Das habe ich bereits deutlich gespürt und auch gesagt bekommen. Ich versuche, vom jetzigen Chef zu lernen, damit ich besser werde.«

Das ist keine Schleimerei, sondern ehrlich gemeint. Außerdem bin ich mir sicher, dass unser Chef bestimmt nicht zu den Personen gehört, die Ruth ein paar Fragen diktiert haben und nun auf Antworten warten. So was hat der nicht nötig. Ja, ich finde meinen Chef richtig gut.

Ruth sieht mich an, als hätte ich gerade die Dankesrede für einen Oscar gehalten.

»Soll ich das glauben?«

»Ja, es ist ehrlich so gemeint.«

»Okay«, sagt sie mit einem Gesichtsausdruck, der doch arg zweifelnd wirkt.

Mir wird nun nicht einmal geglaubt, wenn ich ehrlich bin. Das ist erschütternd.

Ruth sieht auf ihrer Liste nach und macht sofort weiter mit dem Katalog: »Wen aus der Redaktion respektierst du besonders?«

Eine auf den ersten Blick einfache Frage, weil ich jemanden loben darf und deshalb keine Arschbombe in ein Fettnäpfchen mache. Andererseits: Wenn ich jemanden vergesse? Für diesen Fall retten mich die Auslassungen des Psychologen Warren Shibbles in seinem Buch »Lügen und lügen lassen«. Er listet darin 19 Charakteristika des Lügens auf, die 18. lautet: »Es ist keine Lüge, wenn man zu sagen versucht, was man meint, aber es nicht sagen kann.« Dazu gehört auch, dass man eine respektierte Person nennen wollte, sie aber schlicht und einfach vergisst.

»Ich weiß nicht, ob ich das vollständig aufzählen kann, ohne jemanden zu vergessen«, sage ich und fange an. Ich merke beim Aufzählen, dass ich doch mehr Mitarbeiter respektiere, als ich vorher gedacht habe. Ich bin gar nicht der arrogante und kritische Mensch, für den ich mich gehalten habe – und für den mich wohl viele meiner Mitarbeiter halten. Ruth ist zufrieden, nur bei einigen sagt sie: »Ach wirklich? Wow! Ich dachte, den magst du nicht besonders.«

Sie stellt mir noch eine Reihe von Fragen, wie etwa, ob ich Angst vor dem Tod habe (»Eher vor dem, was danach passiert«), ob ich wirklich glücklich mit meinem Leben sei

(»Nicht immer; ich bin meistens mit der Gegenwart zufrieden, will aber in der Zukunft immer mehr«) und ob ich wirklich so selbstbewusst sei, wie ich immer erscheine (»Nein, wirklich nicht; ich bin eigentlich wirklich schüchtern«).

Nach der Befragung schnaufe ich erst einmal durch. Ich bin zufrieden mit mir, weil ich ehrlich geantwortet habe – und dennoch nicht das Gefühl habe, jemanden beleidigt zu haben. Und ich frage mich, warum ich eine derart große Angst vor Ruths Fragen hatte.

Ich glaube auch nicht, dass ich mich selbst belogen habe, obwohl das laut Nietzsche nicht unüblich ist. In »Der Antichrist« schreibt er: »Die gewöhnlichste Lüge ist die, mit der man sich selbst betrügt.« Ich glaube, dass ich ziemlich ehrlich war. Ich muss ja keinen Text schreiben, der in der Zeitung veröffentlicht wird und der absolut objektiv sein muss. Ich muss nur meine Meinung sagen.

Dafür wird das, was ich nun vorhabe, ein krasses Erlebnis. Glaube ich zumindest.

Ich gehe in mein Büro und sehe mir einige Texte der Kollegen durch, die heute veröffentlicht werden sollen. Ich will hemmungslos kritisieren, loswettern und den Mitarbeitern meine Meinung ins Gesicht sagen – nach vier Jahren hat sich da eine Menge angestaut. Andererseits will ich auch gerecht sein. Ich baue zwei Stapel: Einen mit den Texten, die mir gut gefallen, und einen mit denen, die ich schlecht finde. Meine Wahl begründe ich mit dem Spruch des Journalisten und Kriegsberichterstatters Peter Scholl-Latour, der einmal sagte, dass es Objektivität selbst bei Journalisten nicht geben könne – weil jeder Mensch immer aus seiner eigenen Sichtweise berichtet. Also ist auch meine Einschätzung subjektiv, was aber nicht weiter schlimm ist, weil ich dann ehrlich bin. Ich glaube, dass so etwas jeder in seiner Arbeit mal versuchen sollte: Bewerten Sie mal vollkommen unvoreingenommen die Arbeit Ihrer Kollegen – und dann sagen Sie es ihnen.

Während ich so vor mich hin sortiere, kommt der Chef

vom Dienst in mein Zimmer und setzt sich neben mich. Er sieht ein wenig aus wie Klaus Allofs, und in vielen Arbeitssituationen verhält er sich ähnlich korrekt, gelassen und doch bestimmt wie der Manager von Werder Bremen. Privat allerdings ist er bei jeder sportlichen Aktivität in vorderster Reihe dabei und hat trotz seiner 40 Jahre einen unglaublichen Ehrgeiz, bei den Computerspielen »Mario Kart« und »Virtua Tennis« und auch am Kickertisch eine gute Figur abzugeben – was ihn für Stefan Raab zu einem schwer zu schlagenden Gegner machen würde, weil er bei den verschiedensten Spielen glänzen könnte – etwa bei:

- Blamieren oder kassieren
- Wer hat's gesagt?
- Beach-Volleyball
- 5000-Meter-Lauf
- Memory
- Puzzle
- Wo liegt das?

Wie schon gesagt: ein ziemlich freundlicher Alleskönner, weshalb ich ihn nicht nur mag, sondern auch respektiere. Ich glaube, dass er mich auch ganz gut leiden kann, allerdings bin ich mir nicht so sicher, warum.

»Du bist doch ehrlich, oder?«

Ich sehe ihn ein wenig verwundert an, weil ihm meine Mail nicht entgangen sein kann und er grundsätzlich jede Mail gewissenhaft liest und beantwortet. Aber ich interpretiere seine Frage als Einstieg in ein Gespräch, deshalb sage ich nur: »Ja, warum? Willst du mich etwas fragen?«

»Schon, aber ich weiß noch nicht genau, wie ich das anstellen soll.«

»Warum? Ist doch ganz einfach. Immer raus damit.«

»Okay. Hier eine Frage meiner Frau: Wie hoch ist dein IQ?«

Ich schmunzle ein wenig und antworte wahrheitsgemäß. Ich kenne meinen IQ, weil ich einen meiner liebsten Freunde einmal begleiten musste, als er den Test absolvierte, um von einer Eliteuniversität aufgenommen zu werden. Wir haben beide den Test gemacht, obwohl ich nur an einer Uni aufgenommen werden wollte, die eine gute Fußballmannschaft hat – und natürlich hat er gewonnen. Meinen IQ werde ich hier nicht aufschreiben, weil Sie das nun wirklich nichts angeht. Außerdem könnten Sie das Buch weglegen, weil ein Mensch mit meinem IQ wohl keine Bücher schreiben sollte.
»Okay«, sagt er nur. »Arbeitest du gerne hier?«
Das ist einfach: »Ja.«
»Bewirbst du dich derzeit bei einem anderen Unternehmen?«
»Nein.«
»Würdest du bei einem Angebot gehen?«
»Das kommt auf das Angebot an. Aber eigentlich nicht, weil ich glaube, dass ich es ziemlich gut getroffen habe. Wenn, dann würde ich einmal etwas komplett anderes machen wollen.«
»Das wäre?«
»Keine Ahnung. Eine Bar aufmachen, in die Politik gehen, ein Buch schreiben, Mangos anbauen, Safaris auf Sri Lanka anbieten, Medizin studieren. Solche Dinge eben.«
Mich verwundert, dass er wenig irritiert guckt, sondern meine Antworten zur Kenntnis nimmt, als würde ich ihm die Nachrichten vorlesen. Aber wahrscheinlich träumt jeder irgendwie davon, mal etwas komplett anderes zu machen. Der Journalist wäre gerne Sportler, der Sportler gerne Manager, der Manager gerne Koch, der Koch würde gern mal in einem Möbelstudio arbeiten und Wohnzimmer planen und der Möbelverkäufer gern mal ein Auto zusammenschrauben. Es ist schon schade, dass die meisten Menschen ihr Leben lang ein und denselben Job machen. Es ist schade, dass die meisten Menschen nur dieses eine Leben leben.

»Wenn du jetzt zwei Bestseller schreiben würdest, was würdest du dann machen?«

»Ich würde mir ein Haus auf den Philippinen bauen, dort auf der Mangoplantage arbeiten und von dort aus mein drittes Buch schreiben – und nur noch nach Deutschland kommen, um mir Fußballspiele anzusehen und das Buch zu promoten. Dann würde ich ein unglaublich schlechtes Buch schreiben, damit man beim fünften Werk von einem Comeback sprechen kann. Ansonsten würde ich am Strand liegen und Cuba Libre schlürfen. Irgendso was.«

Er schüttelt den Kopf.

»Nein, das wäre dir zu langweilig. Du würdest weiterhin arbeiten.«

»Na ja, es gibt einiges zu tun im Dorf meiner Frau. Ich würde einen Fußballplatz bauen, die Kinder trainieren, mich ein bisschen in die Politik einmischen. Ich würde die Plantage betriebswirtschaftlich erfolgreich machen und das kleine Resort zu einem tollen Hotel ausbauen. Da würde mir schon was einfallen. Aber wahrscheinlich hast du recht: Ich würde weiterhin arbeiten, und ich würde weiterhin hier arbeiten.«

»Und wenn du wegen der Finanzkrise entlassen würdest?«

»Dann würde ich was Neues machen. Einfach so. Ich hätte nie gedacht, dass einer wie ich mal hier arbeitet und mal ein Buch schreibt. Also, wer weiß? Vielleicht wäre ich auch ein toller Chocolatier und weiß es jetzt noch nicht.«

Er schiebt die Oberlippe nach vorne.

»Okay, das ist ehrlich. Eine Frage habe ich noch: Findest du, dass meine Frau und ich zusammenpassen?«

Ich sage schnell: »Ja!«

»Wow, das war schnell. Das bedeutet mir viel.«

»Es ist vielleicht komisch, wie ihr euch kennengelernt habt. Aber ihr ergänzt euch ganz wunderbar.«

Er legt den Kopf zu Seite und lächelt.

»Das ist sehr schön zu hören.«
Ich lächle ebenfalls.
Dann wird seine Miene wieder ernst.
»Noch eine Frage – und antworte, ohne groß nachzudenken: Glaubst du an Gott?«
Damit hatte ich nicht gerechnet. Ich bin katholisch erzogen worden und war als Jugendlicher ein begeisterter Ministrant.
»Ich glaube: nein! Ich hoffe, dass es ihn gibt, aber es fällt mir schwer, wirklich daran zu glauben. Es ist, als würde Bremen in München spielen: Ich hoffe, dass sie gewinnen – und es ist auch möglich –, nur fällt es mir schwer, daran zu glauben.«
Er sieht mich lange an.
»Das ist überraschend – und interessant!«
Ich weiß nicht, ob diese spontane Antwort die richtige war.
»Danke für die Antworten!«
»Das war's echt schon?«
»Ja, das reicht mir schon.«
»Ich hatte mit Schlimmerem gerechnet.«
Er schüttelt den Kopf.
»Nein, das genügt mir schon. Daraus reime ich mir was zusammen.«
Ich bin verwirrt, sage jedoch nichts. Was wird er sich aus diesen Antworten nur zusammenreimen? Wer eine Idee hat, der möge sie mir mailen. Ich habe keine Ahnung.
»Bis später.«
Er steht auf und geht aus dem Büro hinaus. Seinem Schlendern nach zu urteilen ist er wirklich zufrieden, und ich bin mir nicht mehr sicher, ob ich auch zufrieden sein soll mit diesem Gespräch oder ob er ein paar Dinge aus mir herausgepresst hat, die ich für mich hätte behalten sollen. Ich beschließe, nicht darüber nachzudenken.
Ich lese und sortiere weiter.

Nach meiner ersten Einordnung bemerke ich: Ich bin nicht ehrlich, sondern ungerecht. Die Texte von Kollegen, denen ich wohlgesonnen bin, landen auf dem Stapel mit den guten Werken. Die anderen Texte werden ungerechterweise auf den anderen Stapel gelegt. Ich beurteile nicht nach Texten, sondern nach Menschen. Ich bin erstaunt und verwundert, dass mir das nach mehr als 30 Tagen Ehrlichkeit immer noch passiert.

Ich muss noch einmal beginnen und dabei einen weiteren Stapel einführen: Die mittelmäßigen Texte will ich ignorieren, um nicht jedem Mitarbeiter etwas sagen zu müssen – wobei ich klarstellen muss, dass Mittelmaß in diesem Fall bedeutet, dass die Stücke immer noch verdammt gut sind. Schließlich arbeite ich bei einer der besten Nachrichtenseiten der Welt – denke ich zumindest.

Ich will mich nur den besonders guten und besonders schlechten Texten widmen. Um es kurz zu machen: Etwa 80 Prozent landen auf dem mittleren Stapel, 15 Prozent auf dem mit den besonders guten und nur fünf Prozent bei den besonders schlechten. Der Text eines Kollegen, den ich bisher für absolut inkompetent hielt, liegt auf dem Stapel mit den sehr guten Stücken – und mir wird klar, dass ich zuvor nie einen Text von ihm gelesen und ich ihn nur aufgrund seiner Kauzigkeit für unbegabt gehalten habe.

Auf dem Stapel mit den guten Texten liegen viele Stücke von Mitarbeitern, mit denen ich bisher keine oder negative Erfahrungen gemacht hatte – also keine beruflichen, sondern eher zwischenmenschliche Erfahrungen. Sie sind dröge oder scheinbar nur mit Beamtengen ausgestattet, weshalb sie einem Menschen wie mir grundsätzlich unsympathisch sein müssen. Aber: Ich habe den Fehler gemacht und sie nur deshalb als inkompetent eingeschätzt.

Was für ein Fehler!

Dafür liegt der Text einer attraktiven Kollegin, die ich bisher für äußerst begabt hielt, auf dem Abfallstapel. Ich hatte

tatsächlich ihre Kompetenz mit den Rundungen ihres Arschs gleichgesetzt.
Ich war ein Sexist.
Unglaublich.
Ich schäme mich. Zwar nur ein bisschen, aber immerhin. Es kann doch nicht sein, dass man eine Kollegin deshalb als kompetenter einschätzt, weil sie hübsch und nett ist. Natürlich spielen Attraktivität und Nettigkeit eine nicht unbedeutende Rolle im Berufsleben, darüber berichten sowohl Frauen- als auch Männerzeitschriften mindestens im vierteljährlichen Turnus. Aber als einigermaßen moderner Mensch glaubt man doch, dass diese Berichte nicht auf einen selbst zutreffen.
Gehörte ich bisher wirklich auch zu denen, die auf das alte Rollenklischee reinfielen? War ich ein verdammter Macho, der am besten in den 60er-Jahren aufgehoben wäre?
Ich prüfe mich selbst.
Das Ergebnis gefällt mir überhaupt nicht.
Ich hielt die coolen Jungs und die hübschen Mädchen bislang für die besseren Mitarbeiter, während die schrulligen Typen und die laut Charles Bukowski nur durch Emanzipation in die Gesellschaft integrierten Frauen auf meiner Kompetenzskala durchfielen.
Gott, war ich oberflächlich.
Ich muss mich ändern.
Dringend.
Ich muss den Kollegen nun sagen, was ich von ihren Werken halte – und ich muss ehrlicherweise gestehen: Es fällt mir schwerer, jemanden zu loben, als ihm Beleidigungen an den Kopf zu werfen und ihn zu kritisieren. Das habe ich schon beim Kickern vor einigen Wochen gemerkt – nun aber trifft es mich heftiger, weil es zum zweiten Mal passiert und mir nun allzu deutlich wird, was für eine Art Mensch ich bin: ein motzender Querulant, der lieber herunterputzt als lobt.

Mein Vater sagte immer: »Nichts gesagt ist Lob genug.«
Ich sollte die Erziehung meiner Eltern noch einmal überdenken.

Ich habe Angst davor, dass meine Kollegen mein Lob als Schleimerei interpretieren, dass sie mir, der sonst sein Herz auf der Zunge und manchmal auch noch weiter vorne trägt, Heuchelei, Schleimerei oder gar Lüge unterstellen – obwohl ich nun vollkommen aufrichtig bin. Sie werden sich fragen, weshalb ich plötzlich mit einem Lob um die Ecke komme, wo ich doch sonst in Redaktionskonferenzen lospoltere, als wäre ich in einem amerikanischen Debattierklub.

Ich gehe in das Büro eines Mitarbeiters, mit dem ich bisher kaum etwas zu tun hatte. Ich schlendere unverfänglich hinein, wische noch einmal an meinem Kaffeefleck herum und sage: »Hallo, ich habe deinen Text gelesen.«

Er dreht sich um, stützt seinen Ellbogen auf den Tisch und sein Kinn auf der Hand ab, wie er es auch in Konferenzen tut, wenn er angesprochen wird. Dann wischt er sich über das Gesicht und überrascht mich mit einem Lächeln.

»Okay, vielen Dank. Ich habe auch lange gebraucht, und das Thema ist nicht so einfach.«

»Ja, und ich finde, dass er wirklich großartig ist!«

Er nimmt seinen Kopf von der Hand. Er lächelt immer noch.

»Wirklich?«

»Ja, wirklich groß.«

»Oh, vielen Dank. Das freut mich. Man wird ja nicht oft gelobt hier.«

Ich bleibe in der Tür stehen. Ich finde, ich habe ruhig genug gesprochen, dass er gemerkt hat, dass es ehrlich war und keine Schleimerei.

»Das stimmt allerdings.«

»Ich meine, es wird oft kritisiert und auch oft allgemein gelobt, aber man bekommt als Einzelner kaum einmal gesagt, dass etwas gut war hier und dass man gute Arbeit leistet.«

Er hat recht.

»Ja, deshalb wollte ich einfach nur sagen, dass dein Text sehr gut war.«

Er sieht mich überrascht an.

»Das freut mich wirklich. Vielen Dank.«

Ich merke, dass die Situation nun ein wenig unbehaglich wird. Er hat ebenso Probleme, das Lob zu hören, wie ich sie habe, es auszusprechen.

»Dann bis später. Ich muss mal weiter.«

»Ja, bis dann.«

Ich gehe hinaus – und bin einigermaßen erleichtert. Wie ein Bub, der von seiner Mutter zum Mädchen aus der Nachbarschaft geschickt wurde, um sich dafür zu entschuldigen, dass er ihr Himbeersaft über den Kopf geschüttet hat. Ehrliches Lob und eine Entschuldigung sind nicht das Gleiche, aber sie auszusprechen fühlt sich ähnlich an.

Ich muss nun zu der hübschen Kollegin, deren Text ich zu verreißen gedenke. Eigenartigerweise habe ich keine Angst, sondern freue mich darauf.

Ich betrete ihr Büro, sie beachtet mich zuerst kaum.

»Hallo, alles klar bei dir? Geht's dir gut?«

Ich bemerke, dass ich schon wieder anfange zu flirten.

»Ja klar, und bei dir?«

Sie zwinkert mir zu.

»Alles gut, ich habe deinen Text gelesen – und ich fand ihn nicht besonders gut.«

Das ist eine Lüge, ich finde ihn schrecklich.

Sie dreht sich zu mir und lächelt. Nur dass ihre Gesichtsmuskeln nun angespannt wirken.

»Nein, ich finde ihn sogar schrecklich.«

Sie runzelt die Stirn. Sie lächelt nicht mehr.

»Okay, das finde ich jetzt nicht.«

»Normalerweise würde ich jetzt sagen, dass er schon okay war, aber ich darf Attraktivität nicht mehr mit Kompetenz verwechseln – und dein Ding war echt nicht gut.«

Sie sieht mich an, wie Menschen einen ansehen, wenn sie ausdrücken wollen, dass man tot umfallen möge.

»Was passt dir denn nicht daran?«

Ich versuche, mich in eine attraktive Pose zu werfen.

»Ich finde ihn einfach langweilig. Ich wollte schon nach dem ersten Absatz aufhören zu lesen.«

Sie rutscht auf ihrem Stuhl hin und her.

»Na ja, das ist deine Meinung. Ich fand ihn ziemlich gut und der, der ihn gelesen hat, der fand ihn auch ziemlich gut.«

Nun wird die Situation doch unangenehm. Sehr unangenehm. Ich habe das Gefühl, dass ich mich für meine Kritik entschuldigen müsste, aber das will ich nicht. Ich will hier raus.

»Ich wollte dich nicht nerven, ich wollte dir nur meine Meinung sagen.«

»Okay, macht ja nichts. Ich finde deine Sachen auch nicht besonders gut.«

Kann jemand den Pfeil aus meiner Schulter entfernen?

»Wie?«

»Ja, du willst immer lustig schreiben, aber das funktioniert nicht immer. Manche deiner Texte sind echt schlecht.«

Und den zweiten Pfeil aus dem Magen.

»Okay.«

»Kannst du damit umgehen?«

Na ja, eine Wunde blutet schon ziemlich stark.

»Ja klar, es ist doch gut, ehrlich zu sein.«

»Klar. War's das? Ich muss wieder was tun.«

»Ja, bin schon weg.«

»Ach ja, du hast da zwei Kaffeeflecken. Bis später!«

Ich gehe hinaus.

Sie hat mich kritisiert. Deutlicher geht's kaum. Sie ist ein wenig älter als ich und auch schon länger Journalistin. Wahrscheinlich ist sie reifer als ich und hat bereits gelernt, Attraktivität nicht mit Kompetenz zu verwechseln.

Oder auch nicht.

Kapitel 18
Tag 33 – »Doch, es war ernst gemeint!«

Das Unausweichliche passiert nun doch. Ich hatte wochenlang versucht, es zu verhindern, aber letztendlich war mir klar, dass die 40 Tage nicht vorübergehen würden, ohne dass ich mit meinen Eltern ein ehrliches Gespräch führen würde, in dem es nicht nur über Ungereimtheiten in der Bibel geht. Ich bin nach Hause gefahren, über die Autobahn, über die Landstraße, über die Straße ohne Markierungen mit entgegenkommenden »FC«- und »SG«-Buchstabenkombinationen auf dem Kfz-Kennzeichen – und ich wurde immer nervöser, wie damals vor der Abiprüfung, als die Herzschläge sich immer mehr beschleunigten. Das letzte Mal vollkommen ehrlich zu meinen Eltern war ich in dem Alter, als sie versuchten, mich stubenrein zu bekommen. Damals konnte ich nicht lügen, weil Kinder nicht lügen können.

Lügen ist nicht angeboren, wir lernen es erst.

Bis zum vierten Lebensjahr etwa sind Kinder ehrlich, weil sie eine Lüge nicht kennen und nicht wissen, dass ihnen eine Lüge Vorteile verschaffen kann. Das belegt der *Mean-Monkey*-Test der kanadischen Kinderpsychologin Joan Peskin. Es ist ein Experiment mit einem Spielzeugaffen und bunten Stickern. Peskin fragt das Kind, welchen Sticker es am liebsten hätte, betont jedoch vorher, dass der Spielzeugaffe anschließend die erste Wahl hat. Das Kind deutet ehrlicherweise auf den Sticker, den es gerne haben möchte – und der gemeine Affe schnappt sich immer genau diesen Sticker. Ein dreijähriges Kind ist bitter enttäuscht, kommt aber nicht auf die Idee, bei der nächsten Runde den Affen anzuschwindeln, sondern deutet ganz ehrlich erneut auf den Lieblingssticker. Immer wieder – und wird immer wieder enttäuscht.

Erst Kinder ab einem Alter von vier Jahren erkennen den Trick dahinter und realisieren, dass sie den tollen Sticker dann bekommen, wenn sie den gemeinen Affen anschwindeln – dass es sich für sie also lohnen könnte, unehrlich zu sein. Von diesem Alter an können Kinder lügen. Erst sind es einfache Geschichten, dann immer komplexere Gebilde bis hin zu handfesten Betrügereien.

Erst ab diesem Alter entwickeln Kinder etwas, wie es ähnlich Niccolò Machiavelli in »Il Principe« beschreibt – also das Bestreben, uneingeschränkte Macht zu erringen und auszuüben. Kategorien wie Gut oder Böse werden dabei genauso vernachlässigt wie soziale Gesichtspunkte. Es geht nur darum, dass die Ziele des Herrschers verwirklicht werden.

Allen, die nun einwerfen mögen, dass es sich bei Machiavellis Schrift um eine politische Abhandlung handelt, die vor allem auf die feudalen Herrschaftsverhältnisse und die Macht der Kirche in der beginnenden Neuzeit abzielte, möchte ich nur sagen: Haben Sie schon einmal eine Familie im Supermarkt beobachtet, wenn der Vater vor seinem kleinen Sohn ein Tänzchen aufführt, nur damit der die Schnauze hält, und die Mutter aus dem obersten Regal den kalorienreichen Lieblingspudding des kleinen Tyrannen holt, damit es abends kein Gezeter daheim gibt? Kinder sind die Tyrannen einer Familie, und sie tun alles dafür, ihre Macht nicht zu verlieren, sondern sie auszuweiten, damit sie alles bekommen, was sie haben möchten. Eine Familie ist die Keimzelle des Machiavellismus, Kinder sind ihre Herrscher. Sie weinen und brüllen und lügen.

Sie lernen es von ihren Eltern.

Sie sehen ihren Vater, wie er der Mutter erzählt, er würde nicht mehr rauchen – und ertappen ihn dann beim Qualmen. Sie hören, wie die Mutter am Telefon einen Termin absagt mit der Begründung, krank zu sein – und dann geht Mama zum Tennisspielen. Und sie merken, wie gut es den Eltern geht, wenn sie sich gegenseitig bescheißen, belügen und betrügen – und wie derjenige Elternteil die größte Macht hat, der es am besten kann.

Kindern wird sogar direkt beigebracht, zu lügen.

Am Mittagstisch fällt der Satz: »Mensch, ist Onkel Paul aber fett geworden!« Ein kurzer Blick zum Kind: »Erzähl das bloß Onkel Paul nicht!« Und gleich darauf wird dem Kind befohlen, sich artig für das Geburtstagsgeschenk von Oma zu bedanken, auch wenn es wieder grausige Socken wie in den vergangenen Jahren sind. Und natürlich kann ein Kind bei jeder Familienfeier einen Tanz aufführen und dabei lachen – auch wenn es Tanzen überhaupt nicht mag. Ich musste damals singen, was ich schrecklich fand. Wahrscheinlich habe ich genau deshalb kein Problem damit, dass meine Mutter bei meinen seltenen Besuchen immer noch meine Wäsche in den Keller schleppt, obwohl ich es natürlich selbst tun müsste.

So werden wir von unseren Eltern zur Lüge erzogen, ja uns wird sogar eingeredet, dass man leichter durchs Leben kommt, wenn man hin und wieder nicht die Wahrheit sagt. Kein Wunder, dass den Menschen meiner Generation Lügen noch leichter fällt als der Generation vor uns. Das Allensbacher Institut für Demoskopie hat im Jahr 2006 Menschen im Alter zwischen 16 und 29 Jahren dazu befragt. Mehr als 30 Prozent haben sich schon einmal krank gemeldet, obgleich sie kerngesund waren. Und vier von fünf haben einen Freund versetzt, weil sie einfach keine Lust hatten. Vor zwanzig Jahren waren es deutlich weniger.

Das ist meine Generation. Die Generation Dorian Gray.

Natürlich habe ich meine Eltern angelogen. Ich habe ihnen nicht nur schlechte Schulnoten verheimlicht oder meiner Mutter Geld fürs Weggehen abgeluchst, indem ich behauptete, es wäre für Schulbücher. Ich habe meinen Eltern erzählt, ich würde bei einem Freund übernachten – und bin zu einem Rockfestival gefahren und habe dort Bier und weiche Drogen konsumiert, was im Nachhinein nicht so lustig war, wie es sich heute in Erzählungen anhört. Ich habe von meinem Vater zum 18. Geburtstag einen »Nichtraucher«-Bonus von 1000 Mark eingestrichen, obwohl ich längst vorher geraucht hatte.

Ja, ich habe meine Eltern angelogen. Sie hatten es mir beigebracht – und ich glaube, dass sie in vielen Fällen wussten, dass ihr Sohn sie belügt. In manchen Fällen, wie beim selbstständigen Aufbessern des Taschengeldes, war es ihnen vielleicht egal, aber ich glaube, dass es ihnen manchmal auch das Herz gebrochen hat.

Nun ist Schluss damit, zumindest für diesen einen Besuch – und ich habe tierisch Schiss davor.

Vielleicht muss ich noch ein paar Worte darüber verlieren, was für eine Sorte Mensch meine Eltern sind, auch wenn Sie sie schon ein wenig kennengelernt haben in der Anfangszeit meines Projekts, im Kapitel mit der Bibel. Natürlich sind sie die besten Eltern der Welt – das meine ich vollkommen ehrlich –, aber sie sind nicht unbedingt das, was man gemeinhin als gewöhnliche Menschen bezeichnet.

Wer kann schon behaupten, dass seine Eltern vollkommene normale Menschen sind? Im Alter von acht Jahren hielt ich sie für Aliens, die nur auf die Erde geschickt wurden, um mich zu tyrannisieren. Im Alter von 15 Jahren hielt ich sie für Forscher, die ein Experiment durchführen, wie viele Verbote man einem Teenager auferlegen kann, bis er durchdreht und auszieht. Mittlerweile halte ich meine Eltern für die Protagonisten einer Reality-Sitcom, die sich absurde Geschichten und Streitereien ausdenken, um ihre Mitmenschen zu unterhalten.

Und ich komme, das habe ich bereits erwähnt, nicht im Testament meiner Eltern vor. Das hat (noch) nichts mit meinem Ehrlichkeitsprojekt zu tun. Im Testament meines Vaters steht vielmehr, dass nach seinem Tod sämtlicher Besitz an seine Frau, seine beiden Kinder und »etwaige Nachzügler« übergeht. Ich bin also nicht unbedingt das gewollte und geliebte Nesthäkchen, sondern ein etwaiger Nachzügler.

Ich finde, es sagt doch einiges über meinen Vater aus, dass er diesen Passus nie ändern ließ, obwohl er gemeinhin bei sämtlichen Behörden seiner Heimatstadt anruft, wenn sich etwa nur seine Telefonnummer ändert. Er fährt jeden Tag zur Bank und holt Kontoauszüge ab, um zu sehen, ob auch alles noch in Ordnung ist. Er bügelt seine Stofftaschentücher. Ja, richtig gelesen: Er ist das einzige Lebewesen, das Stofftaschentücher bügelt. Das Testament besteht immer noch genau in dieser Form. Seit 37 Jahren. Er ist dazu der wohl einzige Vater der Welt, der sich weigerte, eine Schulaufgabe seiner Tochter zu unterschreiben, weil er die Note zu gut fand. Er schrieb unter den Deutsch-Aufsatz meiner Schwester: »Das ist doch keine Drei, das ist eine Fünf!« Daraufhin drängte der Lehrer, meinen Vater kennenzulernen, weil er so etwas in seiner 32-jährigen Laufbahn noch nie erlebt hatte. Meine Mutter erlaubte es ihm nicht, zu dieser Verabredung zu gehen, weil sie sich sicher war, dass mein Vater den Lehrer überzeugen würde, meiner Schwester tatsächlich noch eine Fünf zu geben. Ach ja, er hatte mich vor meinen Freunden mal als »letzten Schuss« seines Lebens bezeichnet und betont, dass es garantiert kein goldener gewesen sei – und als ich mit 18 Jahren zu laut gefeiert hatte, sagte er mir, dass Holzhacken die vernünftigere Tätigkeit gewesen wäre, als sich mit meiner Zeugung zu beschäftigen. Wäre ich Bundeskanzler, dann wären seine beiden Reaktionen: »Zum Präsidenten reicht's nicht?« und »Unglaublich, dass die einen wie dich gewählt haben.«

Und ich wundere mich manchmal, dass ich wirklich so bin, wie ich bin.

Dazu ist mein Vater ein Chef. Chef wird man nicht irgendwie im Laufe des Lebens, als Chef wird man geboren. Ein Chef spielt in einer Fußballmannschaft niemals in der Abwehr, er ist defensiver Mittelfeldspieler oder Torjäger. Ein Chef bestimmt, wann das Kartenspielen mit den Freunden beginnt, er bestimmt auch, wie es in einer Firma zu laufen hat. Mein Vater war Stürmer, Bankdirektor und legte den Beginn der Schafkopfrunde auf Dienstag, 19 Uhr. Er sagt, wo es langgeht – und wenn es nicht dort langgeht, dann geht es überhaupt nicht. Die Emanzipation hat er ebenso verpasst wie Liberalismus und Internet.

Ein Chef gibt auch nicht besonders viel auf die Meinung anderer. Er bestimmt, und wenn er fand, dass ich nichts taugte beim Fußball, dann halfen auch fünf Tore und das Lob aller anderen nicht. Er ist dazu ein Mensch, für den es Fehler nicht geben darf – zumindest hat er in seinem Leben seiner Meinung nach noch keinen gemacht. Seine Vorgehensweise ist deshalb: Wenn ein Fehler passiert, dann wälze ihn auf einen anderen ab und beschuldige ihn so lange, bis er wirklich glaubt, dass es sein Fehler war. Notfalls brülle ihn so lange an, bis er nicht mehr anders kann, als die Schuld einzugestehen. Moderne Pädagogen würden das wohl »emotionale Folter« nennen, mein Vater nennt das »Erziehung«.

Es war schwer, den Machiavellismus in unserer Familie zu etablieren, denn als kindlicher Despot tut man sich doch arg schwer, wenn der Vater ein Chef ist.

Meine Mutter ist das exakte Gegenteil und genau deshalb der ausgleichende Part dieser Familie. Sie will ständig, dass mein Vater länger lebt, und hat ihn deshalb auf Dauerdiät und Nikotinentzug gesetzt, was mein Vater durch heimliches Essen und Rauchen kontert. Sie ist so herzensgut, zuvorkommend und hilfsbereit, dass sie nicht nur für mich Heiligenstatus hat, sondern für fast jeden, der sie kennt. Allerdings ist sie auch derart herzensgut, zuvorkommend und hilfsbereit, dass es einem tierisch auf den Sack gehen kann – ich meine, wenn sie nicht gerade trotz Rückenschmerzen einen Wäschekorb in den Keller trägt, während ich mit dem Hund spiele. In diesem speziellen Fall ist es nämlich sehr angenehm. Wenn ich nach Hause komme, fragt sie zuerst: »Was magst du morgen essen? Schweinebraten oder Schnitzel oder Lachs?« Wenn ich dann sage: »Schnitzel«, dann antwortet sie: »Ich könnte auch Steaks machen oder Grillkäse, und einen Kuchen backe ich dann auch noch. Ach ja: Du magst doch bestimmt einen Kaffee, oder? Ich kaufe dann mal ein, und du sagst, was du haben möchtest.« Meinen Versuch, das Gespräch mit »Nein, Schnitzel ist perfekt« zu beenden, kontert sie mit »Na ja, ich könnte auch Cordon Bleu machen, am besten mit Herzoginkartoffeln. Obwohl du doch am liebsten Rinderfilet isst.« Dann sieht sie nachdenklich an die Decke.

Und ich wundere mich manchmal, dass ich wirklich so bin, wie ich bin.

Irgendwie muss ich an das Bild vom verlorenen Sohn aus meiner Chagall-Bibel denken. Ein Vater nimmt seinen Sohn in den Arm, die Sonne scheint, am Himmel fliegt ein roter Vogel, ein kleines Kind bringt Blumen vorbei. Eine schöne Szene der Vergebung. Ich weiß nicht, warum ich gerade jetzt daran denken muss.

Manchmal glaube ich, die beiden veranstalten ein Spiel zu ihrer eigenen Unterhaltung, weil ihnen in ihrem Rentnerdasein dermaßen langweilig ist, dass sie sich einen Sport aussuchen müssen. Dieser Sport heißt: den anderen in den Wahnsinn treiben – nur würden sie das niemals zugeben. Sie verhalten sich irgendwie wie das Rentnerpaar Ingrid und Klaus aus »TV total«, nur dass die Rollen vertauscht sind.

Ich glaube, dass jeder Mensch ähnliche Geschichten über

seine Eltern zu berichten weiß, wenn auch in anderen Varianten und Verrücktheitsstufen. Ich glaube, dass dieses Kapitel nicht ausschließlich in das »Mein-Leben-als-Jürgen-Schmieder«-Genre fällt, sondern durchaus Allgemeingültigkeit beanspruchen kann. Setzen Sie einfach für Ihre Eltern andere Adjektive oder Neurosen ein. Ich glaube, dass jeder seine Eltern zumindest als Teenager beschissen, belogen und betrogen hat. Und jeder hat wohl seine Eltern im hormonellen Teenager-Rausch angebrüllt und sie als die schlechtesten der Welt und das elterliche Haus als Hölle auf Erden bezeichnet. Aber ich bin nun 29 Jahre alt, einen hormonellen Teenager-Rausch bekomme ich nur nach acht Bier in einer Diskothek voller junger Mädchen, und ich würde mich nun doch als einigermaßen emotional gefestigt bezeichnen. Und genau deshalb werden die meisten nun wohl verstehen, warum ich so einen Schiss davor habe, meinen Eltern während dieses Projekts zu begegnen.

Kurz vor dem Ortsschild meiner Heimatstadt erwäge ich umzukehren und dieses Kapitel einfach auszusparen. Aber die Begegnung mit meinen Eltern war einer der Gründe, dieses Projekt überhaupt anzugehen. Ich möchte sehen, wie sich die Beziehung zu ihnen verändert, wenn ich ehrlich bin. Vielleicht kann ich anderen Menschen dann den Rat geben, es auch einmal zu versuchen – oder ich kann ihnen versichern, es verdammt noch mal bleiben zu lassen. Außerdem habe ich kürzlich derart grandiose Erfahrungen beim Gespräch mit meinem Bruder gemacht, dass ich nicht glaube, auf die Schnauze zu fallen. Aber wir werden es herausfinden, denke ich, als ich mein Auto parke und sehe, wie unser Hund schwanzwedelnd und wild bellend auf mich zuläuft. Er springt an mir hoch, obwohl er sonst nie an mir hochspringt. Er hört auch nicht auf meine »Sitz«- und »Platz«- und »Pfote«-Befehle.

Wahrscheinlich riecht er meine Angst. Hunde können so was.

Nach der Standardumsorgung durch meine Mutter – das Aufzählen des gesamten Kühlschrankinhalts, das Anbieten acht verschiedener Kaffeesorten und das Verkünden, das Bett kuschelig überzogen zu haben – sitzen wir am Küchentisch. Mein Vater trinkt Weißbier, meine Mutter ein Glas Wein und ich Pils. Ich habe mir eine Zigarette angezündet, weil das Haus meiner Eltern einer der wenigen überdachten Orte in Deutschland ist, an denen man noch rauchen darf. Ich glaube, dass mein Vater mir das Rauchen erlaubt, weil er zum einen ein paar Passivzüge inhalieren darf und er andererseits erspähen kann, wo ich meine Zigaretten aufbewahre. Meistens nimmt er sich dann welche, bevor er ankündigt, mit dem Hund spazieren zu gehen.

»Klau mir nicht wieder meine Kippen«, sage ich.

Mein Vater sieht mich an, wie Gerd Müller jemanden ansehen würde, der ihm vorwirft, dass er in seiner Karriere kein einziges Tor geschossen habe.

»Ich klau' doch keine Kippen!«

»Doch, du klaust mir immer meine Zigaretten!«

Meine Mutter nimmt das zum Anlass, um in die Unterhaltung einzusteigen.

»Natürlich raucht der! Immer, wenn er mit dem Hund spazieren geht! Die Leute sprechen mich schon an und sagen, dass sie es komisch finden, dass ein Mann mit seinen Krankheiten rauchen würde.«

Mein Vater hat inzwischen die Gesichtsfarbe und die Gesichtszüge von Thomas Gottschalk angenommen, wenn man ihm sagt, dass er Sängerinnen nur ernst nimmt, wenn sie das hohe C der Körbchengrößen beherrschen.

»Ich rauche doch nicht! So ein Schmarrn!«

Ich sage: »Klar rauchst du!«

Meine Mutter nickt übertrieben zustimmend.

»Ich rauche überhaupt nicht. Hin und wieder mal eine, aber ich bin doch kein Raucher!«

»Klar, und Hanni ist auch nur hin und wieder schwanger.«

»So ein Blödsinn! Ich rauche nicht, und fertig.«
So spricht ein Chef.

Er nimmt einen tiefen Schluck von seinem Bier, noch ist die Stimmung gelöst. Es sind die üblichen Frotzeleien um Rauchen, Fußball oder das Fernsehprogramm. Ich beschließe, das Tempo ein wenig zu erhöhen.

»Auf der anderen Seite: Wenn du eher stirbst, dann erben wir eher.«

Meine Mutter blickt mich entgeistert an. Mein Vater sieht mich an, als hätte ich einen blöden Witz gemacht: »Hör dir das an!«

»Ist doch wahr!«

Meine Mutter springt ein: »Und dann klagt er immer, dass ihm der Rücken wehtut und dass er keine 500 Meter mehr gehen kann. Und ich muss Diät kochen, und er raucht und frisst.«

»Lasst mich doch einfach in Ruhe. Ihr macht mich wahnsinnig. Ich sterbe nicht vom Rauchen oder Fressen, sondern weil ihr mich mit eurem Gequatsche ins Grab treibt!«

Er hat ja recht, aber ich eile meiner Mutter zu Hilfe: »Lass ihn doch, dann stirbt er eher und wir erben was – auch wenn ich gar nicht im Testament vorkomme.«

Mein Vater sieht meine Mutter an: »So was haben wir großgezogen.«

Ich sehe ihn an. Im Hintergrund versucht unser Hund gerade, die Tür zum Mülleimer aufzustoßen, um an die Essensreste zu kommen. Meine Haut ist rot, auf meiner Stirn bildet sich Schweiß, obwohl es in der Küche genau 20 Grad hat. So hat es meine Mutter eingestellt. Ich merke, dass dieser Abend nicht so werden wird wie der mit meinem Bruder.

»Na ja, erzogen wäre wohl übertrieben. Eher fortwährend zusammengeschissen.«

Das ist nun so ziemlich das Schlimmste, was man meinem Vater an den Kopf werfen kann. Man beschuldigt ihn, einen Fehler gemacht zu haben. Noch schlimmer: einen Jahre andauernden Fehler.

»Du spinnst komplett«, sagt er und holt sich ein zweites Weißbier. Ich merke, dass er am liebsten flüchten würde. Nach dem Nichtzugeben und einem Brüllanfall setzt bei meinem Vater gewöhnlich der Fluchtreflex ein, mit Ansehen diverser Sportsendungen im Wohnzimmer. Nun aber kommt er zurück und setzt sich an den Tisch. Ich weiß nicht, ob es mir lieber gewesen wäre, wenn er einfach ins Wohnzimmer gegangen wäre. Dann wäre es vorerst vorbei gewesen. Denn von hier aus kann es nur bergab gehen wie bei einem Flugzeug im Sturzflug. Liebe Passagiere, bringen Sie Ihren Sitz in eine aufrechte Position und klappen Sie die Tische nach oben, wir erwarten Turbulenzen.

»Du hast mich als Kind zusammengeschissen, wenn ich nur eine Zwei in der Schule hatte. Und auf dem Fußballplatz hast du herumgebrüllt, als hätte dir jemand ein Messer in den Rücken gerammt. Du hast mich blamiert!«

Meine Mutter nickt. Der Hund hat sich inzwischen einen Knochen aus dem Mülleimer geholt und knabbert daran. Mein Vater nimmt einen Schluck von seinem Bier.

»Ich wollte eben, dass du besser wirst. Ich wollte dich anfeuern!«

»Das war doch kein Anfeuern, das waren gepflegte Anschisse!«

»Ein guter Trainer muss eben die Wahrheit sagen.«

»Du warst kein guter Trainer.«

»Ich bin ein toller Psychologe.«

»Was? Zusammenscheißen als Psychologie? Ich lache mich kaputt!«

Ich merke, wie meine Hand zu zittern beginnt und wie meine Stimme bebt. Es fällt mir schwer, diese Dinge auszusprechen, gleichzeitig tut es auch verdammt gut. Es muss einfach raus. Ehrlichkeit ist in diesem Moment kein guter Freund, sondern ein Katalysator. Ich merke, dass ich bereits jetzt ungerecht und emotional werde – genau das wollte ich verhindern.

»Aber du wurdest doch besser. Schau dich doch an!«

Ich erkenne seine Taktik: einen Fehler mit dem Ergebnis rechtfertigen, als wäre er Helmut Kohl, der 1984 sagte: »Entscheidend ist, was hinten rauskommt.« Ich will diese Ausrede nicht gelten lassen.

»Du bist am Spielfeldrand gestanden und hast 90 Minuten lang herumgeschrien! Das hat mich belastet und nicht besser gemacht.«

»In der Jugend dauerten die Spiele nur 60 Minuten.«

Eine der wirkungsvollsten Taktiken eines Chefs bei Kritik: Ablenkung.

»Und ständig nur: Lauf mehr, beweg dich, spiel ab!«

»Na ja, es wäre ja auch unpassend gewesen zu sagen: Bleib stehen...«

Nächste taktische Variante: schlechte Witze einstreuen.

»Lenk nicht ab! Das tut einem weh. Und ein Lob gab es überhaupt nicht! Niemals! Du packst es ja heute nicht, mich dafür zu loben, was ich erreicht habe in meinem Leben! Andere haben Geld bekommen, wenn sie eine Drei geschrieben haben.«

Ich bin nervös, denn ich habe die Schwelle zwischen akzeptabler Kritik und ungebührlichem Verhalten deutlich überschritten. Ich bin nicht mehr kontrolliert, sondern erregt. Ich hätte nun einfach aufhören müssen. Das merkt auch meine Mutter. Sie sagt: »Ich mache noch ein bisschen Kaffee.« Sie nimmt dem Hund den Knochen ab und stellt sich an die Kaffeemaschine. Der Hund kommt zu mir und bettelt um Futter, ich zünde mir eine Zigarette an und tu so, als würde ich ihn nicht bemerken.

Mein Vater sitzt regungslos auf seinem Stuhl. Ich glaube, er ist nicht einmal wütend. Er hat wohl damit gerechnet, dass diese Unterhaltung irgendwann auf ihn zukommen wird. Jedenfalls bleibt er ruhiger, als ich gedacht habe. Ich merke, dass nun der entscheidende Moment dieses Gesprächs kommt. Ich kralle mich an der Zigarette fest.

»Ich habe immer für euch gesorgt. Ich habe dich zum Fußball gefahren! Zum Tennis! Zum Basketball! Ich habe dir alles gekauft, was du dazu gebraucht hast! Ich habe dein Studium in Amerika mitfinanziert! Deine Wohnungen! Dein Auto! Schau mal an, was andere Kinder hatten und was du hattest!«

Er wird nun doch ein wenig lauter.

Ich kontere: »Aber emotional warst du nicht da!«

Er steht auf: »Und welcher Vater ist eher aus der Arbeit abgehauen, damit er seinem Sohn beim Fußballspielen zusehen konnte?«

»Um mich zusammenzuscheißen!«

»Um zu sehen, was du machst!«

Ich bin in Rage und deshalb nicht zu bremsen.

»Du kannst dich nicht einmal jetzt dafür entschuldigen!«

»Wofür entschuldigen?«

»Du kannst keinen Fehler zugeben! Verdammt!«

»Welchen Fehler?«

Er nimmt sein Bier und sieht mich an.

»Dass es vielleicht nicht so toll war, mich auf dem Fußballplatz zusammenzuscheißen. Dass ich mich gefreut hätte, wenn ich ein Lob für eine Note Zwei bekommen hätte. Solche Sachen eben.«

Mein Vater sieht mich an. Dann steht er auf.

»So was Undankbares! Du bist so was von undankbar!«

Er dreht sich um und geht aus dem Zimmer. Das ist das eindeutige Zeichen: Wer mir jetzt folgt, den verspeise ich anstatt des Hühnchens auf dem Tisch. Ich bleibe am Tisch sitzen und drücke meine Zigarette aus. Meine Hand zittert. Meine Mutter steht bei der Kaffeemaschine. Der Hund kratzt an meinem Fuß und bettelt um Futter. Ich werfe ihm ein Leckerchen zu.

Aus dem Wohnzimmer tönt eine bebende Stimme: »Ernie!« Auch der Hund merkt, dass mit meinem Vater nun nicht zu spaßen ist, wendet sich schnell von mir ab und trippelt ins Wohnzimmer. Meine Mutter serviert mir Kaffee, aber ich habe keine Lust darauf. Ich gehe ins Wohnzimmer, direkt zum Chef.

»Jetzt bist du echt sauer, oder was?«

Er sieht mich nicht an.

»Halt's Maul!«

»Das ist alles?«

Er brüllt: »Halt's Maul! Mich so zu beschuldigen!«

Ich will etwas sagen, da kommt schon das dritte »Halt's Maul!«

Dann platzt es aus mir heraus: »Weißt du was? Du verhältst dich gerade wie ein Arschloch!«

Er dreht sich um: »Was hast du gesagt?«

»Wie ein Arschloch!«

Ja, ich habe gerade die Arschloch-Karte gezogen. Gegen meinen Vater. Gegen den Mann, der mich gezeugt hat.

Ich habe mich leiten lassen von Emotionen, obwohl ich genau das verhindern wollte. Ich habe nichts gelernt.

Ich flüchte nach oben in mein Zimmer, wo meine Mutter nicht nur das Bett frisch überzogen, sondern auch die Heizung perfekt eingestellt hat. Ich höre noch, wie mein Vater sich bei meiner Mutter über den undankbaren Idioten beschwert, den er da großgezogen hat. Ich glaube, dass es auch einige Nachbarn hören konnten.

Ich lege mich ins Bett und denke nach. Endlich habe ich meinem Vater mal die Meinung gegeigt, ich fühle mich befreit. Ich habe Dinge gesagt, die ich immer mal sagen wollte, die mir seit Jahren auf der Seele brennen. Das hat gutgetan. Und doch ist da dieses beklemmende Gefühl in der Gegend zwischen Lungenflügel und Magen. Ich bin nicht entspannt, sondern angespannt. Das Arschloch ist nicht er, das bin ich. In Embryonalstellung liege ich im Bett, dann stehe ich auf und sehe, ob ich irgendwo Alkohol entdecke. Fürsorgetechnisch hält meine Mutter mich noch für fünfzehn – womit sie zumindest im psychischen Bereich nicht so ganz unrecht hat –, also ist von Whisky und Wodka nichts zu sehen. Nur eine Flasche Wasser steht neben dem Bett.

Ich gehe nach unten ins Wohnzimmer, weil ich dort das einzige Lager für harten Alkohol vermute. Ich schleiche mich hinein und gehe direkt, ohne mich umzusehen, zur Bar. Mein Vater würdigt mich keines Blickes, der Hund – der sich auf die Seite des Alphamännchens geschlagen hat – auch nicht. Ich nehme mir einen Cognac, nicht aus Vorliebe, sondern weil nichts anderes zu finden ist. Ich trage die Flasche nach draußen, schnappe mir ein Glas und gieße es voll. Dann leere ich es auf einen Zug – und wundere mich, dass sich trotz 35 Prozent Alkohol kein wohlig-warmes Gefühl im Magen einstellt. Cognac schmeckt schrecklich, denke ich mir, dieses Getränk taugt nun wirklich nicht zum Kummerhinunterspülen. Warum gibt es keinen Whisky, der wenigstens die Speiseröhre hinunterbrennt und mich danach einschlafen lässt? Ich kann nur allen Menschen, die ihren Eltern mal die Meinung geigen wollen, empfehlen, genügend Lieblingsalkohol und Zigaretten mitzunehmen. Ich gehe vor die Haustür, weil ich befürchte, in der Küche den sorgenvollen Blicken meiner Mutter zu begegnen. Dort zünde ich mir eine Zigarette an und nehme einen tiefen Zug.

Ich habe meinen Vater tief gekränkt.

Ihm Versagen bei der Erziehung vorgeworfen.

Emotionale Leere.

Und ihn »Arschloch« genannt.

Das ist heftig. Ich kann mich nicht erinnern, jemals in meinem Leben etwas Schlimmeres zu einem Menschen gesagt zu haben.

Dabei hat es mir wirklich an nichts gefehlt in meiner Kindheit. Er war bei jedem Sportereignis dabei. Er hat mir stundenlang vorgelesen und bereits, als ich drei Jahre alt war, Wettbewerbe im Kopfrechnen mit mir veranstaltet. Geduldig hat er mir Bälle zugeworfen, bis ich endlich einen gefangen habe. Klar hat er mich oft zusammengeschissen, angebrüllt – aber er war immer dabei. Es ist eben nicht seine Stärke, Gefühle zu zeigen oder andere Menschen zu loben.

Die Zigarette ist schneller aufgeraucht als vermutet.

Ich fühle mich wie ein undankbares Arschloch.

Ich bin ein undankbares Arschloch.

Ich gehe nach oben, bringe den Cognac zurück und setze mich neben meinen Vater.

»Dad, es tut mir leid, ich habe das nicht so gemeint.«

Er sieht mich kurz an, dann streichelt er den Hund.

»Doch, du hast es so gemeint.«

Ich sehe ihn an.

»Nein, echt nicht.«

»Dein blödes Ehrlichkeitsprojekt! Du warst ehrlich und hast genau gemeint, was du gesagt hast. Du warst ehrlich.«

»Und wie ist das mit dir und deinem Spruch, dass du lieber zum Holzhacken gegangen wärst, als mich zu zeugen? Der tut nicht weh oder was?«

»Das ist Spaß. Dein Satz war ernst!«

Er sieht mich nicht an, sondern kümmert sich um den Hund. Ich bin darüber nicht unglücklich, denn ich hätte den enttäuschten und strafenden Blick wohl nicht ertragen. Ich kann nur aufstehen und rausgehen. Ich lege mich ins Bett mit der Erkenntnis, richtig Scheiße gebaut zu haben. Hätte ich doch nur weiter geschwindelt. Mein Leben wäre einfach gewesen. Nun allerdings habe ich es mir wohl verscherzt.

Als ich am nächsten Tag aufwache – es war vielmehr so, dass ich mindestens achtmal aufgewacht bin in dieser Nacht und eben dann aufgestanden bin, als es draußen hell war – und nach unten schlurfe, entdecke ich in der Küche nur meine Mutter. Sie werkelt an irgendwelchen Lebensmitteln herum und fragt mich sofort: »Kaffee? In der Thermoskanne ist noch einer, aber ich koche gern noch einen. Im Kühlschrank ist Wurst, und Semmeln sind auch schon da. Ich kann dir auch noch Käse holen oder ...«

Ich unterbreche sie: »Schon gut, Mama, Kaffee reicht erst mal.«

Der Hund sitzt neben meiner Mutter und versucht, sich so dünn wie möglich zu machen, indem er Wangen und Bauch einzieht. Ich habe mich jahrelang gefragt, wie er das macht – und mich natürlich darüber gewundert, dass Menschen den Bauch einziehen, um Paarungsfähigkeit zu demonstrieren, während Hunde den Bauch einziehen, um Futter zu bekommen und noch fetter zu werden.

Es gehört zu den herausragenden Eigenschaften meiner Familie, dass Probleme immer gleich angesprochen werden.

»Das war gestern nicht nett. Du weißt doch, wie er auf Kritik reagiert.«

Ich wollte nicht darüber reden, also sage ich: »Ich will nicht darüber reden.«

Das natürlich interpretiert meine Mutter so, dass ich nicht reden, aber dringend zuhören will und einen mütterlichen Ratschlag gebrauchen kann.

»Du weißt doch, wie er ist. Er sieht keine Fehler ein und denkt, dass er immer alles richtig macht.«

Sie stellt mir einen Kaffee hin und setzt sich zu mir an den Tisch.

»Er ist halt kein einfacher Mensch, dein Vater.«

»Hörst du mir eigentlich zu?«, frage ich.

Meine Mutter sieht mich fragend an: »Warum? Was ist denn?«

»Ich will nicht darüber reden, und du machst trotzdem weiter. Das machst du andauernd!«

Jetzt, wo mein Vater schon sauer ist, kann es nicht schaden, es sich auch noch mit der Mutter zu verscherzen.

»Du hörst nie zu. Du wartest immer nur darauf, dass du endlich wieder dran bist mit Reden. Ein geeignetes Stichwort, und schon schwappt aus deinem Mund eine Lebensweisheit oder eine Anekdote.«

Der Gesichtsausdruck meiner Mutter bleibt unverändert.

»Echt?«

»Ja, das war vor zwei Wochen auch so. Ich erzähle was von Hanni und mir – und schon springst du rein, unterbrichst und erzählst irgendwas über deine Freundinnen. Dabei waren wir noch nicht einmal fertig mit Erzählen. Du wolltest unbedingt deine Geschichte loswerden.«

Schon wieder zittern meine Hände, irgendwie fühle ich mich an das Gespräch mit meinem Bruder erinnert – was nicht verwunderlich ist, weil meine Mutter und mein Bruder gleichermaßen schrecklich verständnisvolle Menschen sind. Der Hund interpretiert das natürlich als Aufforderung, um ein Stück Wurst zu betteln.

»Das ist mir noch gar nicht aufgefallen.«

Meine Mutter ist selbst dann noch verständnisvoll, wenn sie zusammengeschissen wird.

»Ja, das ist wirklich so – und es macht mich wahnsinnig. Genauso wie deine Überversorgung!«

»Da habe ich mich schon bei Hanni entschuldigt.«

Ich bin erstaunt. Das ist wie ein Konter beim Fußball, statt meiner stürmt nun meine Mutter – auf mein Tor zu.

»Du hast was?«

»Ich habe Hanni gesagt, dass ich schuld bin, dass du so geworden bist.«

Pass nach außen.

»Wie bitte?«

»Na ja, ich habe ständig dein Zimmer aufgeräumt und sauber gemacht und gekocht. Ich wasche ja heute noch manchmal deine Wäsche. Ist ja kein Wunder, dass du unselbstständig bist und in eurer gemeinsamen Wohnung nichts machst.«

Flanke nach innen.

»Das war meine Erziehung – und nun hat sie dich an der

Backe und muss mit einem Schlamper leben, der nie aufräumt.«
Tor!
Mir fehlen die Worte.
»Tut mir echt leid.«
Abpfiff. Ich habe verloren.
Ich sitze am Küchentisch, eine Tasse Kaffee in der Hand. Der Hund kratzt an meinem Bein. Meine Mutter steht auf.
»Ich fahre nun mal einkaufen. Wann musst du wieder nach München fahren?«
»In einer Stunde.«
»Okay, ich habe deine Wäsche gewaschen. Packst du sie in den Koffer?«
»Ja.«
»Bis dann.«
Wortlos stehe ich auf, räume meine Tasse in die Spülmaschine und packe meine Klamotten in die Sporttasche. Der Hund sieht mir dabei zu und legt sich schließlich, als es ihm zu langweilig wird, in sein Körbchen und beginnt zu schnarchen. Ich gehe duschen und ziehe mich an. Als ich aus dem Bad komme, ist meine Mutter zurück vom Einkaufen, aus dem Wohnzimmer höre ich das Geräusch des Fernsehers, was mir zeigt, dass auch mein Vater seine morgendliche Runde mit Kontoauszugholen und Rauchen beendet hat.
Das Testament hat er bestimmt nicht geändert. Ich bin wohl immer noch der etwaige Nachzügler, aber immerhin bin ich nicht gestrichen. Trotz meines unglaublich schlimmen Auftritts. Nein, der war nicht ehrlich, der war gemein.
»Ich muss jetzt fahren.«
Meine Mutter nimmt mich am Arm.
»Sag dem Papa auch Tschüss, gell?«
Sie unterstützt die Bemerkung mit einem sorgenvollen Gesichtsausdruck.
»Ja, mache ich.«

Ich gehe ins Wohnzimmer, wo mein Vater auf der Couch liegt und sich per Videotext über den Stand seiner Aktien informiert.

»Dad, ich fahre dann mal wieder.«

Er sieht mich kurz an.

»Ja, wann kommst du denn wieder?«

»Nächste Woche.«

»Alles klar. Einen schönen Gruß an meine Lieblingsschwiegertochter. Hast du ein Glück, dass einer wie du so eine tolle Frau bekommen hat. Lasst es euch gut gehen. Fahr vorsichtig.«

Er hebt die Hand. Mehr sagt er nicht, aber ich weiß: Es bedeutet, dass er gerade noch sauer ist, dass sich das aber legen wird. Ich muss jetzt nichts sagen, ich muss einfach nur fahren und in einer Woche wiederkommen. Dann wird er mir verziehen haben.

So wie es Chefs eben machen.

Kapitel 19

Tag 35 – Ehrlichkeit ist nicht perfekt

Die Großstadt, sie hasst ihn. Ehrlich und abgrundtief. Sie zeigt es ihm bei jeder Gelegenheit. Sie ertappt ihn beim Schwarzfahren, obwohl er nur eine Station fährt. Sie lässt ihn in die falsche Richtung radeln, sie legt den Preis für ein Feierabendbier auf 3,40 Euro fest. Sie verlangt Mieten, für die man in der Kleinstadt, in der wir geboren wurden, eine komplette Straße mieten könnte. Sie ist einfach nur gemein, diese Großstadt.

Es ist eine persönliche Sache zwischen Holger und München. Holger, das ist mein bester Freund und mein Trauzeuge, den ich am Beginn dieses Buches bereits kurz erwähnt habe. Meine Frau bezeichnet ihn seit Jahren als meine »Zweitfrau«. Holger hat die Statur eines Eishockeyspielers, was er durch seine treuherzigen Augen wieder ausgleicht. Er hat eine überaus gutmütige Art, die auch optisch durch seinen großen Kopf und die treuen Augen unterstützt wird. Er sieht ein wenig aus wie John Goodman in »The Big Lebowski« und verhält sich nicht selten so. Auf dem Fußballplatz kann er wüten wie der Tasmanische Teufel, was aber vor allem daran liegt, dass er das Klischee zu bedienen hat, wonach Torhüter und Linksaußen gewaltig einen an der Waffel haben. Holger ist Torwart, im Training gibt er, um sich nicht umgewöhnen zu müssen, hin und wieder den Linksaußen. Er hätte bei »Schlag den Raab« gute Chancen, Stefan Raab zu besiegen. Seine Lieblingsspiele wären:

- Meeresbewohner-Raten
- Wo liegt dieser Ort?
- Elfmeterschießen
- Bud-Spencer-Zitate
- Schlägereien ausweichen
- Transfermarkt-Quiz
- Liegestütze

Es gab einmal während meiner Wahrheitswochen heftigen Streit mit meiner Frau. Wir waren gemeinsam auf einem Starkbierfest in einer Stadt, von der aus man einen wunderbaren Ausblick auf die Casinos in der Tschechischen Republik hat. Meine Frau war an diesem Tag bereits im achten Monat schwanger, weshalb sie keinen Alkohol trinken durfte und deshalb so viel Spaß hatte wie ein abstinenter katholischer Priester im »Bierkönig« auf Mallorca. Gegen zehn Uhr verkündete sie, dass sie nun nach Hause fahren wolle, und rechnete damit, dass ich ebenfalls aufbrechen würde.

Ich sagte ehrlicherweise: »Nein, ich bleibe mit Holger noch ein bisschen da. Du kannst ja schon nach Hause fahren, ist ja nicht weit. Ich komme später irgendwie heim.«

Sie sah mich entgeistert an, erkannte jedoch den Unsinn ihres Unterfangens, einen alkoholisierten Menschen von anderen alkoholisierten Menschen trennen zu wollen, und fuhr allein nach Hause. Sie sagte allerdings noch: »Du nervst mich so gewaltig, ich kann es keinem Menschen sagen.« Sie hat bei meinem Projekt ohnehin die Rolle des schlechten Gewissens übernommen, muss jedoch einsehen, dass nach dem Genuss von drei Starkbieren auch das schlechteste Gewissen nicht mehr viel Einfluss hat auf die Entscheidungen eines Menschen. Außerdem habe ich ihr damals noch nicht die lieben Zettel geschrieben mit den Gründen, warum ich sie jeden Tag liebe. Also war sie so gereizt wie die Knie eines Basketballspielers.

Holger und ich versicherten ihr, sicher nach Hause zu kommen, wenn das Fest zu Ende sein würde. Zu diesem Zeitpunkt wussten wir nicht, dass dieses Versprechen schwerer einzuhalten sein würde als jenes am nächsten Morgen, nie wieder Alkohol zu trinken. Als mehr Menschen unter den Tischen lagen als darauf tanzten, beschlossen wir, dass es an der Zeit sei, nach Hause zu fahren. Aus der Ferne torkelte mir Hannis Schwester Erika entgegen und fragte mich, wie ich denn nach Hause käme.

»Da fährt schon noch jemand, keine Sorge. Sind ja noch genügend Menschen da.«

Es fuhr niemand mehr.

Uns wurden zahlreiche Übernachtungsmöglichkeiten angeboten, was vor allem an Erikas Attraktivität lag, Wir schlugen alle Angebote aus. Wir wollten nach Hause. 17 Kilometer.

Ich sagte: »Egal, ich bestelle uns jetzt ein Taxi.«

Ich vergaß, dass es in meinem Heimatlandkreis nicht nur die besten Starkbierfeste und Karpfen in diesem Sonnensystem gibt, sondern dass auch Taxis drei Tage im Voraus bestellt werden müssen und nicht einmal bei einem Fest mit 3000 Menschen vor der Tür eins wartet. Der tschechische Taxiservice hätte uns nur abgeholt, wenn ich 150 Euro in Chips gekauft und sie im Casino verspielt hätte. Ich war in diesem Moment geneigt, auf das Angebot einzugehen, doch gab es niemanden, der mir das Geld hätte borgen können, weil es jeder in Starkbier investiert hatte. Holger motzte wie John Goodman in »The Big Lebowski«. Wir waren gefangen in einer Turnhalle, 17 Kilometer entfernt vom eigenen Bett, nachts um zwei Uhr.

»Was sollen wir denn machen, ich muss nach Hause«, jammerte Erika. Sie überdramatisiert Situationen gerne, aber in diesem Fall hatte sie wirklich recht.

Mir blieb nur eine Wahl: Ich rief bei Hanni an. Der Frau, die im achten Monat schwanger ist.

»Dein Mann hat ein Problem, er kommt nicht mehr heim«, versuchte ich lapidar zu erklären.

»Du bist wohl nicht ganz dicht«, hörte ich eine schrille Stimme aus dem Telefon. »Erst willst du nicht mit mir nach Hause, weil du mit Holger feiern willst – und dann soll ich dich auch noch abholen? Ich dreh wirklich durch, Schmieder!«

Nun war sie nicht mehr mein schlechtes Gewissen, sondern ehrlicher Zorn. Ich schämte mich wirklich, hatte aber keine andere Möglichkeit, nachdem ein 25-jähriger Mann mit Alkoholfahne den Arm um Erika gelegt hatte mit der Versicherung, dass sie ganz sicher bei ihm übernachten könne, wenn sie nett sei. Ich hoffe, dass er sich mittlerweile von dem Schlag in den Magen erholt hat, den ich ihm verpasst habe.

»Es tut mir so leid«, sage ich ins Telefon.

»Halt einfach die Schnauze und stell dich vor den Eingang. Wehe, wenn du nicht da bist, dann drehe ich total durch!«

Wir gingen nach draußen und warteten. Es war eisig kalt, aber wir blieben lieber draußen stehen.

»Warum machen wir so einen Quatsch?«, fragte Erika.

Ich sagte: »Keine Ahnung. Weil wir bescheuert sind, wahrscheinlich.«

»Hanni bringt uns einfach nur um.«

»Wahrscheinlich. Aber da müssen wir jetzt durch.«

Als Hanni mit dem Auto um die Ecke bog, setzten wir beide den mitleiderregendsten Gesichtsausdruck auf, der nach vier Maß Starkbier möglich ist.

»Rein mit euch und keinen Ton!«

Auf der Autofahrt nach Hause sagte ich keinen Ton, ich entschuldigte mich erst, als wir gemeinsam im Bett lagen.

»Ständig Holger hier, Holger da. Als ob ihr nicht genug miteinander unternehmt!«

»Es tut mir wirklich leid.«
»Ist schon gut jetzt – aber du weißt schon, wer unseren kleinen Sohn abholt, wenn er in 16 Jahren anruft und sagt, dass er keine andere Möglichkeit mehr hat heimzukommen.«
Sie deutete auf ihren Bauch.
»Ja, klar!«
»Er hat Narrenfreiheit, und das steht auch so in deinem Buch, damit es ja keiner vergisst!«
»Ja, ist in Ordnung!«
Holger übrigens musste sich von seiner Mutter abholen lassen – und genau das ist das Gesprächsthema, als wir ein paar Tage später in einer Münchner Kneipe sitzen und Fußball gucken. Er kommt erst fünf Minuten nach Anpfiff, weil die Großstadt ihn hasst und dafür gesorgt hat, dass er seine U-Bahn verpasst.
»Deine Mutter macht alles für dich. Koffer packen, Essen kochen, Wohnung aufräumen. Du müsstest mal rauskommen aus diesem gemachten Nest und selbstständig werden.«
Sollten Sie nun einwenden, dass meine Mutter hin und wieder auch meine Wäsche reinigt, dann darf ich Ihnen versichern, dass das was ganz anderes ist.
Er sieht mich an, als hätte ich das Gespräch auf Frauenfußball gelenkt.
»Was willst du denn jetzt?«
Werder Bremen erzielt gerade das 1:0, was meine Konzentration auf das Fußballspiel lenkt. Nach einem kurzen Jubeltanz und dem Bestellen eines neuen Biers schneide ich das Nesthockerthema wieder an.
»Du bist jetzt fast 31 Jahre alt und wohnst immer noch bei Muttern!«
»Na ja, ist doch bequem – und billig.«
»Aber wie willst du jemals erwachsen werden? Wir lästern die ganze Zeit über Nikos Bruder, weil der immer noch daheim wohnt und keinen Job findet – und du bist eigentlich keinen Deut besser.«

»Na ja, da ist schon ein Unterschied. Ich habe ein paar Jahre gearbeitet ...«

»... und wohnst jetzt wieder in der Dachwohnung deiner Eltern.«

»Mir gefällt's daheim eben. Ich kenne die Leute, ich kann in die Kneipe gehen und am Wochenende auf ein Fußballspiel. Ich wohne da, wo andere Menschen Ferien machen.«

Die Kleinstadt liebt ihn so, wie die Großstadt ihn hasst.

»Ja, ist schon klar, dass es daheim schön ist – aber die Stadt bietet eine Menge Gelegenheiten. Du kannst in die Oper, du kannst zu einem Bayern-Spiel – und wenn du unter der Woche abends Bock auf mexikanisches Essen hast, dann bestellst du es einfach.«

Mir ist beim Aussprechen dieser Sätze klar, dass die größte Gelegenheit der Großstadt für ihn ist, dass jede Stunde ein Zug in die Heimat fährt. Der benötigt zwar dreieinhalb Stunden, kommt aber meistens pünktlich an. Und mir ist auch klar, dass der ehrliche Hass der Großstadt auf ihn nicht mit mexikanischem Essen oder einem Bayern-Spiel zu kompensieren ist.

»Ich bin eben bequem – und außerdem kann ich mir die Großstadt nicht leisten. Ich verdiene eben nicht so viel. Ich muss einfach haushalten.«

»Es geht überhaupt nicht um Großstadt oder nicht Großstadt. Matthias ist mit seiner Frau auch wieder in unsere Heimatstadt gezogen. Es ist auch wunderschön dort. Aber er hat ein eigenes Haus, seine kleine Kirchenmaler-Firma, er steht auf eigenen Beinen. Du bist im Moment ein 30-jähriges Muttersöhnchen.«

»Spinnst du jetzt?«

»Na ja, das zeigt sich doch schon darin, dass du wieder angefangen hast, daheim Fußball zu spielen, obwohl du hier in München ein Praktikum absolvierst. Das bedeutet doch, dass du es kaum erwarten kannst, am Freitag endlich wieder nach Hause zu fahren.«

»Ich kenne da eben die Leute, und es gefällt mir dort, was ist denn daran so schlimm?«

»Schlimm ist, dass du nicht erwachsen wirst und dich nicht entwickelst. Du bist immer noch der Teenager, der bei Muttern wohnt und sich um nichts kümmern muss. Ich wette, dass dir deine Mutter deinen Koffer gepackt hat!«

»Ja. Und?«

Ich hatte das mit dem Kofferpacken als Scherz gedacht.

»Du bist noch schlimmer, als ich gedacht habe.«

»Leck mich doch am Arsch, was willst du denn überhaupt? Wir wollten hier Fußball gucken und uns nett unterhalten, und du fängst mit so einem Scheiß an. Du kannst mich mal.«

Er reagiert so, wie ich es eigentlich von meinem Bruder erwartet hatte – abweisend und genervt. Und mein Bruder reagierte verständnisvoll. Von Holger dachte ich, dass er mir zuhören würde, weil wir uns doch nahestehen und er gegenüber einem Rat von mir aufgeschlossen sein sollte. Wir sind schließlich Freunde und keine Brüder – Freunde kann man sich aussuchen, man mag sich grundsätzlich. Er beendet sein erstes Bier mit einem großen Schluck und steht auf. Auch das hätte ich von meinem Bruder erwartet und nicht von meinem besten Freund.

»Ich gehe jetzt mal aufs Klo.«

Werder Bremen kassiert den Ausgleich. Ich ärgere mich und bestelle Getränkenachschub.

Normalerweise bedeutet das Aufsuchen der Toilette in unserem Freundeskreis das Beenden des Gesprächsthemas. Ein einfaches Zeichen, für jeden verständlich. Damit will ich mich jedoch nicht zufriedengeben. Ich möchte nicht böse zu meinem Freund sein, mache mir aber wirklich Sorgen um ihn. Er war bis vor wenigen Jahren weltoffen; er war sogar der Einzige aus meinem Freundeskreis, der mich während meines Studiums in den Vereinigten Staaten besucht hat – und seitdem in der Studentenstadt Ann Arbor als Legende gilt, weil er auf einer Party eine Palette amerikanisches Bier getrunken hat, was für einen waschechten Bayern kein Problem ist, für die amerikanischen Studenten jedoch unvorstellbar war. Der Legendenbildung diente auch, dass sein Name eine für einen amerikanischen Studenten überaus lustige Nebenbedeutung haben kann. »Hooker« war ein Star dort.

Nun verkriecht er sich in der Dachwohnung seiner Eltern, die er sich mit seinem Bruder teilt, und wartet darauf, dass das Leben auf ihn zukommt und ihm etwas bietet.

»Was willst du denn jetzt nach dem Studium machen?«

»Keine Ahnung, ich habe mich bei einigen Firmen in der Gegend beworben. Mal sehen, was draus wird.«

Die Bedienung bringt uns Bier, wir stoßen kurz an.

»Und bei größeren Firmen hast du dich nicht beworben?«

Er sieht mich an, wie ein Mensch jemanden ansieht, der ihm andauernd den Finger ins Gesicht hält.

»Bei uns in der Gegend gibt es keine größeren Firmen.«

»Aber dann sind deine Chancen nicht besonders gut, oder?«

Er sieht auf sein Bier.

»Hmm, ich mache doch gerade Praktikum in München, die haben schon angedeutet, dass sie mir danach einen Job anbieten.«

Ich sehe ihn an, wie ein Mensch jemanden ansieht, der den Finger endlich aus dem Gesicht genommen hat.

»Na, das ist doch großartig.«

Er legt sein Gesicht in Falten.

»Na ja, ich weiß nicht. Erst einmal muss die Bezahlung stimmen, weil München teuer ist. Außerdem wird Anita erst im Winter mit dem Studium fertig, und ich weiß nicht, ob sie gleich einen Job bekommt. Wir wollen natürlich zusammenbleiben und möglichst in einer Stadt wohnen.«

Ich lächle.

»Aber sie wird in München eher etwas finden als daheim.«

Ich muss zugeben, dass meine Argumentation nicht ganz uneigennützig ist. Schließlich würde es mich freuen, wieder mit ihm in einer Stadt zu wohnen.

»Das ist mir schon klar, aber ich muss jetzt mal abwarten.«

Bremen erzielt das 2:1.

»Geiles Tor«, sagt er. »Die holen wirklich noch zwei Titel in diesem Jahr.«

Ich sehe ihn lange an.

»Interessiert dich denn überhaupt nicht, was ich dir sagen will?«

Er dreht sich nicht zu mir um, sondern sieht auf den überdimensionalen Fernseher, auf dem das Tor in der Wiederholung gezeigt wird.

»Nein, ehrlich nicht. Keinen Bock, von dir hier einen Film zu bekommen. Ich bin zum Fußballschauen hier.«

Damit ist das Thema endgültig abgeschlossen, von nun an geht es nur noch um Fußball und Bud-Spencer-Filme.

Ich erkenne, dass Ehrlichkeit gegenüber Freunden nicht so einfach ist, wie ich dachte. Ich war der Meinung, dass sich Freunde alles sagen können, dass Freunde vor allem dazu da sind, einander zu helfen und es sich gegenseitig zu sagen, wenn sich einer in eine falsche Richtung entwickelt.

Ich lag falsch.

Freunde sind noch viel sensibler als Arbeitskollegen. Sie wollen einen Ratschlag nur, wenn sie danach fragen. Denn wer bin ich denn, Menschen, die mich auf dem Schulhof verprügelt haben, deren Abitur doppelt so gut ist wie meines und die weitaus beliebter sind als ich, Ratschläge über das Leben und das Universum und überhaupt zu geben? Wir bewegen uns auf Augenhöhe, ich bin weder ein olympischer Gott noch Yoda aus »Star Wars«. Ich muss ein Freund sein und nicht Vater. Ich will schließlich auch nicht von ihnen hören, was sie an meinem Leben nicht toll finden.

Zu Beginn meines Projekts habe ich gesagt: »Wer die

Wahrheit hören will, den sollte man vorher fragen, ob er sie ertragen kann.« Nun muss ich ergänzen: »Wer die Wahrheit nicht hören will, dem sollte man sie nicht unbedingt sagen.«

Warum sollte eine meiner besten Freundinnen mich ernst nehmen, wenn ich ihr sagte, dass sie mit ihrem Perfektionszwang und dem zwanghaften Glauben, dass grundsätzlich alle Menschen verrückt nach ihr sind, alle anderen gewaltig nervt? Warum sollte mein Trauzeuge nicht tierisch beleidigt sein, wenn ich ihn zusammenstauche und ihm eröffne, er solle sich verdammt noch mal einen Job suchen, damit er seiner Freundin endlich einen Heiratsantrag machen kann und sie ihm nicht irgendwann davonläuft?

Und mir wird noch ein zweites Problem bewusst: Bei Menschen, die einander lange kennen, ist es nicht so einfach, plötzlich und unvermittelt mit Ehrlichkeit daherzukommen. Wer mich bisher nicht kannte und mir während meiner Ehrlichkeitswochen begegnete, bekam wohl den Eindruck, dass ich ein ziemlich taktloser Mensch bin, aber eben eine ehrliche Haut. Ich habe gesagt, was ich dachte, und damit konnten die Menschen umgehen – oder auch nicht. Freunde wie Holger wissen, dass ich zwar taktlos und bisweilen unfreundlich bin, dass ich aber doch über ein Mindestmaß an Respekt verfüge. Sie denken nicht: »Aha, so ist der eben.« Sie denken: »Was ist denn mit dem plötzlich los?« Holger und ich – wir sind seit mehr als 15 Jahren die besten Freunde, natürlich sind wir grundsätzlich ehrlich zueinander und sagen uns auch, wenn der andere gerade Quatsch macht. Aber wenn ich ohne Grund anfange, sein komplettes Leben zu kritisieren, dann ist seine Enttäuschung nur allzu verständlich.

Es funktioniert nicht, plötzlich ein ehrlicher Mensch zu sein und damit zu rechnen, von allen Freunden und Bekannten Verständnis und Anerkennung zu ernten – auch wenn die Lehre von *Radical Honesty* genau das fordert. In diesem Punkt muss ich vor allem nach dem Erlebnis mit Holger meinem Mentor Brad Blanton widersprechen. Man kann nicht plötzlich einem Freund unangenehme Wahrheiten an den Kopf werfen, ohne ihn vorzuwarnen. Man kann seiner Ehefrau nicht ungefragt erzählen, mit wie vielen Frauen man zuvor geschlafen hat und mit welchen es besonders gut war und was man alles mit ihnen angestellt hat. Mann kann nicht einfach ins Büro des Chefs marschieren und unverblümt lospoltern, was einem nicht gefällt. Ehrlichkeit, das ist eine tolle Sache, wirklich. Das habe ich in den vergangenen 35 Tagen gelernt. Sie ist eine tolle Freundin geworden, die mich zu einem besseren Menschen gemacht hat – und sie hat das Verhältnis zu meinem Bruder deutlich verbessert. Aber selbst die beste Freundin ist nicht perfekt und das Allheilmittel für jede Beziehung.

Nicht Lügen halten diese Welt zusammen und auch nicht Ehrlichkeit. Sie wird zusammengehalten von Menschen, die wissen, wann sie ehrlich sein müssen und wann eine kleine Lüge niemandem schadet. Wie bei so vielen Dingen im Leben sind die richtige Mischung und das genaue Timing ausschlaggebend. Bisher hatte ich stets Angst, verletzt zu werden, wenn ich Menschen aufrichtig verkündete, dass ich sie mag – und wenn ich während meines Ehrlichkeitsprojekts jemanden kritisierte, dann wirkte ich hochnäsig, arrogant und respektlos. Nicht nur ein Kompliment ist eine Kunst, sondern auch Kritik.

»Holger, das war gerade echt dumm von mir«, sage ich und proste ihm zu. »Ich hätte es anders formulieren sollen.« Der Schiedsrichter pfeift gerade ab, Bremen gewinnt das Spiel.

»Ist schon okay«, sagt er. »Ein bisschen hast du ja recht.« Wir stoßen an, trinken aus und gehen nach Hause. Als ich meine Jacke in den Schrank hänge, erreicht mich eine SMS. Sie ist von Holger: »Verdammt noch mal! Habe mich verfahren! Scheiß U-Bahn!«

Sie hasst ihn eben, diese Großstadt.

Kapitel 20

Tag 38 – Wahrheit bei Liebe und Sex

Wenn mein Verleger den Anfang dieses Kapitels liest, dann wird er wahrscheinlich die Hände über dem Kopf zusammenschlagen. Er wird mich anrufen und mir sagen, dass so etwas gar nicht geht. Dass ich die Passage streichen muss – oder zumindest freundlicher formulieren. Ich kann doch den Leser nicht verarschen und ihm auch noch mitteilen, was er nicht bekommt. Außerdem müsse es ein Kapitel geben, in dem Sex vorkommt, schließlich hätten sich doch die Bücher von Charlotte Roche und Sarah Kuttner allein deshalb schon eine Million Mal verkauft.

Aber es geht in diesem Buch um Ehrlichkeit und nichts als Ehrlichkeit – also schreibe ich, was ich will. Ob das einen Leser nun zufriedenstellt oder nicht.

Deshalb folgende Warnung vorneweg: Sollten Sie dieses Kapitel zuerst aufgeschlagen haben, weil Sie sich ein paar pikante Anekdötchen, schlüpfrige Erzählungen und intime Details aus dem Leben eines Nichtpromis erhofft haben, so muss ich Sie enttäuschen. Sollten Sie das Buch gar nur deshalb gekauft haben, dann muss ich mich bei den Marketingstrategen des Verlags dafür bedanken, dass jemand Geld bezahlt hat für ein Buch, das er gar nicht lesen will.

Ich werde hier nicht über Sex schreiben. Vor allem nicht über Details. Das liegt vor allem daran, dass meine Frau mir ziemlich deutlich klargemacht hat, dass ich keine Details mehr erleben werde, wenn ich es tue. Sie hat mir außerdem in aller Freundschaft erklärt, dass sie mich töten wird, sollte ich zu viel aus unserer Partnerschaft verraten.

Ich bin ja schon dankbar, dass sie dem Projekt nicht mehr ganz so negativ gegenübersteht wie zu Beginn und dass sie die Funktion des schlechten Gewissens übernommen hat. Außerdem hat sie bemerkt, dass sich meine Ehrlichkeit durchaus bezahlt macht für sie, seit sie kleine Zettel bekommt, auf denen steht, was ich genau an ihr mag – und ich kann nur jedem raten, das mal zu versuchen.

Sie ist zwar immer noch nicht begeistert von dem Gedanken, dass ich mein Leben und damit auch ihres in einem Buch ausbreite, sie hat jedoch gemerkt, dass wir beide bereits einige Sachen über unsere Beziehung gelernt haben, seit ich ehrlich bin.

Und überhaupt: Warum sollte es jemanden interessieren, was ich mit meiner Frau so anstelle? Wer so etwas lesen möchte, dem seien diverse Internetseiten empfohlen, auf denen nichtprominente Menschen ihr Sexualleben darlegen und darstellen. Ich frage mich zwar immer, wer überhaupt normalen Menschen beim Sex zusehen mag. Meiner Meinung nach geht es bei Pornos um die Fantasie, also darum, Menschen zuzusehen, die so künstlich sind, dass es sie im wahren Leben nicht geben kann. Wer will denn einen Bierbauch sehen, der gegen Hängebrüste klatscht? Aber es gibt ja auch Leute, die eine Wurzelbehandlung beim Zahnarzt toll finden. Auch Partnerschaftsratschläge wird es nicht geben, dafür empfehle ich die schätzungsweise 400 000 Beziehungsratgeber, die in den Buchhandlungen nicht zu übersehen sind – und die 20 000 Partnerschaftskolumnen, die es in Zeitschriften und im Internet gibt.

Immerhin, das habe ich ja schon verraten: Wir erwarten einen Sohn, also haben wir doch zumindest ein paar Sachen richtig gemacht – wobei ich mich mittlerweile ernsthaft frage, wie Menschen zusammenbleiben können, wo sie doch wissen, dass sie in einer Beziehung öfter belogen werden als bei einer Rede im US-Wahlkampf. Nirgends wird so sehr geschwindelt wie beim Flirten, in Partnerschaften – und beim Sex.

Seien wir mal ehrlich: Schon beim ersten Date wird gelogen, dass Baron Münchhausen uns bitten würde, in sein Schloss zu ziehen. Wir beschönigen unseren Beruf, wir verschweigen die Affäre während der letzten Beziehung, und natürlich kommt irgendwann die Beteuerung, es langsam angehen und den anderen erst mal kennenlernen zu wollen und dass deshalb ein Küsschen am Ende des Date vollkommen ausreiche. Ich will jetzt nicht den Mario Barth geben, aber dieser Hinweis an Frauen muss sein: Ein Mann, der beim ersten Date nicht mit einer Frau schlafen will, ist entweder schwul oder hat für Frauen so viel übrig wie ein Werder-Bremen-Fan für Uli Hoeneß.

Natürlich habe ich meiner Frau damals beim ersten Date gesagt, dass mir Händchenhalten vollkommen ausreiche, obwohl ich mich gern auf sie gestürzt hätte wie ein Tapir auf einen Ameisenhaufen. Ich musste mehr als fünf Monate warten – eine Warterei, die sich natürlich im Nachhinein gelohnt hat, aber stellen Sie sich nur mal vor, nach drei Monaten wäre die Beziehung zu Ende gewesen. Ich hätte wirklich etwas verpasst...

Die Lügerei geht weiter – und irgendwann fällt der unvermeidliche Satz: »Du bist die schönste Frau der Welt!« Zu diesem Satz möchte ich eigentlich nichts sagen, da das Mario Barth und 200 Frauenbuchautorinnen schon übernommen haben. Freilich könnte man behaupten, dass der Satz ein schönes Kompliment ist. Er ist aber vor allem eines: eine Lüge. Eine gemeine noch dazu.

Denn zum einen kann wohl niemand behaupten, die wahrhaft schönste Frau der Welt zu kennen – außer er ist mit der aktuellen »Miss Universe« befreundet, wobei es da ja auch noch die »Miss World«, die »Miss Intercontinental« und die »Mrs. Mum Universe« gibt. Also muss man es mit Hugh Grant in dem Film »Two Weeks Notice« halten, als ihm Sandra Bullock vorwirft: »Sie sind der egoistischste Mensch auf der Welt.« Er sagt: »Das ist doch töricht – als ob sie jeden Menschen auf dem Planeten kennen würden.«

Zum anderen ist der Satz eine Lüge, weil er nicht zum ersten Mal gesagt wird – es sei denn, der junge Mann befindet sich am Anfang der Pubertät. Ich glaube, dass ich – ich hoffe, meine Frau liest das nun nicht – schon etwa zwanzig Frauen erklärt habe, dass jede von ihnen die hübscheste auf der Welt sei. Natürlich kann man sich herausreden und erklären, es jedes Mal ernst gemeint zu haben. Eine Frau allerdings, die das glaubt, die glaubt wohl auch den Satz: »Nein, Schatz, ich würde nie mit deiner besten Freundin schlafen.«

Der Satz müsste also im besten und romantischsten Fall korrekt und ehrlich heißen: »Ich halte dich für die schönste Frau, die mir bisher in meinem Leben begegnet ist.« Das natürlich hört sich hölzern an, aber es wäre ehrlich.

Würde nun jemand einwenden, wo denn da die Romantik bliebe ohne geraspeltes Süßholz, dann würde ich einwerfen, dass dieses Buch »Du sollst nicht lügen« heißt und nicht »Die verführerischsten Floskeln, mit denen Sie jede Frau bekommen«. Sie sehen, worauf ich hinauswill. Ich gebe den »Ärzten« recht, wenn sie im Lied »Männer sind Schweine« singen: »Er lügt, dass sich die Balken biegen, nur um sie ins Bett zu kriegen!«

Ja, wir Männer sind Schweine – aber wir haben uns im Zuge der Metrosexualität dazu gezwungen, das zu unterdrücken. Plötzlich geben wir uns sensibel, waschen uns zweimal täglich, gehen zur Kosmetikerin und akzeptieren tatsächlich, dass Olive eine Farbe an der Wand des Wohnzimmers sein kann und nicht nur der Belag auf einer Pizza. Was also wird passieren, wenn ich die Wahrheit sagen muss? In der Ehe, im Ehebett – und wenn ich als verheirateter Mann andere Frauen in einer Bar treffe? Ich muss vorher den Ehevertrag checken. Oh, es gibt ja gar keinen ...

Bei der Hochzeit werden den Partnern langfristige Versprechungen abgerungen, die einem härtere Fesseln anlegen können als jedes Gefängnis. Lieben und ehren soll man den Partner und das am besten noch so lange, bis der Tod der Gemeinschaftlichkeit ein Ende macht. Dass diese Regel zu einer Zeit eingeführt wurde, als die Lebenserwartung gerade einmal 30 Jahre betrug und lebenslänglich verheiratet sein deshalb nur etwa 15 Jahre bedeutete – übrigens werden nicht wenige Gefangene, die in Deutschland zu lebenslanger Haft verurteilt werden, bei erfolgreicher Prüfung nach ebenjenen 15 Jahren freigelassen –, sei hier nur am Rande erwähnt.

Von Wahrheit und Ehrlichkeit ist in dieser Zeremonie keine Rede. Der Verfasser des Treueschwures hat wohl geahnt, dass Ehrlichkeit dem Tod zuvorkommen und die Scheidungsrate weltweit in unvorstellbare Höhen treiben würde.

Denn Ehrlichkeit – so zumindest der allgemeine Glaube – sorgt für mehr Probleme innerhalb einer Ehe als Fremdgehen, Männerabende und Schuhwahn zusammen. Ich dachte das auch, weshalb ich »Ehrlichkeit in der Ehe« ans Ende meines Projekts verlegen wollte, ohne mir bewusst zu machen, dass eine Ehe nicht nur bis zum Tod halten soll, sondern auch jeden Tag stattfindet.

Bei der Vorbereitung auf das Projekt kam mir die Vorstellung, meiner Frau die Wahrheit sagen zu müssen, schrecklicher vor als noch eine Fortsetzung der »Spiderman«-Filme. Ich dachte an die klassischen Fragen, die jeder Mann so fürchtet wie Impotenz und Haarausfall. Ich hatte mir vor dem Projekt fünf Fragen herausgeschrieben, vor denen ich am meisten Angst hatte:

- Findest du meinen Hintern zu fett?
- Wenn Nicole Scherzinger mit dir schlafen wollen würde, würdest du es tun?

- Wie viele Frauen hattest du vor mir?
- Wenn du dich zwischen Fußball und mir entscheiden müsstest, was würdest du wählen?
- Würdest du mich jetzt immer noch heiraten wollen?

Ja, ich habe diese Fragen beantwortet, und am Ende des Kapitels werde ich die Antworten auch verraten.

Ich habe mir auch ausgemalt, welche weiteren Fragen meine Frau sich ausdenken könnte. Sie ist ja ziemlich gerissen und hat manchmal Einfälle, die die Verrücktheit meiner Gedanken noch übersteigen. Deshalb hatte ich Angst, dass alles noch viel schlimmer kommen könnte. Ich bin mir nicht sicher, ob ich ihren Gesichtsausdruck richtig deute, als ich ihr verkünde, nun das Licht der Wahrheit auch auf sie scheinen zu lassen. Sie kommt mir vor wie eine Spinne, von der einem die Mutter ja auch immer sagt: »Bleib ruhig, die hat noch mehr Angst vor dir als du vor ihr.« In den Augen meiner Frau glaube ich eine Mischung aus Panik und Neugier auszumachen. Sie ist ja nicht freiwillig an diesem Projekt beteiligt. Sie wurde von mir dazu gezwungen.

Wir sitzen in einem kleinen Café in der Münchner Innenstadt. Wir waren spazieren gegangen. Ja wirklich, spazierengegangen, so wie es Ehepaare tun, die schon mindestens 25 Jahre verheiratet sind – und meine Abneigung gegen jede Form der langsamen Fortbewegung kennen Sie ja. Danach setzten wir uns in ein Café, wobei ich sagen muss, dass ich noch nie zuvor nachmittags in einem Café war. Ich meine, es ist kein Starbucks oder so, sondern ein Laden, in dem es nur Kaffee mit Koffein gibt und Kaffee ohne Koffein und dazu Tortenstücke, die den Kalorienbedarf einer kompletten Woche abdecken. Hanni bestellt sich, weil schwanger, zwei Stücke, ich belasse es bei Kaffee mit Koffein. Im Hintergrund sitzen vier Damen am Tisch, für die Udo Jürgens sein Lied »Aber bitte mit Sahne« komponiert zu haben scheint.

Wir sprechen über meine Schwester und deren Drang, unzufrieden zu sein mit ihrem Leben und deshalb ständig nach neuen Dingen oder Männern zu suchen. Eine unverfängliche Unterhaltung also. Eigentlich.
»Ich denke da auch häufiger darüber nach«, sage ich.
»Was meinst du?«
Sie schiebt sich ein Stück Schokotorte auf die Gabel, dann ein Stück Erdbeerkuchen und alles zusammen anschließend in den Mund.
»Ich denke auch darüber nach, wie es wohl gewesen wäre, wenn Dinge anders gelaufen wären.«
»Ahaaaa.«
Sie zieht die zweite Silbe so lange hinaus, dass ich sehe, wie sie die Tortengabel in meine Richtung dreht.
»Ich meine, wie es gewesen wäre, nicht mit dir verheiratet gewesen zu sein, sondern mit einer anderen Frau – oder wie es wäre, jetzt noch Single zu sein.«
Ich weiß, dass eine derartige Unterhaltung mit einer schwangeren Frau so klug ist, wie während eines »Ärzte«-Konzerts die »Toten Hosen« zu fordern, aber nun habe ich schon begonnen und komme wohl nicht ohne Verletzung aus der Sache heraus.
»Wie meinst du das genau?«
»Na ja, ich stelle mir vor, wie es wäre, wenn ich bei einer meiner Ex-Freundinnen geblieben wäre oder wenn du irgendwann Schluss gemacht hättest.«
Die Tortengabel glänzt.
»Und wie wäre das?«
Ich versuche zu lächeln.
»Keine Ahnung. Vielleicht wäre es lustig als Single. Vielleicht wäre ich auch glücklich mit einer anderen Frau geworden. Vielleicht wäre es aber auch die Hölle auf Erden.«
Sie kneift ein Auge zu.
»Gute Antwort.«
»Ich bin wirklich glücklich, dass ich dich habe – aber

ich frage mich schon manchmal, ob es möglich wäre, noch glücklicher zu sein.«

Sie reißt das Auge wieder auf.

»Schlechte Antwort, Schmieder. Ganz schlechte Antwort.«

»Ich will ja nur sagen, dass wir ein neues Leben bräuchten, um das rauszufinden.«

»Dir ist schon klar, dass ich dir die Eier abschneide, wenn du dir einbildest, ein neues Leben zu brauchen, um das rauszufinden?«

Ich sehe sie an.

»Ja, das hast du wiederholt angedeutet.«

Sie steckt die Tortengabel wieder in den Kuchen.

»Dann ist es ja gut.«

»Denkst du nie über so was nach?«

»Klar! Du brauchst nicht so zu tun, als wärst du der allerbeste Mensch auf der Welt.«

»Ach?«

»Na ja, du tust manchmal so, als würde ich nur tolle Dinge erleben, wenn du bei mir bist. Als wärst du der Retter oder so was. Bild dir bloß nicht ein, dass du der einzige Mann bist, der einem eine gute Zeit bietet. Es hätte bei mir auch anders sein können.«

»Okay, ist ja gut.«

»Siehst du, wie das ist?«

Ich bin ein wenig verwirrt. Ich sollte doch ehrlich sein und nicht sie.

»Was?«

»Weil du denkst, dass du der Beste bist – und einem dann mitteilst, dass du darüber nachdenkst, wie es mit anderen oder allein gewesen sein könnte. Dabei könnte das bei mir auch so sein, doch daran denkst du nicht.«

Die eigene Lüge ist stets nur halb so schlimm wie die des anderen. Die eigene Ehrlichkeit ist stets nur halb so schlimm wie die des anderen.

»Ist ja gut jetzt.«

»Ich wollte das nur gesagt haben.«
»Aber ich habe doch jetzt nichts Böses gesagt.«
»Aber auch nichts Gutes...«
Großartig. Bereits der erste Versuch ist gescheitert. Ich denke mir: Du taktloses Arschloch! Ich bin schon nach zehn Minuten Wahrheit in der Ehe gescheitert, mir gegenüber sitzt eine schwangere Frau, die sauer und mit einer Tortengabel bewaffnet ist – und das, obwohl die kritischen Fragen noch gar nicht gestellt wurden.

Das müsse auch so sein, sagt Wahrheitsdoktor Brad Blanton: »Wenn du mit der besten Freundin deiner Frau schlafen willst, dann sag es der Freundin – und sag es deiner Frau! Das macht am meisten Spaß. Und wenn du deine Frau an einem Tag hasst, dann teile es ihr mit!« Es könne zu Beginn schwer werden, am Ende würde es sich jedoch auszahlen.

Blanton fordert sogar, seiner Frau alles zu erzählen, auch seine Vergangenheit. Er meint damit nicht nur, seiner Frau zu berichten, mit wie vielen Frauen man geschlafen hat, sondern auch die Details zu schildern. Also, wie oft man es getan hat, wie man es getan hat, wie oft sie gekommen ist und in welchen Details die andere besser war als die aktuelle Partnerin. Worüber man sich besser mit der Verflossenen unterhalten konnte, welche Drogen man mit ihr genommen und welche Länder man mit ihr bereist hat. Einfach alles. Nur so könne man eine ehrliche, aufrichtige und glückliche Beziehung führen.

Klar, Mister Blanton, Mister Truth Doctor, schon in Ordnung. Ist ja auch zum fünften Mal verheiratet, der Mann – derzeit mit einer Flugbegleiterin, die 25 Jahre jünger ist als er. Hat bei Beziehungen anscheinend prima geholfen, dieses Wahrheitsding.

Wie sollen Beziehungen und Affären überhaupt entstehen, wenn am Anfang nicht ein wenig geflunkert werden darf? Meiner Meinung nach würde Mallorca zwei Drittel seines

Bruttoinlandsprodukts einbüßen, würden nicht jeden Sommer paarungsbereite Fußballmannschaften und liebestolle Lesezirkel dorthin fahren, um sich gegenseitig große Liebe zu versprechen, danach am Strand, im Hotelzimmer oder auch auf Loch 16 des Minigolfkurses zu poppen und am nächsten Morgen nicht einmal mehr den Namen des anderen zu wissen. Bei der Kontaktaufnahme helfen Komplimente – das belegen nicht nur entsprechende Rubriken in Frauenzeitschriften, sondern auch mehrere Studien. Ich habe jedoch von einem Experiment einer paarungsbereiten Fußballmannschaft gehört, die es sich an einem Abend auf Mallorca zum Ziel gesetzt hat, keine langwierige Anmache zu betreiben, sondern die erwählten Damen direkt nach Geschlechtsverkehr zu fragen. Okay, wir sind ja ehrlich: Ich war ein Mitglied dieser Fußballmannschaft. Das interessante Ergebnis dieser Spontanstudie: Die Unterschiede zwischen »Hast du mal Feuer?«, »Hallo, wie geht's?«, »Darf ich dir was ausgeben?« und »Hast du Bock auf Ficken?« waren marginal. Warum also überhaupt lügen? Wahrscheinlich, um das Risiko zu vermeiden, wie Dustin Hoffman in »Tootsie« einen Cocktail ins Gesicht geschüttet zu bekommen.

Bei kurzfristiger Körperkontaktaufnahme mag Ehrlichkeit also zum Erfolg führen, aber in einer Beziehung oder – noch schlimmer – in einer Ehe? Ich würde gern bei meiner Frau bleiben, deshalb lüge ich hin und wieder um des lieben Friedens willen. Ehrlichkeit? Tag für Tag? Das glimpflichste Resultat wäre Scheidung. Und davon haben ehrliche Menschen offensichtlich viele hinter sich. Es ist für Mr. Blanton wohl vertretbar, sich scheiden zu lassen, wenn man nur ehrlich ist. Die Sexualtherapeutin Ruth Westheimer erzählte einmal die Geschichte von einer Schauspielerin, die behauptete, in der Ehe stets treu gewesen zu sein. Sie war allerdings siebenmal verheiratet. Diese Form der seriellen Monogamie kommt also heraus, wenn man ehrlich ist? Na ja. Jeder hat so seine Vorlieben.

Warum dann überhaupt heiraten?

Es ist paradox und faszinierend zugleich, was in Menschen vorgeht, wenn es um Ehrlichkeit in einer Beziehung geht. Eine Studie der GfK (Gesellschaft für Konsumforschung) Nürnberg aus dem Jahr 2008 besagt, dass die meisten Menschen Ehrlichkeit und Treue in einer Beziehung für äußerst wichtig halten, jeweils exakt 58 Prozent der Befragten halten diese beiden Eigenschaften für besonders wichtig. Mir ist sofort klar, warum die beiden Zahlen exakt gleich sind: Die anderen 42 Prozent betrügen ihren Partner und sagen ihm nichts davon. Aber das ist nur ein Gedanke.

Jedenfalls wurde Ehrlichkeit doppelt so häufig genannt wie sexuelle Erfüllung (30,8 Prozent) – wobei ich nicht unerwähnt lassen möchte, dass es da einen Zusammenhang geben könnte zwischen Untreue und sexueller Erfüllung. Aber auch das ist nur ein Gedanke, den ich nicht weiterspinnen möchte, weil mir sonst meine Frau gegen das Schienbein und andere Körperteile tritt, wenn sie dieses Buch liest.

Nun halten 58 Prozent der Menschen Ehrlichkeit in einer Beziehung für äußerst wichtig – in einer anderen Studie jedoch gaben mehr als 80 Prozent an, dass zu einer funktionierenden Ehe kleine Geheimnisse gehören, und knapp 90 Prozent bestätigten, ihren Partner mindestens einmal in einer wichtigen Angelegenheit belogen zu haben. »Einerseits wird Ehrlichkeit und Offenheit von den Partnern als tragende Säule einer Beziehung angesehen. Auf der anderen Seite wäre es für alle Beteiligten unerträglich, wenn jeder Gedanke ausgesprochen würde«, sagt dazu der Psychologe Hans-Werner Bierhoff.

Ich habe da eine andere These: Wir finden es nicht besonders schlimm, dem Partner ein paar Bier, den vergessenen Mülleimer oder das Küsschen auf der letzten Firmenparty zu verheimlichen – aber wir können den Gedanken nicht ertragen, dass unser Partner sich ähnlich verhält und uns nichts davon berichtet.

Wir lieben zu lügen – und hassen es, angelogen zu werden. Und so leben wir nebeneinander her und belügen uns gegenseitig. Solange die Lüge nicht herauskommt – wie bei den vorhin erwähnten Steffi und Uwe –, denken wir, dass wir die glücklichste Beziehung auf Erden führen und unseren Partner 24 Stunden am Tag lieben. Sieben Tage die Woche. 365 Tage im Jahr. Bis dass der Tod uns scheidet.

Ganz ehrlich: Es gibt Tage, an denen ich meine Frau hasse. Ehrlich und abgrundtief.

Ich bin sicher, dass sie mich manchmal auch hasst. Wahrscheinlich öfter als ich sie.

Die Ehe funktioniert dennoch, weil diese Momente verstreichen und wir uns grundsätzlich doch mehr lieben als hassen. Warum aber dieses System des Schweigens? »Weil wir manipulative und verlogene Hurensöhne sind«, sagt Blanton. Man müsse auch in einer Ehe lernen, mit Wahrheit umzugehen.

Meine Frau kann das.

Ich erzählte ihr zu Beginn des Projekts, dass ich einer Kollegin gesagt habe, dass ich deren Arsch fantastisch finde. Sie lächelte nur. Nur: Ich habe der Kollegin auch gesagt, dass ich gerne zugreifen würde. Das brachte mir von der Kollegin einen Tritt gegen mein Schienbein ein, von meiner Frau wiederum ein Lächeln, jedoch ein gequälteres. Sosehr ich mir Mühe gebe, meine Frau ist nicht aus der Fassung zu bringen. Und ich wundere mich nun seit fünf Wochen, warum das so ist. Will sie sich nur nicht einlassen auf mein Ehrlichkeitsprojekt, will sie mich bestrafen oder einfach nur ärgern?

Es sind nicht die großen Fragen – siehe oben –, bei denen in einer Ehe Aufrichtigkeit erforderlich ist. Diese Fragen werden nur äußerst selten gestellt. Es sind vielmehr die kleinen Situationen, aus denen man sich mit einer kleinen Notlüge befreien kann. Es geht in der Ehe nur selten um den fetten Hintern der Frau und um das Hinterherschielen in Bezug auf andere hübsche Geschöpfe, sondern meist darum, den Alltag ein wenig angenehmer zu gestalten. Und meine Frau ist eine Meisterin in der Kunst, den Alltag ein wenig angenehmer zu gestalten. Ich glaube sogar, dass, wenn man bei Google die Begriffe »Tricks«, »Alltag« und »angenehm« eingibt, dort ein Bild von meiner Frau auftaucht.

Sie ist gerissen und subtil.

Sie stellt plötzlich andere Fragen. Aus einem »Magst du mir die Füße massieren?« (die Antwort darauf wäre an diesem Abend »nein« gewesen) wird ein »Würde es dir wirklich etwas ausmachen, mir die Füße zu massieren?« Schon hatte ich Massageöl an den Fingern. Gerade das »Würde es dir *wirklich* etwas ausmachen...« sorgte dafür, dass ich in den folgenden Tagen der Privatsklave meiner Frau wurde, weil sie ständig neue zweite Satzteile fand: »...das Bad und vor allem das Klo zu putzen«, »...noch einmal einkaufen zu fahren, obwohl du gerade erst warst« und »...wenn ich mir einen Schminktisch kaufe und ins Schlafzimmer stelle«. Ich war nicht nur Sklave, sondern plötzlich auch pleite. Nicht die großen Fragen bringen mich in Schwierigkeiten, sondern die kleinen Bitten und Gefallen. Und ich wundere mich, dass nur wenige Dinge mir *wirklich* etwas ausmachen.

Ich hasse meine Frau trotzdem dafür, dass sie meine Ehrlichkeit derart schamlos ausnutzt – und das, obwohl sie mir noch keine einzige der Fragen gestellt hat, vor denen ich Angst habe.

Aber wovor habe ich Angst? Dass sie erfährt, dass ich eine ziemlich wilde Studentenzeit hatte? Dass sie herausfindet, dass ich sie hin und wieder nicht mag? Dass sie weiß, in wen ich früher verliebt war? Was wäre so schlimm, wenn sie wirklich alles von mir wüsste?

Ich glaube, das Schlimme daran wäre, dass wir uns inklusive kleiner Geheimnisse kennen- und lieben gelernt haben und es, käme ich jetzt mit Ehrlichkeit um die Ecke, vielleicht ein Schock wäre, von dem sich keiner von uns erholen würde – es wäre noch schlimmer als bei Holger vor ein paar Tagen, weil der ist ja nur meine Zweitfrau und Hanni doch die Hauptfrau. Wären wir von Anfang an vollkommen aufrichtig gewesen, hätte sich die Beziehung vielleicht anders, eventuell aber ebenso glücklich entwickelt. Einen Versuch wäre es wert gewesen. Aber so hat jeder seine Geheimnisse, und wir können nun nicht von einem auf den anderen Tag damit beginnen, vollkommen ehrlich zueinander zu sein.

Wahrscheinlich ist es Erziehung oder auch nur meine Nationalität, dass ich zuerst die negativen Dinge sehe. Und ich erkenne langsam, wie armselig das eigentlich ist. Könnte eine Ehe nicht besser werden, wenn man wirklich aufrichtig zueinander ist? So wie es der Truth Doctor Brand Blanton in seinen Büchern verkündet?

Einen Versuch ist es wert – und wenn es nicht funktioniert, dann würde ich eben den Rest meines Lebens dafür büßen und aufgrund des fehlenden Ehevertrags Alimente und Unterhalt bezahlen. Da ich die Steuererklärung nun ehrlich mache, bleibt da ohnehin kaum etwas, das ich noch abgeben könnte.

Sie sitzt an diesem Nachmittag am Küchentisch und sieht fantastisch aus. Sie sieht immer fantastisch aus – außer wenn sie sauer auf mich ist –, aber an diesem Tag ist es fantastischer als gewöhnlich. Sie trägt Hotpants und ein enges T-Shirt, unter dem sich ein mittlerweile doch sehr stattlicher Schwangerschaftsbauch abzeichnet. Sie hat weiterhin einen knackigen Arsch und feste Brüste. Sie sieht aus wie die Wunschvorstellung von Bruce Willis' Gespielin in »Pulp Fiction«, die sagt: »Ein Kugelbauch ist sexy! Der Rest an dir ist normal: normales Gesicht, normale Beine, normale Hüften, normaler Arsch – aber mit einem großen, perfekt geformten Kugelbauch.« Ihre schwarzen Haare hat Hanni zu einem Zopf gebunden, sie ist leicht geschminkt und formt ihre Lippen zu einem Schmollmund, als sie auf den Laptop einhämmert.

Ich sehe sie lange an, dann muss ich die Wahrheit sagen: »Schatz, du siehst gerade fantastisch aus. Du siehst immer fantastisch aus – außer wenn du sauer auf mich bist –, aber gerade ist es fantastischer als gewöhnlich. Du bist richtig sexy.« Sie sieht mich kurz an, dann steht sie auf, geht auf mich zu, knutscht mich ab, zerrt mich ins Schlafzimmer. Wenn ich in diesem Kapitel Details nennen würde, dann würde ich schreiben, dass wir es nicht mal mehr ins Schlafzimmer geschafft haben und ich insgesamt ein komplettes Live-Fußballspiel verpasst habe. Und das nur, weil ich mich nicht nur heimlich über die Schönheit meiner Frau gefreut und mich dann wieder dem Fernseher gewidmet habe, sondern weil ich nur kurz gesagt habe, was ich denke. So einfach kann das sein.

Ich bin einfach nur ehrlich. Und habe den besten Sex seit Wochen.

Unglaublich.

Die Ehrlichkeit hat noch weitere positive Seiten. Sehr positive sogar. Am Wochenende gingen wir in ein Einkaufszentrum. Ich sagte: »Da habe ich null Bock drauf, ich würde jetzt lieber in einer Kneipe Bundesliga gucken.« Ich bereitete mich schon auf einen bösen Blick – den jede Frau in ihrem Mimikrepertoire hat –, ein paar Schimpftiraden und anschließendes Abbuchen vierstelliger Summen von meiner Kreditkarte im Schuhgeschäft vor, während ich mit anderen Leidensgenossen auf diesen unbequemen Männerdeponiersesseln dahocken und die inoffizielle Weltmeisterschaft im Dauerseufzen austragen würde, da sagte sie: »Ist schon okay, da vorne ist doch eine kleine Bar. Ich hol dich um Viertel nach fünf dort ab.« Nachdem ich mich fünfmal selbst geohrfeigt hatte, um zu testen, ob ich auch wirklich wach bin, schlenderte ich in die Kneipe. Ein grandioser Nachmittag mit fremden Menschen, die mich nicht einmal schief ansahen, als ich mich über ein Tor von Werder Bremen freute – auch wenn mein Konto via Kreditkarte geplündert wurde. Aber das war ja schon vorher klar. Meine Ehrlichkeit zahlte sich aus.

Natürlich streiten wir auch. Heftig. Unnachgiebig. Bitter. Es war am achten Abend der ehelichen Wahrheitswochen, als wir die erste ehrliche Diskussion führten. Es ging um Haushalt, es ging um Verdienst, es ging um Verpflichtungen von Ehepartnern. Kurz: Es ging eigentlich um gar nichts. Normalerweise wäre die Diskussion nach kurzen Sätzen, einer zu laut zugeschlagenen Tür und den damit beginnenden Vorbereitungen auf Versöhnungs-Sex beendet gewesen. Nicht so an diesem Abend, an dem ich nicht nachgab, sondern ehrlicherweise immer weiterbohrte, bis ich an der Wurzel angelangt war. Dann bohrte ich noch kräftiger und schneller. Und ehrlicher. Ich kombinierte die Worte »faul«, »Geld verdienen«, »Füße hochlegen« und »kochen und putzen« so, dass der daraus gebildete Satz positiv für mich ausfiel. Daraufhin verband sie die Worte »Arschloch«, »fauler Sack« und »egoistischer Vollidiot« so, dass es für mich negativ wurde – was mich jedoch in meinem Eifer nicht nachlassen, sondern mich weitermachen ließ wie einen Betrunkenen, der an der Bar eine Frau anspricht, obwohl er schon zwei Absagen bekommen hat. Ich zählte all meine Heldentaten im Haushalt auf, erläuterte ihr meinen Gehaltszettel mit der damit verbundenen Arbeitsstundenzahl und führte ein paar Beispiele auf, von denen man gemeinhin denkt, sie wären Mitte der 60er-Jahre aus der Mode gekommen – ich glaube, ich habe sogar das Wort »Hausfrau« benutzt. Sie dagegen blieb bei ihrer vorhin erwähnten derben Wortwahl, woraufhin ich mich in meiner Kreativität herausgefordert fühlte und sie einen »weinerlichen Jammerlappen ohne Gespür für die männliche Seele« nannte. Ich fand das gut, appellierte es doch gleich doppelt an ihre Gefühle und brandmarkte dabei ihre Ignoranz. Dann sah ich, wie aus ihren Augen Tränen kullerten. »So bist du also«, sagte sie. Ich beschloss, die Tränen zu ignorieren und mich weiter in meiner Kreativität zu weiden: »Ja, so bin ich, wenigstens jammere ich nicht rum. Wenn die Wohnung dreckiger ist als das Zimmer eines Teenagers nach einer Party, dann lass uns eine Party feiern, und wir räumen später auf.« Sie sagte nichts mehr, was ich zunächst als Sieg meiner Rhetorik deutete.

Dann kam es mir: Ich wollte ehrlich sein und habe es übertrieben, wie schon so oft zuvor. Timing und Ausgewogenheit gehörten noch nicht zu meinen Stärken. Hanni weinte, weil ich ungerecht war. Ich wollte mich entschuldigen – ehrlich. Aber es war zu spät. Die Couch sollte wieder einmal mein Nachtlager sein. Erst am nächsten Tag durfte ich mich entschuldigen.

In der Ehe läuft es dennoch – bis auf diese kleinen Eskalationen, die mir am nächsten Morgen dann doch verziehen werden – prächtig, weshalb ich Ihnen lieber von einer nur kurz zurückliegenden Begebenheit erzählen möchte.

Ich war mit Ralf und einigen anderen Freunden in der Münchner »Reitschule« – was weder etwas mit Pferden zu tun hat noch eine Metapher für ein Freudenhaus sein soll. Es ist eine schöne Bar mit einer fantastischen After-Work-Party am Donnerstagabend. Ich finde übrigens, dass After-Work-Partys zu den zehn bedeutendsten Errungenschaften des 21. Jahrhunderts gehören – man trifft Menschen, feiert ein wenig und ist doch früh genug zu Hause, um am nächsten Tag keinen Kater zu haben.

Von Ralf weiß ich, dass er beim Ansprechen von Frauen verkrampfter ist als die Wade eines untrainierten Sportlers nach einem Fußballspiel mit Verlängerung. Er steht meist in einer Ecke und tut so, als wäre er John Wayne beim Betreten eines Saloons. Dort steht er dann den ganzen Abend, weil er auf diese Weise im Nachhinein nie zugeben muss, einen Korb bekommen zu haben. Aber natürlich hätte jede Frau in diesem Club gerne mit ihm geschlafen. Manche sogar zweimal.

Ich habe mir vorgenommen, an diesem Abend eine Frau anzusprechen, obwohl ich verheiratet bin – und obwohl ich noch verkrampfter bin als Ralf. Ich bin nämlich gewöhnlich der Typ, der den ganzen Abend neben Ralf steht und an seinem Bier nuckelt und gemeinsam mit Ralf die Frauen aufzählt, die alle auf uns stehen und am liebsten mit uns nach Hause gehen würden.

Nicht so an diesem Abend. Ich musste das mit der Ehrlichkeit testen.

Nach dem Begrüßungssekt, zwei Bier und einem eher autofahrerfreundlich gemischten Wodka-Red Bull sehe ich eine Frau an der Bar, die mir zum einen hübsch und zum anderen kontaktwillig erscheint. Ich ziehe Bauch und Wangen ein, presse Brust und Oberarme nach außen und gehe auf sie zu.

Gott, ist das lange her, dass ich eine Frau angesprochen habe.

Aber ich rede mir ein, dass es nun dem Dienst der Wissenschaft oder zumindest einem Kapitel in diesem Buch dient, wenn ich sie anspreche.

»Hi«, sage ich und merke, dass ich schon bei diesem Wort Artikulationsschwächen habe. Sie dreht sich um, sie lächelt sogar und sagt ebenfalls »Hi«. Dann folgen die Sätze, die ich schon nachmittags auswendig gelernt habe: »Ich will vollkommen ehrlich sein: Du bist wirklich hübsch, aber leider bin ich verheiratet und darf deshalb nicht versuchen, dich ins Bett zu kriegen. Aber es wäre super, wenn wir ein wenig flirten und uns unterhalten könnten.«

Ich ließ den Satz erst einmal wirken.

Sie sagte sofort: »Für einen Anmachspruch ist das mal originell.«

Sie prostete mir zu. Ich versicherte ihr, dass es kein Anmachspruch gewesen sei, zeigte ihr meinen Ehering und versicherte ihr, dass meine Absichten nur die besten seien. Ich sagte: »Natürlich würde ich versuchen, dich für mich zu begeistern, wenn ich nicht verheiratet wäre. Ich würde sogar versuchen, dich ins Bett zu bekommen. Wahrscheinlich hätte ich irgendwas Dummes gesagt, und du hättest dich umgedreht oder so.«

Sie sah mich verwundert an.

Wir unterhielten uns eine Stunde lang, am Ende sollte ich meiner Frau einen schönen Gruß ausrichten – sie gab mir sogar ihre Telefonnummer. Es war noch nie so einfach, eine Frau kennenzulernen, wie in dieser Situation durch Ehrlichkeit.

Mir wurde am Ende nur ein Dilemma bewusst: Was hätte ich getan, wenn die hübsche Frau so reagiert hätte: »Hey, ist mir scheißegal, dass du verheiratet bist. Ich habe auch einen Freund, der ist aber nicht da. Lass uns zu mir nach Hause gehen und miteinander schlafen.«

Ich hätte ehrlicherweise mitgehen müssen – aber Gott sei Dank passieren solche Dinge nur in 70er-Jahre-Pornos.

Wahrscheinlich hätte ich ehrlich gesagt: »Ich kann meine schwangere Frau nicht betrügen.« Ich bin aber dennoch froh, dass es nicht zu dieser Situation gekommen ist.

Apropos ehrlich: Ich muss vielleicht noch sagen, dass diese nette Frau die fünfte war, die ich an diesem Abend angesprochen habe – und die erste, die positiv reagierte. Hier sind die anderen vier Reaktionen:

- »Du willst mich jetzt verarschen, oder?«
- »Ich muss zu meinen Freundinnen!«
- »Ja klar!«
- »Ich muss leider zu meiner Freundin!«

Diese Antworten waren ja nur mehr oder weniger nette Varianten von »Verzieh dich, du Penner!«. Aber eine reagierte aufgeschlossen. Wer auch immer behauptet, dass eine von zehn Frauen mitmachen würde, wenn man einfach nur hingeht und sagt: »Wollen wir ficken?«, könnte gar nicht unrecht haben, wie ja auch das Experiment meiner Fußballmannschaft auf Mallorca zeigte.

Ich behaupte zwar, dass die Quote – ob acht von zehn oder eine von einer Million – von der Attraktivität des Mannes abhängt, aber das tut jetzt nichts zur Sache. Auch nicht, wie meine Quote aussehen würde. Frauen mögen Ehrlichkeit anscheinend, und zumindest eine der Absagen, die mit dem Verarschen, klang ehrlich. Die mit der Freundin war natürlich eine Lüge. Denke ich zumindest.

Ich erzähle meiner Frau, dass ich versucht habe, andere Frauen anzusprechen – was sie nur mit einem Lächeln quittiert, das ich nicht eindeutig interpretieren kann. Ich weiß nicht, ob sie sauer ist oder einfach kein Interesse hat. Da sie aber nicht von ihrem Buch aufsieht, wird mir klar, dass sie keine Lust hat, sich den Rest der Geschichte anzuhören.

Unser Sexualleben jedenfalls leidet keinesfalls unter dem Ehrlichkeitsprojekt. Ich darf ja keine Details schreiben, weil ich sonst keine Details mehr erlebe – und kann nur so viel sagen: Ich kann meine Frau zu Dingen bewegen, die sie mir bisher nicht erlaubt hat. Sie ist in dieser Zeit ebenfalls ehrlich und erklärt mir Dinge, die ich ihrer Meinung nach falsch machen würde – weshalb ich mich an dieser Stelle bei meinen ehemaligen Freundinnen in aller Form entschuldigen möchte, dass ich so viel falsch gemacht habe. Gott, war ich schlecht!

Warum habt ihr denn nie was gesagt?

Jetzt, am Ende meiner Aufrichtigkeitsphase während der Ehe, frage ich meine Frau, warum sie bei allen Erzählungen nur gelächelt und warum sie mir nie eine fiese Frage gestellt hat.

Sie antwortet nur: »Was willst du denn von mir? Du hältst dich für hübsch und attraktiv und genial. Du bist arrogant. Du empfindest es als Beleidigung, wenn sich eine Frau nicht sofort in dich verliebt. Du willst, dass all deine Ex-Freundinnen weiter in dich verknallt sind. Du flirtest gern mit Frauen. Du kannst nicht leiden, wenn dich jemand nicht mag. Du willst immer der Beste sein. Du kannst nicht verlieren. Du kannst keinen Fehler zugeben. Du denkst, deine Probleme sind wichtiger als die anderer Menschen. Du bist so unordentlich, dass ich den Inhalt deines Schranks manchmal auskippen und auf das Bett schütten will. Du schaust anderen Frauen hinterher. Du gehst oft lieber mit deinen Jungs einen trinken, als bei mir zu sein, und traust dich nicht, es mir direkt zu sagen. Du hältst dir Holger als Zweitfrau, und manchmal bin ich eifersüchtig. Du beklagst dich ständig, dass du alt und fett wirst, und unternimmst überhaupt nichts dagegen. Es nervt mich tierisch, dass du nicht nett zu meinen Freunden bist und auf Partys mit schlüpfrigen Sprüchen glänzen willst. Was glaubst du, was ich erfahren hätte, das ich nicht eh schon weiß? Deine früheren Beziehungen? Uninteressant. Ob du andere Frauen attraktiv findest? Will ich nicht wissen. Bisher habe ich nicht gefragt, weil ich nicht wollte, dass du lügst. Jetzt frage ich nicht, weil ich die Antwort nicht hören will. Zum einen kenne ich sie, und zum anderen interessiert es mich nicht. Ich mag dich meistens so, wie du bist. Ich brauche nicht mehr zu wissen.«

Bamm!

Das war ihre Ehrlichkeit. Aufgespart für Tag 38. Gründonnerstag.

Sie steht im Raum. Ich weiß nicht, was ich sagen soll.

Einerseits bin ich sauer, wie ich es bisher nur war, wenn ich erfahren habe, dass es keine »Yes«-Törtchen mehr gibt. Andererseits bin ich nicht beleidigt, weil sie mir nur Dinge an den Kopf geworfen hat, die wirklich stimmen und die ich schon kenne. Sie ist ehrlich zu mir, und das tut wirklich gut.

Deshalb gehe ich auf sie zu und zerre sie nach oben – und das, obwohl sie dieses hässliche Sommerkleid trägt, über das ich mich beim Hersteller beschwert habe und wofür ich noch heute auf eine Antwort warte.

Ehrlichkeit in einer Beziehung, das kann etwas Wundervolles sein, wenn sie nicht aus Ärger eingesetzt wird, sondern aus Respekt vor dem anderen. Ich kann meiner Frau jetzt sagen, dass ich das Sommerkleid bescheuert finde oder dass sie in diesem einen Bikini einen fetten Arsch hat. Sie teilt mir mit, wenn ich mal wieder eine One-Third-Life-Crisis habe, und verkündet mir, dass es besser wäre, wenn ich mich bei *Weight Watchers* anmeldete. Und ich traue mich, ehrlich und offen zu sagen, dass ich sie heiß finde und jetzt auf der Stelle Sex haben möchte. Ich mache ihr jetzt häufiger Komplimente, sodass es selbst meinen Eltern aufgefallen ist, wie nett wir beiden miteinander umgehen. Dabei ist es nur ehrlich.

Wir wissen viel über unsere Vergangenheit, wir planen die Zukunft ehrlich miteinander. Wir können in der Gegenwart Gefühle zeigen – von Liebe bis zu Zorn.

Nein, wir führen wahrlich keine perfekte Beziehung. Wir haben Probleme miteinander, und manchmal hassen wir uns. Aber wir lieben uns – und haben deshalb die Chance, dass diese eine Ehe länger hält als alle von Brad Blanton zusammen. Wir praktizieren respektvolle Ehrlichkeit und keine radikale Ehrlichkeit wie Blanton.

Natürlich sind meine Frau und ich auch noch aus anderen Gründen als Liebe und Ehrlichkeit zusammen. Aber die gehen nun wirklich niemanden etwas an, weshalb ich sie ebenso wenig mitteilen werde wie sexuelle Details.

Sollten Sie die wirklich vermissen: Gehen Sie doch einfach zu Ihrem Partner und sagen ihm ehrlich, wie hübsch Sie ihn finden und welche Details Sie vermissen. Sie werden mehr erfahren, als Sie jetzt glauben.

Oh, das hätte ich ja fast vergessen. Ich schulde Ihnen noch die Antworten auf die fünf Fragen – die meine Frau nicht interessieren, wie sie mir versichert hat. Aber mancher Leser hat das Kapitel wohl nur durchgestanden, um die Antworten zu lesen. Also, hier sind sie:

»Findest du meinen Hintern zu fett?« – Nein, aber es gibt welche, die ich sexier finde als deinen.

»Wenn Nicole Scherzinger mit dir schlafen wollen würde, würdest du es tun?« – Ja. Ich weiß zwar, dass du mir dann die Eier abschneiden würdest – aber ein Hund frisst auch jede leckere Wurst, die man ihm hinwirft, obwohl er längst satt ist.

»Wie viele Frauen hattest du vor mir?« – Genug, damit du die letzte bist.

»Wenn du dich zwischen Fußball und mir entscheiden müsstest, was würdest du wählen?« – Weil du mir diese Frage nie stellen wirst, entscheide ich mich für dich. Ansonsten hast du ein Problem...

»Würdest du mich jetzt immer noch heiraten wollen?« – Ich hätte dich vielleicht nicht so früh heiraten sollen, und ich habe es womöglich aus den falschen Gründen getan, würde es aber jetzt noch lieber tun.

Kapitel 21

Tag 39 – Ehrlichkeit sich selbst gegenüber

Heute ist der 39. Tag meines Wahrheitsprojekts. Mein körperlicher Zustand: extrem verbessert. Sämtliche Blessuren, die ich mir während des Projekts zugezogen habe, sind verheilt. Meine Rippe tut nicht mehr weh, und auch die Schürfwunden an den Händen sind kaum noch zu sehen. Die Schürfwunden stammen vom Diskothekenbesuch vor zwei Tagen, der mit einer hübschen Frau, einem ehrlichen Anmachspruch und einem überaus eifersüchtigen Freund zu tun hat. Mehr will ich dazu nicht schreiben.

Mein geistiger Zustand: verwirrt. Ich muss nur noch zwei Tage überstehen, dann ist alles vorbei. Dann darf ich wieder lügen.

Ein komisches Gefühl.

Seit Tagen überlege ich, wen ich als Ersten anlüge. Meine Frau würde sich als ständiger Begleiter, wandelndes schlechtes Gewissen und Hauptleidtragende natürlich anbieten. Ich bin jedoch der Meinung, dass ich mittlerweile so viel gelernt habe, dass ich versuchen möchte, so ehrlich wie möglich zu Hanni zu sein, weil sie Aufrichtigkeit verdient hat – wenn sie denn Aufrichtigkeit möchte. Ansonsten will ich mich in Zurückhaltung und Respekt üben, auch das habe ich gelernt.

Aber ich habe ja noch zwei Tage Zeit, eine überlegte Entscheidung zu treffen, wen die erste Lüge treffen soll.

Heute ist Karfreitag, ein im katholischen Glauben bedeutsamer Tag. Auf den Philippinen, nicht weit von dem Ort, an dem die Familie von Hanni lebt, lassen sich heute Menschen ans Kreuz nageln, um das Leiden Christi nachempfinden zu können. In Deutschland hat gestern der Pfarrer unseres Dorfes zwölf alten Männern die Füße gewaschen, heute gibt es auf dem Stadtplatz einen Kreuzweg, die örtliche Diskothek hat um Mitternacht ihre Pforten geschlossen.

Hanni und ich sind in meine Heimatstadt gefahren, um das Osterfest gemeinsam mit meinen und ihren Eltern zu feiern. Den Konflikt mit meinem Vater habe ich übrigens so gelöst, wie in unserer Familie mit den meisten Streitereien umgegangen wird. Man sagt sich – oft brüllend – die Meinung, dann gehen beide Parteien beleidigt auseinander, und beim nächsten Aufeinandertreffen wird nicht mehr darüber gesprochen. Es gibt eine herzliche Umarmung zur Begrüßung, kurzen Smalltalk über Fußball, die Arbeit und die Familie, dann wird ein Bier getrunken und über Gott und die Welt philosophiert. Das ist das Zeichen: Alles wieder in Ordnung, wir haben uns lieb. Es ist nicht vergessen, wohl aber vergeben. Eine schöne Praxis.

Wir bemalen Eier. Ich wähle Motive, bei denen ich nichts falsch machen kann, weil ich ein unglaublich schlechter Zeichner bin und Angst habe, dass die von mir bemalten Eier wieder mal die ersten sind, die zerschlagen und aufgegessen werden. Ich mache ohnehin nur mit, weil ich bereits rundum versorgt wurde, eine halbe Stunde auf dem Massagesessel war und nun wirklich nicht mehr weiß, wie ich noch mehr entspannen könnte. Auf dem Tisch liegen jede Menge Buntstifte und Pinsel, es stehen mehrere Töpfe mit Farbe herum, und meine Frau hat sogar ein paar Aufkleber besorgt. Meine Mutter wuselt geschäftig in der Küche umher und versorgt uns mit Ideen und Stiften, meine beiden Nichten streiten sich um den einen roten Stift, meine Frau benötigt zum Fertigstellen eines einzigen Eies gefühlte

45 Minuten – was mich tierisch nervt, weil Geduld nun wirklich nicht zu meinen Tugenden zählt. Meine Vorstellung von der Hölle ist eine Schlange an einer Supermarktkasse, die niemals kürzer wird.

Ich finde, Eier bemalen hat etwas wunderbar Meditatives, weil sich jeder auf seine Aufgabe konzentriert und keiner den anderen mit Smalltalk nervt. Im Radio läuft ruhige Musik, an der Wand hängen Palmzweige, meine Mutter bereitet schon die Nester für die Kinder in unserer Familie vor. Die Stimmung ist österlich. Ja, österlich, man kann es nicht anders sagen, weil es keinen passenden anderen Ausdruck dafür gibt – genauso wie man nicht beschreiben kann, was das olympische Gefühl eigentlich bedeutet. Sie ist einfach da, die Menschen sitzen an einem Tisch und bemalen Eier – und sie denken darüber nach, wie das alles so war im vergangenen Jahr oder in der Fastenzeit oder auch nur gestern in der Diskothek.

Während ich ein Werder-Bremen-Logo auf ein Ei zirkle – und mir sicher bin, dass es meine FC-Bayern-verrückte Nichte am Sonntag sogleich zerschlagen wird –, denke ich darüber nach, was ich denn nun gelernt habe in den vergangenen 39 Tagen und was ich an meinem letzten Tag der Aufrichtigkeit noch anzustellen gedenke.

Vor allem frage ich mich: Was habe ich über mich selbst gelernt?

Ganz kurz überlege ich, ob Jesus Christus auch einmal nach seiner Zeit in der Wüste dasaß und nachdachte über sein Leben, die Versuchungen durch den Teufel oder über das, was ihm noch bevorstehen wird. Ich verwerfe den Gedanken jedoch schnell, weil ich nicht blasphemisch sein möchte an diesem Tag.

Ich habe viel gelernt über meinen Bruder, meine Freunde und auch meine Eltern. Ich zähle immer noch zu den Erben, mein Vater fragte gar, ob er das Testament ändern und mich darin aufnehmen solle. Ich verneinte mit dem Hinweis, dass null geteilt durch zwei und null geteilt durch drei das Gleiche sein würden – was er amüsanter fand, als ich gehofft hatte. Meine Frau hat sich immer noch nicht scheiden lassen, und ich glaube, dass sie sich jetzt nicht mehr ganz so sehr dafür hasst, meinem Projekt zugestimmt zu haben.

Ich habe nur noch nicht wirklich darüber nachgedacht, was ich während der vergangenen 39 Tage eigentlich über mich selbst gelernt habe.

Bin ich ein besserer Mensch geworden?

»Das Ei sieht total bescheuert aus«, sagt meine Nichte, als sie meine Bremen-Kreation erblickt.

»Na hör mal, du bist auch kein Picasso. Deine Dinger sehen eher aus wie die Bilder von Escher.«

»Lass Carina in Ruhe«, raunt meine Frau. »Wir sind hier nicht zum Streiten – und außerdem kannst du überhaupt nicht malen. Magst du nicht lieber was anderes machen?«

Ich mag es nach wie vor nicht besonders, wenn Menschen zu ehrlich zu mir sind.

»Dann gehe ich eben. Macht das doch alleine, ihr Idioten.«

»Du bist der Idiot«, sagt meine Nichte.

Meine Mutter versucht, die Situation zu retten, indem sie uns allen ein Stück Karotte in die Hand drückt.

Österliche Stimmung ist etwas Wunderbares.

Ich versuche mich zu beruhigen, indem ich ein bisschen lese.

Eigentlich will ich ein wenig in der Bibel blättern und nachsehen, an welchen Stellen sie sich sonst noch widerspricht. Irgendwie ist das zu meinem Hobby geworden. Nach einer Stunde Bilder ansehen nehme ich das Wikipedia-Hopping wieder auf. Das ist meine zweite Lieblingsbeschäftigung. Es funktioniert so: Man gibt irgendeinen Begriff bei www.wikipedia.de ein, liest sich die Erklärung durch und klickt dann auf einen Link, der einen ebenfalls interessiert. Und so weiter und so weiter und so weiter. Es ist kaum zu fassen, welche Assoziationsketten sich so herstellen lassen, wenn man nach dem Startbegriff »Lost« (eine Fernsehserie) nach 45 Minuten bei einem Artikel über das Jonestown-Massaker angelangt und nach weiteren vier Minuten bei den Büchern von Chuck Palahniuk – wobei diese Verbindung nun wirklich kein Kunststück ist. Wenn man mal so darüber nachdenkt.

So springt man durch die Wikipedia-Artikel und erhöht seine Kompetenz als Stammtischphilosoph – weil man in jeder Diskussion eine prima Anekdote oder Halbwissen einwerfen kann. Einmal kam ich von Aristoteles über den polnischen Ort Peskovize zu einer Hamburger Werft, die das letzte Schiff während des Zweiten Weltkriegs baute. Als ich das vorige Woche beim Kartenspielen einwarf, erntete ich zumindest ein anerkennendes Grunzen. Meine Kartenspielfreunde haben Sie ja in einem anderen Kapitel bereits kennengelernt, also wissen Sie, dass ein Grunzen ein ziemlich starkes Kompliment sein kann.

Auf jeden Fall bin ich beim Wikipedia-Surfen auf den Artikel über Lake Wobegon gestoßen. Es ist ein traumhaftes Städtchen im US-Bundesstaat Minnesota, wo alle Frauen schön, alle Männer schlau und alle Kinder besser als der Durchschnitt sind. Jedes einzelne Kind in der Stadt ist überdurchschnittlich begabt.

Diesen Ort kann es freilich nicht geben. Es hätte mir ja auch schon auffallen können, als es hieß, dass alle Frauen schön und alle Männer schlau wären. So ein Ort kann nicht existieren.

Lake Wobegon ist die Erfindung des bekannten amerikanischen Talkmasters und Radiomoderators Garrison Keillor – er muss berühmt sein, weil er in einer Folge der »Simpsons« vorkam und auf dieser Welt nur Menschen wirklich berühmt sind, wenn sie einmal in ihrem Leben eine gelbe Comicfigur waren. Jeden Samstagabend verlas er über die Frequenz des »Minnesota Educational Radio« in den 60er-

Jahren *News from Lake Wobegon* und erlangte durch die spontan erfundenen Geschichten landesweiten Ruhm. Es waren die Nachrichten einer perfekten Gesellschaft – eine Utopie, die es schon bei Aristoteles gab und die später auch von Guns N' Roses im Song »Paradise City« besungen wurde – nur dass in letzterem Fall die Mädchen hübsch und unerklärlicherweise die Gräser grün und nicht die Männer schlau sein sollten.

Psychologisch ist der kleine Ort Lake Wobegon deshalb interessant, weil es den *Lake Wobegon Effect* gibt. Demzufolge tendiert der Mensch dazu, sich besser, schöner und intelligenter wahrzunehmen als seine Mitmenschen. Und natürlich sind unsere Kinder hübscher als die der Nachbarn.

Wir sehen uns nicht so, wie wir wirklich sind. Laut Friedrich Nietzsche ist das die gewöhnlichste Form der Lüge. Im »Antichrist« bezeichnet er als die Urform des Lügens, etwas nicht sehen zu wollen, das man sieht. Die erste Lüge ist also die, mit der man sich selbst belügt. Der amerikanische Philosoph Paul Kurtz etwa schreibt in »Exuberance«, dass die Menschen vor allem in Glaubensfragen allzu gerne bereit sind, vernünftige Überlegungen beiseitezuschieben und sich selbst zu belügen. Das allerdings habe ich bereits in einem anderen Kapitel festgestellt; nun geht es darum, wie wir Menschen uns auch im Alltag stets selbst belügen.

Meine Texte sind auf jeden Fall besser als die der Kollegen. Die der meisten zumindest. Ich bin hübscher als mein Kollege aus dem Produktmanagement. Und cooler sowieso. Und überhaupt hätte ich auf jeden Fall das Zeug zum Bundeskanzler. Ach was, die Welt wäre eine bessere, wenn ich König wäre.

Wir alle halten uns für überdurchschnittlich. Hübsch, begabt, cool – setzen Sie einfach jedes positive Adjektiv ein, das Ihnen einfällt. Sollten Sie zu jenen Menschen gehören, die sich für schlechter halten, als sie wirklich sind, habe ich zwei Ratschläge für Sie: Überprüfen Sie Ihre Geburtsurkunde, denn nach dem Wobegon-Descartes-Grundsatz existieren Sie gar nicht. Er heißt: »Habeo hybris, ergo sum.« Und zweitens: Suchen Sie einen Psychiater auf.

Eine Studie in den Vereinigten Staaten aus dem Jahr 2008 zeigte, dass 97 Prozent der Eltern von Kindergartenkindern angaben, dass ihr Kind mindestens zum besten Drittel der Klasse gehören würde, womöglich sogar noch besser. Wenn Sie nun denken: »Tja, die Amerikaner, die alten Angeber«, dann sei Ihnen hiermit versichert, dass es in Deutschland bei einer ähnlichen Studie ebenfalls deutlich mehr als 90 Prozent waren.

Der Wobegon-Effekt wurde mir in der vergangenen Woche bewusst, als ich die Fotos von der Party sah, auf der meine Frau und ich waren. Die Party veranstaltete ein Freund von mir, der nicht nur so aussieht wie Harald Schmidt, sondern auch einen ähnlichen Hang zum Zynismus hat und deshalb meinem Wahrheitsprojekt durchaus wohlgesonnen bis humorvoll gegenübersteht. »Wieder im Auftrag der Ehrlichkeit unterwegs«, sagte er zur Begrüßung und warf sich beinahe weg vor Lachen. Ich lachte ebenfalls, weil ich die Anspielung auf die »Blues Brothers« verstand.

Ich habe auf der Party einem mir unbekannten Partygast mitgeteilt, dass er in seinem Anzug aussehen würde wie Woody Allen auf LSD und dass seine Gesprächsthemen so langweilig seien, dass ich genauso gut Valium nehmen und dann mit mir selbst einen Wettbewerb im Kaugummikauen veranstalten könnte. Er reagierte mir gegenüber sehr freundlich, was ich als Feigheit vor einer Prügelei auslegte und ihm auch so mitteilte. Der Partygast, das muss ich an dieser Stelle vielleicht noch sagen, sah in der Tat so aus wie Woody Allen auf LSD und war in der Tat langweilig. Ich möchte nur klarstellen, dass ich ihn nicht beleidigen wollte – ich sagte nur, was mir gerade durch den Kopf ging, so wie es mir Brad Blanton im Gespräch geraten hatte. Die anderen Partygäste werden bestätigen können, dass ich wirklich ehrlich war. Sie werden allerdings auch bestätigen, dass sie mein Verhalten zumindest als »ungebührlich« empfanden – außer der Gastgeber, der fand mich köstlich. Ich wurde trotzdem von mehreren Menschen aufgefordert, doch besser zu gehen.

Meine Frau blieb auf der Party. Sie gab während des Streits vor, mich nicht zu kennen und dass sie glücklicher wäre, wenn der beleidigende Streithammel – also ich – ihr nicht die Party vermiesen würde. Sie nahm den Arm eines mir unbekannten Partygastes und lächelte ihn an.

Ich stand da wie ein Planet, der sein Sonnensystem verloren hatte.

Ich verließ unter Benutzung der zehn gebräuchlichsten Schimpfwörter der deutschen Sprache die Party und ging nach Hause.

Am nächsten Tag betrachtete ich die Fotos. In Zeiten der Digitalkamera wird ja alles fotografiert, was kein Vampir ist – und alles wird sofort ins Internet gestellt oder an *Bild* geschickt. So hält es auch meine Frau. Sie fotografiert schneller als ihr Schatten, und zu ihren Lieblingsobjekten gehörte bis gestern ich. Am liebsten lässt sie sich im Duo fotografieren – meiner Meinung nach nur deshalb, weil sie wirklich um einiges attraktiver ist als ich und auf diese Weise noch hübscher wirkt. Sie sieht vollkommen normal aus, ihre Haare glänzen, ihre großen Augen strahlen – im Hintergrund starrt ihr ein außergewöhnlich attraktiver Partygast auf ihren Hintern, was mich sauer machen würde, wenn ich nicht gleichzeitig so stolz wäre.

Neben ihr jedoch steht ein Typ mit 15 Kilogramm Übergewicht, debilem Grinsen und einem Blick, als hätte er sich die Wodka-Red Bulls nicht in den Rachen, sondern direkt in die Augen geschüttet. Ha, dachte ich. Der Typ, den sie sich nach meiner Demission geangelt hat, war also ein Loser.

Ich sah genauer hin: Das bin ja ich...

»Ich bin einfach der unfotogenste Mensch der Welt«, sagte ich – immer noch sauer darüber, dass sie bis um vier Uhr morgens gefeiert hatte, während ich schmollend auf der Couch gesessen hatte – und wollte das Bild aus dem *Facebook*-Account meiner Frau löschen.

»Warum, du siehst doch gut aus auf dem Bild«, sagte meine Frau. »Ziemlich süß sogar.« Ich erkannte: Sie war sich ihrer Schuld vom Vorabend bewusst und wollte sich einschleimen. Wahrscheinlich hatte sie deshalb auch das nette Nachthemd an. Sie wollte wirklich den ehrlichsten Menschen der Welt täuschen. Ich hatte sie durchschaut und erwiderte: »Lass mich bloß in Ruhe mit diesen bescheuerten Möchtegern-Komplimenten.« Sie gab mir einen Klaps auf die Schulter und sagte: »Nein! Du! Siehst! Da! Gut! Aus!«

Ich wollte ihr gerade mit zwei Wochen Aufräumboykott meinerseits drohen, da fiel mir ein: Das ist der Lake-Wobegon-Effekt. Er vereinfacht das Leben und kann doch so grausam sein, wenn er aufgedeckt wird.

Vor der Party stand ich 20 Minuten lang vor dem Spiegel und begutachtete das Bild, das sich mir dort bot. Mit bis zur Leberquetschung eingezogenem Bauch, 37-Grad-Drehung in Richtung Badezimmerlampe und Abdimmen des Spiegellichts sah mein Oberkörper so aus wie der eines alternden Eishockeyspielers. Nicht topfit, aber doch akzeptabel – und auf jeden Fall flirtberechtigt.

Ich präparierte meine Haare, sodass sie nicht mehr so wirkten, als hätte man 150 Gramm Heu auf dem Kopf ausgekippt – sie sind ja mittlerweile wieder ein wenig gewachsen, sodass ich auch nicht mehr aussehe, als käme ich vom NPD-Parteitag. Wenn ich meine Wangen nach innen zog und die Zähne zusammenbiss, dann hatte ich sogar so etwas wie Wangenknochen. Ich presste meinen Arsch in eine Jeans, die mir vor drei Jahren noch locker am Körper lappte, und war stolz, dass der oberste Knopf immer noch zuging, ohne um Hilfe zu schreien.

Guter Körper, dicke Haare, nette Jeans: Dieses Bild von mir hatte ich in meinem Kopf. Den ganzen Abend lang. Ich lief herum wie eine Mischung aus George Clooney und Brad Pitt, die besten Flirtsprüche schon in der Lunge geparkt. Weiblichen Gästen zwinkerte ich freundschaftlich bis verführerisch zu, die Männer bekamen ein kumpelhaftes Nicken. Keine Frage: Ich war der Star dieser Party – von Frauen geliebt, von Männern bewundert.

Das entsprach jedoch überhaupt nicht der Wahrheit. Die sieht nämlich so aus, wie ich sie den Fotos entnehme: Schon nach einer Stunde machten sich die Wirbel in meinen Haaren bemerkbar und ließen die gelben Dinger so unmotiviert von meinem Kopf hängen, dass an manchen Stellen die Kopfhaut sichtbar wurde. Der Bauch hatte nach mehreren Häppchen und einem Muffin, der die Masse eines Schwarzen Lochs gehabt haben musste, nicht mehr Eishockeyspielerformat, sondern das eines alternden Mittelgewichtsboxers. Von Wangenknochen möchte ich gar nicht mehr reden. Bei Fotoschnappschüssen drehte ich mich nicht 37 Grad ins Licht, sondern blieb einfach stehen. Das Zwinkern wirkte trunken, das Nicken wie eine Drohung.

Das bin ich. Nicht selbstbewusst, sondern selbstverliebt und selbstbeweihräuchert. Als ich meiner Frau von diesem Effekt erzählte, war sie erstaunlicherweise wenig überrascht. Aus ihrem Gesichtsausdruck schloss ich gar, dass sie seit Jahren darauf wartete, dass ich ihr diese Erkenntnis präsentiere.

Sie behauptete nämlich, dass Lake Wobegon nur von Garrison Keillor erfunden wurde, um den Mitgliedern meiner Familie eine Heimat zu geben – allen voran meinem Bruder, der, wie bereits bekannt, dort Bürgermeister sein könnte. Das habe ich ihm ja auch so mitgeteilt. Ich stehe dem allerdings nur wenig nach und könnte bei der nächsten Wahl mit guten Chancen gegen ihn kandidieren.

Ich lebe in Lake Wobegon.

Es ist eine Lebenslüge. Ich möchte keine kritischen Fragen gestellt bekommen und auch mir selbst keine stellen.

Sokrates behauptete, dass dieser Widerstand dagegen, sich selbst zu hinterfragen, eine Form der Lebenslüge ist. Henrik Ibsen freilich konterte in seinem Schauspiel »Wildente« damit, dass man einen Menschen um sein Glück bringen werde, wenn man ihm die schöne Lebenslüge nehme. Nicht nur, weil mir Sokrates sympathischer ist als Ibsen, will ich die Ansicht des Griechen teilen. Von dem Zeitpunkt an nämlich, an dem die Lebenslüge aufgedeckt ist, kann sie kein Glück mehr bringen, weil man sie ständig hinterfragt und zu dem Schluss kommt, dass man sich belügt. Und ich bin der Meinung, dass der Mensch durchaus sehr glücklich sein kann, wenn er sich seiner Lebenslüge bewusst wird und beginnt, ehrlich zu sich selbst zu sein.

Meine Frau und ich haben seitdem ein Codewort entwickelt für den Fall, dass ich wieder einmal über die Stränge schlage und mich mehr beweihräuchere als Mahmud Ahmadinedschad. Sie sagt dann einfach: »Wobegon.«

Es war erstaunlich, wie oft sie das Wort in den folgenden 24 Stunden verwendete: 38-mal.

Die Einwohner von Lake Wobegon haben aufgrund ihres geschönten Selbstbildes den Makel, dass sie Mitmenschen schlechter beurteilen, als diese wirklich sind. Wenn man sich selbst für überdurchschnittlich hält, müssen die anderen darunter liegen. Das Problem dabei: Die anderen Menschen – die sich ja selbst auch für unfassbar hübsch und begabt halten – fühlen sich benachteiligt, ungerecht behandelt und betrogen. Und schon entsteht Streit, ja Krieg.

Wie gut, dass wir dieses Problem meist mit einer kleinen Lüge lösen können. Bei der Frage einer guten Freundin etwa nach ihrem Aussehen.

Wir sagen dann: »Siehst du hübsch aus heute. Herrlich.«

Wir denken: »Passt schon. Früher warst du ja um einiges knackiger. Und außerdem: Ich bin hübscher.«

Stellen Sie sich nur mal vor, Sie würden die Wahrheit sagen. Der Lügner denkt immer, er würde den Belogenen schützen – und der Belogene ist zufrieden, so lange er nur ja nie die Wahrheit erfährt. Dann nämlich gibt es wirklich Krieg. Es ist nicht unbedingt die Wahrheit, die zum Konflikt führt, sondern eine aufgedeckte Lüge. Das habe ich mittlerweile gelernt.

Ich will nun versuchen, gleichzeitig Sender und Empfänger zu sein. Ich will ehrlich sein zu mir selbst.

Bisher beschränkte sich mein *Radical-Honesty*-Projekt darauf, ehrlich zu anderen zu sein. Aber was nutzt Aufrichtigkeit gegenüber anderen, wenn man nicht einmal ehrlich zu sich selbst ist? Das ist – um mal ganz ehrlich zu sein – Bullshit. Die Menschen lügen sich selbst den ganzen Tag an, bis eine komplette Lebenslüge daraus wird. Es kann einen schützen, weil die Selbstzweifel einen nicht auffressen. In den meisten Fällen führt es jedoch dazu, dass die anderen uns für ein arrogantes und selbstverliebtes Arschloch halten.

Wir müssen ausziehen aus diesem wunderbaren Ort Lake Wobegon und da hingehen, wo es wirklich wehtut: Wir müssen uns so sehen, wie wir wirklich sind. Bauch einziehen vor dem Spiegel? »Wobegon«. Lass diese weiße Kugel im Badezimmerlicht glänzen wie eine mit Öl eingeriebene Speckschwarte, und sieh sie dir an. Minutenlang. Das Bewundern des eigenen Textes? »Wobegon«. Mach dir klar, dass er Fehler enthält, und wie viel besser er sein könnte, wenn du noch ein paar Stunden investiert hättest. Flirten mit anderen Frauen? »Wobegon«. Werde dir klar, dass diese unglaublich attraktive Praktikantin nur deshalb zurücklächelt, weil du ihr Vorgesetzter bist und sie Angst davor hat, deine Drecksarbeit machen zu müssen. Sie tut nur so, als würdest du ihr gefallen, weil sie auf eine Festanstellung hofft. Du bist ein 30-jähriger arroganter Sack mit Bierbauch, warum sollte die Frau mit dir flirten wollen?

Nein, Schmieder, du bist nicht mehr attraktiv!
Es ist hart.
Sei ehrlich zu dir selbst.
Es ist deprimierend.
Ich sollte endlich aufhören, nur noch Fotos von mir zu veröffentlichen, die ich zuvor mit Photoshop bearbeitet habe. Sie sind eine Lüge. Denn wo liegt der Unterschied zwischen einem Bild, auf dem wir uns mit vollerem Haar und kleinerer Wampe zeigen, und dem, was der sowjetische Kriegsfotograf Jewgeni Chaldej im Jahr 1945 tun musste? Es gibt ein Bild vom Berliner Reichstagsgebäude, das auf den 30. April 1945 datiert ist. Es zeigt einen Soldaten, der auf dem Dach des Gebäudes eine sowjetische Fahne hisst. Im Hintergrund ist Berlin zu sehen, das in Trümmern liegt. Das Bild entstand jedoch gar nicht am 30. April, sondern erst zwei Tage später. Josef Stalin wollte unbedingt, dass auf diesem bedeutsamen Gebäude bereits am bedeutsamen Tag der Arbeiterklasse, dem 1. Mai, die rote Fahne weht. Allerdings war bei der Erstürmung des Reichstagsgebäudes am 30. April kein Fotograf zugegen. Chaldej ließ die Szene am 2. Mai nachstellen, machte insgesamt 36 Aufnahmen – und retuschierte sie noch: durch Hinzufügen von Rauchwolken, die Manipulierung der Fahne, die zu flattern scheint, sowie die Entfernung der zweiten Armbanduhr vom Handgelenk des Soldaten, weil zwei Uhren ihn als Plünderer ausgewiesen und das Siegerimage getrübt hätten.
Das Bild ist nach dem Che-Guevara-Porträt von Alberto Korda die meistgedruckte Fotografie aller Zeiten. Doch bevor nun jemand den sowjetischen Fotografen verdammt, sollten wir uns wirklich fragen: Wo liegt der Unterschied zwischen Chaldej und uns selbst, die wir hässliche Bilder aussortieren, den Sonnenuntergang auf einem Urlaubsbild noch ein wenig romantischer machen, Fältchen an den Augen retuschieren und Speckröllchen einfach wegphotoshoppen?
Natürlich ist unser Porträt in den seltensten Fällen ein

Dokument der Zeitgeschichte, aber es ist ebenso eine Fälschung wie die Chaldej-Fotografie.

Der Photoshop-Wahnsinn führte im Jahr 2003 übrigens dazu, dass auf dem Titel einer amerikanischen Männerzeitschrift eine überaus attraktive Frau abgebildet war – nur hatte ihr ein übereifriger Grafikdesigner die Nippel wegretuschiert, und es ist anscheinend keinem aufgefallen. Natürlich haben sich die Verantwortlichen der Zeitschrift juristisch korrekt verhalten, schließlich ist ein entblößter Nippel in den Vereinigten Staaten irgendwo zwischen Mord und Vergewaltigung anzusiedeln. Ich frage mich dennoch, was verstörender ist: eine wunderbare nackte Frau oder eine Frau ohne Nippel? Mein Leserbrief damals jedenfalls blieb unbeantwortet.

Zurück zu mir und der Ehrlichkeit mir selbst gegenüber: Die Zähne sind dunkelweiß vom Rauchen, die Haare waren auch schon mal dichter. Die Klamotten sind dem Beruf nicht angemessen, sondern eher für einen Teenager geeignet. Die Wohnung sieht aus, als wäre sie vor 30 Jahren von Hippies verlassen und seitdem nicht mehr betreten worden.

Kurz: Dieser Mann, der doch gerne vorgibt, selbstbewusst und attraktiv und cool zu sein, dieser Mann hat sein Leben von hinten bis vorne nicht im Griff. Ständig will ich von anderen hören, dass der Text gut ist, weil ich sonst vor lauter Selbstzweifeln nicht einschlafen kann. Ich kann nicht verlieren. Ich bin zornig. Ich bin arrogant. Ich könnte jetzt noch zwei Seiten lang so weitermachen, aber ich glaube, Sie haben verstanden.

Die Psychologin Claudia Mayer schreibt in »Lob der Lüge«, dass es in vielen Momenten einfacher und besser sei, nicht die Wahrheit zu sagen. Kurzfristig mag sie recht haben. Aber was bringt es langfristig? Gar nichts. Es wird alles noch schlimmer. Sie schreibt auch kaum davon, wie es sich anfühlt, sich selbst anzulügen – und wie es sich anfühlt, die Wahrheit über sich selbst zu entdecken.

Es tut weh.

Durch das Aufdecken der Lüge wird einem bewusst, dass man in Wahrheit nicht so toll ist, wie man bisher dachte.

Wenn es nicht so abgedroschen klänge, dann würde ich sagen, dass ich mich selbst finden muss. Ich meine es jedoch nicht in dem Sinn, dass ich eine Bestimmung suche im Leben oder eine Begabung, sondern ich möchte vielmehr gerne wissen, wie ich wirklich bin.

Ich krame zunächst das Video hervor, das ich während des letzten Urlaubs gedreht habe. Sieben Freunde, darunter drei Paare und ein verrückter Zöllner, haben ein Haus mit Pool gemietet und eine Woche lang Party gemacht. Da die anderen keine Lust hatten zu filmen, war ich meist hinter der Kamera und kommentierte das Geschehen. Auf dem Video sind betrunkene Menschen zu sehen, die Beer-Pong spielen oder einen Arschbomben-Contest veranstalten oder nackt in den Pool hüpfen. Was ich sehe, finde ich überaus lustig, aber was ich höre, erschüttert mich doch einigermaßen – weil ich zum ersten Mal aufpasse. Innerhalb einer Stunde sage ich genau 56-mal »ficken«, 33-mal »Scheiße« und 14-mal »verdammt«, als würde ich unter dem Tourette-Syndrom leiden. Einmal singe ich ein Loblied auf Franziskas Arsch – der dieses Loblied allerdings wirklich verdient hat. Und ich wundere mich immer darüber, dass meine Mutter findet, dass ich pervers sei. Und dass meine Nichte, wenn ich zum Essen kam, jeden ihrer neuen Freunde bisher vorwarnte, dass ich »ein wenig anders« sei. Und dass in der Abizeitung über mich stand, ich sei der Meister der Indiskretion.

Sie alle haben recht. Ich bin ein perverses Großmaul. Ich bin entsetzt. Über mich selbst. Mit offenem Mund sitze ich vor dem Bildschirm, auf dem gezeigt wird, wie eine hübsche Frau mit noch hübscherem Po in den Pool springt. Wenn ich ehrlich bin, dann kann ich den Typen, der da die Kamera in der Hand hält, nicht besonders gut leiden. Würde ich ihn kennen, so würde er bestimmt nicht zu meinem Freundeskreis gehören.

Ich versuche einen Tag lang, nicht in Lake Wobegon zu wohnen, sondern mich einmal so zu sehen, wie mich andere sehen. Vielleicht war der Urlaub nur eine trunkene Ausnahme; ich würde gerne sehen, wie ich im Alltag so bin. Aus diesem Grund installiere ich mehrere Kameras und Diktiergeräte, ohne dass es jemand merkt. Ich programmiere eine Kamera auf dem Fernseher im Wohnzimmer, eine andere im Schlafzimmer. In der Arbeit lege ich ein Diktiergerät eingeschaltet auf den Schreibtisch, ein zweites habe ich ständig in der Hosentasche. Das führt zwar zu einigen Irritationen, weil meine Kollegen den Eindruck haben müssen, dass ich mich ständig an den Eiern kraule, aber es erfüllt seinen Zweck.

Wer für sein Leben gern eine Show abzieht, wird irgendwann nicht umhinkommen, sich ein Ticket dafür zu kaufen und zuzusehen.

Ich weiß, dass ich damit wohl gegen sämtliche Anti-Überwachungsregeln verstoßen habe. Aber zumindest Günther Beckstein wäre stolz auf mich. Wo ist das Aufnahmeformular für die CSU?

Ich gebe mir 24 Stunden für die Aufzeichnung.

Dann warte ich drei Tage.

Dann sehe und höre ich mir die Aufzeichnungen an.

Es ist niederschmetternd.

So stelle ich mir das Fegefeuer vor: Allen Menschen, die mich kennen, werden diese Bänder vorgespielt – und zwar von allen Tagen meines Lebens. Von jeder Stunde. Von jeder Minute. Jede einzelne Verfehlung. Alle sehen es. Und ich sitze daneben und muss ihre Blicke ertragen. Wie sie all meine Betrügereien sehen, meine Fehler, meine Ekelhaftigkeit.

Nun sehe ich es erst einmal selbst.

Ich fertige eine Strichliste an mit den Verfehlungen, die

ich begangen habe: Ich habe 93-mal andere Menschen beleidigt. 24-mal habe ich gegähnt, ohne mir die Hand vor den Mund zu halten. 17-mal habe ich mich am Arsch gekratzt. Auf dem Band sind 379 Flüche und 14 kleinere und mittlere Wutausbrüche dokumentiert.

Meine Stimme klingt wirklich aggressiv, wie es meine Frau seit fünf Jahren behauptet. Wenn ich eine Behauptung aufstelle, sagt sie: »Was bist du denn so genervt?« Und das, obwohl ich nur einen Scherz machen oder sie zum Nachhausegehen überreden wollte. Jahrelang habe ich mich beschwert, dass sie mich nur verkohlen wolle. Jetzt muss ich sagen: Sie hat recht. Meine Stimme klingt so aggressiv wie die eines CSU-Politikers bei Anne Will oder Sandra Maischberger. Noch einmal: Wo ist der Aufnahmeantrag?

Mein Gang, den ich bisher für sportlich-lässig hielt, stellt sich auf dem Video als tapsig-hüftsteif heraus. Wie ich morgens so durch das Wohnzimmer schlurfe, sehe ich aus wie der erwachsene Eisbär Knut auf der Suche nach Futter – obwohl ich zu meiner Entschuldigung sagen muss, dass ich mich tatsächlich auf der Suche nach Futter befand. Ich kann keine drei Minuten still stehen, ohne mich irgendwo anzuhalten, damit ich nicht umfalle – was zu hässlichen Flecken in sämtlichen Büros meiner Kollegen führt. Und fast ununterbrochen kratze ich mich am Bauch oder zupfe an meinem T-Shirt herum. Noch eine interessante Statistik: 67-mal spanne ich die Oberarme an und überprüfe den korrekten Sitz der Muskeln.

Von der Seite sehe ich aus wie ein Fernsehstar – und zwar wie der aus Comedyserien bekannte Protagonist, der wegen seines lustig wirkenden Profils ständig durch den Kakao gezogen, der in jeder Folge abzunehmen aufgefordert wird und der erst in der letzten Staffel endlich eine Frau findet. Von oben wird die Hinterkopfglatze immer sichtbarer, und aus vielen Blickwinkeln wirkt mein Bauch wie der eines Hausschweins. Nur weißer. Und weniger haarig.

Es ist deprimierend, sich 24 Stunden lang so zu sehen, wie man wirklich ist.

Ich finde ein Foto, das kürzlich auf einer Mottoparty geschossen wurde. Ich trage einen rosa Cowboyhut, die Stärke der Augenringe in Millimetern entspricht der Anzahl der Pils, die ich getrunken habe. Ein Auge ist halb geschlossen, das andere weit aufgerissen. Fasching eben. Dieses Foto von mir soll nun im Netz stehen.

Ich zwinge außerdem meine Frau, zwanzig Schnappschüsse von mir zu machen, in verschiedenen Situationen und vor allem dann, wenn ich es nicht erwarte. Ihr macht das Spaß, weil sie so nicht nur ihre zwanghafte Sucht befriedigen kann, alles digital festzuhalten, was nicht analog genug ist, sich dem zu entziehen, sondern weil sie mich durch den Blitz auch noch hin und wieder erschrecken darf. Nach einem Tag sehe ich die zwanzig Fotos, und ich wähle nach dem Zufallsprinzip drei aus, die ich hochlade.

Ja, das bin ich.

Ich startete bei verschiedenen webbasierten sozialen Netzwerken. Auf *Facebook* war bisher ein Foto hochgeladen, das fünf Jahre alt ist und mich in einem goldenen Moment zeigt, in dem ich tatsächlich freundlich lächle. »Das bist nicht du, du bist kein netter Mensch«, sagt meine Frau immer, wenn sie das Bild sieht. Bei *studivz* bin ich mit zwei Playboy-Bunnies zu sehen, was ein Jahr zurückliegt, und auf *Xing* trage ich eine Krawatte – was bisher in exakt berechneten 0,14179 Prozent der Tage meines Lebens der Fall war.

Sollte ein potenzieller Interviewpartner jetzt auf *Xing* nachsehen, wer da zum Gespräch kommt, sieht er einen Mann auf seiner Wohnzimmercouch, der sich gerade ein Stück Pizza in den Mund schiebt, das andere Menschen als komplette Mahlzeit interpretieren würden. Und sollte meine Exfreundin – selbst nur mit gephotoshopten Möchtegern-Model-Bildern bei *Xing* vertreten – auf *Facebook* nachsehen, ob sie mich noch attraktiv findet, ertappt sie mich dabei, wie ich nach einer durchzechten Nacht unter der Bettdecke hervorluge, wobei ich aufgrund muskulärer Schwierigkeiten nicht in der Lage bin, das rechte Auge zu öffnen.

Ja, das bin ich. Seht mich ruhig an.

Aber das werde ich nicht mehr lange sein. Denn ich sehe ein, dass ich mich wirklich ändern muss. Denn mit dem Menschen, der ich im Moment bin, will ich selbst nicht befreundet sein. Nein, ich verfalle nun nicht in Depressionen und hasse mich selbst, ich gebe mich nun auch nicht vollkommen einer schweren One-Third-Life-Crisis hin. Ich werde nun auch nicht der netteste Mensch auf Erden, sondern werde nach wie vor Frauenboxen nur dann als Sportart akzeptieren, wenn sich Schlamm im Ring befindet, und ich werde auch nicht aufhören, hin und wieder einer anderen Frau hinterherzusehen.

Ich möchte schon noch ich selbst sein, weil *ich* es hin und es wieder ganz cool finde, als arrogant zu gelten, und weil ich irgendwie auch stolz bin auf meine viel zu große Klappe. Außerdem halte ich Hedonismus für eine akzeptable Lebenshaltung. Aber ich muss es nicht mehr so zelebrieren wie bisher.

Ich habe gemerkt, wie oft ich mich selbst belogen habe – und wie angenehm das Leben bisher dadurch für mich war. Ich habe aber auch erkannt, wie unangenehm es für meine Mitmenschen war, wenn ich sie aus Selbstliebe anflunkerte. Ach, sagen wir es ehrlich: wie ihnen meine Arroganz auf den Sack ging.

Sokrates hat wirklich recht: Es ist an der Zeit, dass ich mich hin und wieder selbst hinterfrage. Ich muss nicht mein komplettes Leben umkrempeln, sondern nur ein paar Dinge in die richtige Spur bringen. Ich finde Sokrates zwar sympathisch, will jedoch nicht so enden wie er – der Mann wurde schließlich wegen seiner nicht enden wollenden Hinterfragerei zum Tode verurteilt.

Der Philosoph Warren Shibbles hat ein schönes Testverfahren erstellt, mit dem wir herausfinden können, ob wir eine Lüge als eine »gute Lüge« bezeichnen und sie mit nicht allzu schlechtem Gewissen aussprechen können. Die acht Punkte lauten zusammengefasst:

1. Kann das Problem auch ohne Lüge gelöst werden?
2. Möchtest du unter den gleichen Umständen angelogen werden?
3. Will dieser Mensch unter diesen Umständen angelogen werden?
4. Frage den Menschen, ob du ihn anlügen darfst. Manchmal bekommst du das Einverständnis.
5. Bringt die Lüge insgesamt mehr Nutzen als Schaden?
6. Frage kompetente Leute, ob sie der Lüge zustimmen würden.
7. Führt die Lüge, wenn sie entdeckt wird, zu Vertrauensverlust und noch größerem Schaden?
8. Rechtfertigt das Ziel das Mittel der Lüge?

Ganz ehrlich? Nur sehr selten ist nach dieser Prüfung eine Lüge wirklich zu rechtfertigen – und vor allem dann nicht, wenn es um meine Lebenslüge geht.

Shibbles findet sehr kluge Worte zum Thema Lebenslüge: »Wir gestalten das Leben, das wir leben. Wir leben unsere Metaphern oder Lügen. Wenn wir uns dessen bewusst sind, dass sie nur Rollen oder Fiktionen sind, handelt es sich nicht mehr um Lügen. Wir können sogar sagen: ›Nun werde ich einige Lügen für mein Leben aussuchen‹, und dann die besten, die verfügbar sind, zu leben versuchen!«

Ich werde mich ein wenig ändern müssen, wenn ich ehrlich zu mir selbst sein möchte.

Ich werde mich ändern. Ich werde ein besserer Mensch. Besser als der Durchschnitt. Ein Einwohner von Lake Wobegon, der jedoch verdient hat, auch anderswo zu leben.

Ich stehe auf vom Computer und gehe wieder zurück zu den anderen, die immer noch Ostereier bemalen. Ich zwinkere meiner Frau zu und sage allen, dass ich die Kunstwerke, die sie auf die Eier gezaubert haben, wirklich toll finde. Es ist ein ehrliches Kompliment – und ich achte genau darauf, dass meine Stimme nicht aggressiv oder ironisch klingt.

Kapitel 22

Nach 40 Tagen – Ehrlichkeit und Lüge

Ich liebe He-Man-Comics. Menschen, die sich an Andy Brehmes Elfmeter bei der Fußball-WM 1990 erinnern können, aber beim Siegtor von Gerd Müller im WM-Finale 1974 noch nicht geboren waren, werden diese Serie kennen. Der stärkste Mann des Universums besiegt den bösen Skeleton, und am Ende jeder Folge tritt einer der Protagonisten vor die Kamera und sagt: »In der heutigen Folge haben wir gelernt...« Dann geht es um Freundschaft, um Gehorsam, um Treue – und schließlich kommt ein Hinweis an die Kinder, wie sie ihr Leben schöner gestalten können. Ich mag diesen kleinen Moralvortrag am Ende, gleichwohl sehe ich nicht aus wie He-Man und bin nicht mal der stärkste Mann in meiner Familie. Warum also sollte jemand eine *Moral von der Geschichte* von mir haben wollen?

Ich habe versucht, 40 Tage zu überstehen, ohne zu lügen.

Ich lebe noch, meine Frau hat die Scheidung nicht eingereicht – zumindest weiß ich nichts davon, und da sie immer noch hier wohnt, kann es sich nicht um das Trennungsjahr handeln. Es geht mir gut, weil ich es einigermaßen hinbekommen habe, ehrlich zu sein und trotzdem nicht täglich zwei Zähne und drei Freunde zu verlieren – die eingedellte Rippe, viele blaue Flecken und Schürfwunden möchte ich nicht erwähnen, weil für mich Verletzungen ohne Krücken und Krankenhausaufenthalt Verletzungen zweiter Klasse sind, über die man nicht redet. Ja, ich wurde ziemlich oft beleidigt, habe auf der Couch übernachtet, habe mich mit Kollegen und Freunden gestritten und eine Menge Geld verloren. Aber ich muss gestehen, dass manche Tage vor allem im Rückblick zu den grandiosesten meines Lebens gehörten, die negativen Momente habe ich vergessen. Generation Dorian Gray mit Alzheimer eben.

Ich verbrachte ziemlich viel Zeit damit, darüber nachzudenken, wie die erste Lüge sein würde. Am Ostersonntag, am Ende der Fastenzeit. Ich war der festen Überzeugung, eine Belohnung verdient zu haben nach all den Tagen der Ehrlichkeit. Andere dürfen wieder Schokolade essen oder Alkohol trinken oder eine Zigarette rauchen. Ich habe das mit den Süßigkeiten vor Jahren einmal versucht, und das erste Stück Schokolade – genauer gesagt war es ein Stück »Schichtnougat vom Barren«, das ich von meiner Schwägerin geschenkt bekommen hatte – schmeckte fantastisch. Nougat allein schmeckt schon grandios, aber Schichtnougat gehört meiner Meinung nach zu den fünf besten Erfindungen aller Zeiten. Und wenn das Ganze auch noch vom Barren abgeschnitten wird, dann hat das etwas Majestätisches. Ich wollte auch einmal mit dem Rauchen aufhören und hätte es ziemlich unfair gefunden, wenn das Auto, das mich zwei Wochen später rammte, getötet hätte – also fing ich wieder an. Bei der ersten Zigarette bin ich rückwärts vom Gehsteig gefallen, immerhin fuhr in diesem Moment kein Auto vorbei. Aber nicht lügen ist etwas anderes als nicht rauchen oder nicht naschen, also muss die Belohnung auch höher ausfallen als ein Stück Nougat oder nicht überfahren zu werden.

Ich habe mich ganz schön eingemischt in das Leben anderer Menschen, vor allem in das meiner Freunde und meiner Familie – und die Ankündigung, dass die Geschichten veröffentlicht werden, hat nicht gerade zur Deeskalation beigetragen, zumal ich die Namen vieler nicht ändern kann.

Mein Vater ist mein Vater, mein Bruder ist mein Bruder, und meine Ehefrau ist meine Ehefrau.

Bei allen anderen habe ich mir größte Mühe gegeben, mir ganz tolle Namen auszudenken und Details zu verändern. Auch die Chronologie der Ereignisse stimmt nicht immer mit dem Aufbau des Buches überein, und ich habe bei manchen Situationen etwas hinzugefügt oder weggelassen, um den Ruf, die Freiheit oder zumindest die innere Ruhe der erwähnten Personen nicht zu gefährden. Dennoch kann ich ohne schlechtes Gewissen behaupten: Genau so habe ich es erlebt.

Niko – in Wirklichkeit hat er natürlich einen viel spektakuläreren Namen – ist immer noch einer meiner besten Freunde, genauso wie Holger, der in Wirklichkeit natürlich auch einen viel spektakuläreren Namen hat. Zu Ostern sind wir bei meinen Eltern eingeladen, und auch mein Bruder wird mit seiner Familie vorbeischauen. Ich gehe gern in die Arbeit, und ich glaube auch, dass es meinen Kollegen nicht mehr ausmacht als vorher, dass sie mit mir zusammenarbeiten müssen. Meine Frau hat mir gestern Abend versichert, dass sie mich liebt.

Ich kann also sagen, dass ich keine dauerhaften Schmerzen oder einen chronischen Schaden davontragen werde. Ich bin auch nicht in psychiatrischer Behandlung. Noch nicht.

Es sind nun einige Monate vergangen seit dem Projekt.

Um ehrlich zu sein, habe ich dieses abschließende Kapitel so lange vor mir hergeschoben wie die VWL-Prüfung im Grundstudium, die Kündigung meiner ersten Wohnung und das jeweilige Beenden all meiner Beziehungen.

Denn ich stelle mir die Frage: Darf ich mir nach nur 40 Tagen ein Urteil erlauben über die Lüge? Darf ich den Menschen, die dieses Buch nun über mehr als 320 Seiten durchgestanden haben, einen Ratschlag geben?

Sokrates, Nietzsche und Kant waren schlauere Menschen, als ich es bin – und wahrscheinlich sind auch die Psychologen und Soziologen, die sich seit Jahren mit dem Thema Lüge beschäftigen, schlauere Menschen als ich.

Außerdem habe ich Angst, dass ich als »Experte für Lügen« auf einem Podium oder in einer Talkshow sitzen muss, von den wahren Kennern der Materie blamiert werde und danach in meinem kleinen Heimatort auf dem Marktplatz ein Denkmal als Dorftrottel bekomme. Und alles nur, weil ich ein lustiges Buch schreiben wollte. Das Leben kann schon tragisch sein. Deshalb bin ich vorsichtig mit allgemeinen Thesen.

Ja, ich lüge wieder.

Aber nicht mehr so oft wie früher.

Ich sage Freunden, Kollegen und Verwandten meine ehrliche Meinung und habe keine Angst vor Konsequenzen. Was soll mir denn passieren? Dass ein Langweiler, dem ich mitteile, dass er langweilig ist, nichts mehr mit mir zu tun haben möchte? Ich finde ohnehin, dass es zu den größten Sünden gehört, langweilig zu sein – also wäre ich froh darüber, wenn dieser Mensch aus meinem Leben verschwinden würde.

Ich habe auch gelernt, dass *Ehrlichkeit* und *Zivilcourage* zwar verschiedene Dinge sind, dass sie oft jedoch einander bedingen. Wie viele Feiglinge gibt es, die sich leise sagen: »Dem müsste einer die Meinung geigen!« Und es gibt noch mehr Feiglinge, die sich denken: »Dem müsste jetzt einer helfen, sonst passiert etwas Schlimmes!« Aber kaum jemand tut etwas. Wer ehrlich zu sich selbst ist, der muss sagen: »*Ich* bin der, der jetzt was sagen oder dem anderen helfen muss!« Schweigen ist Lügen, und in den meisten Fällen ist es eine ziemlich feige Lüge. Es braucht einen, der den Mut hat, ehrlich auszusprechen, was er denkt – oder das tut, was getan werden muss. Nur so wird die Welt ein besserer Ort. Einen Drängler an der Garderobe nach der Aufführung von »Schwanensee« etwa habe ich kürzlich darauf hingewiesen, wo sich das Ende der Schlange befindet. Auf seinen Hinweis, er könne sich ja auch von der anderen Seite vordrängeln, sagte ich: »Dann sind Sie eben da drüben ein Arsch!« Nach meinen Worten echauffierten sich auch die anderen Gäste über den Lackaffen und sorgten dafür, dass er sich mit rotem Kopf subtrahierte. Ein schönes Gefühl.

Vor der Fastenzeit war ich ein verdammter Lügner, der das jedoch nie zugegeben hätte – nicht einmal gegenüber mir selbst. Nun habe ich erkannt, wie oft ich andere Menschen und wie oft ich mich selbst belogen habe – und wie armselig das war.

Wenn ich jetzt jemanden nicht leiden kann, dann teile ich ihm das auch mit. Einfach so. Auch wenn es in diesem Moment unglaublich schwer ist, ehrlich zu sein – langfristig wird es sich auszahlen, weil alle wissen, woran sie sind. Der nervige Kollege wird einen in Ruhe lassen – und in Ruhe gelassen zu werden gehört in der heutigen Zeit zu den schönsten Dingen, die es gibt. Wenn ich die Arbeit eines Kollegen fantastisch finde, dann sage ich ihm das auch ohne schleimige Übertreibungen. Und wenn ich keinen Bock habe, mich mit meiner Mutter zu unterhalten, dann suche ich keine Ausrede mehr, sondern spreche es einfach aus. Meiner Mama ist ein »Ich habe überhaupt keine Lust« lieber als ein »Gerade klingelt es an der Tür«. Ich versuche, so wie es Brad Blanton mir geraten hat, die Gegenwart zu beurteilen – und mich weder von der Vergangenheit beeinflussen zu lassen noch die Konsequenzen in der Zukunft zu fürchten.

Ich habe auch Menschen die Freundschaft bei *Facebook* gekündigt. Ja, ich habe mit dir Abi gemacht. Ja, ich kannte dich mal, als ich zehn Jahre alt war. Aber heute interessiert es mich wirklich nicht, ob du heute Abend in den Biergarten gehst oder ob du eine neue CD gekauft hast – und es hat dich auch nicht zu interessieren, was ich heute mache. Nein, wir sind keine Freunde, sondern entfernte Bekannte – und ich will auf *Facebook* nur Freunde haben.

Ich will auch – und das gehört zu den wichtigsten Erfahrungen – ehrlich zu mir selbst sein. Nein, ich bin gewiss nicht perfekt. Ich bin, um ehrlich zu sein, sogar weit entfernt von Perfektion – außer vielleicht in der Disziplin »Computerfußball im Amateur-Modus«. Es gibt Aufgaben, die ich nicht schaffen kann. Es gibt viele Menschen, die hübscher und schlauer und netter sind als ich. Das muss ich akzeptieren, aber ich kann daran arbeiten, hübscher und schlauer und netter zu werden, als ich es jetzt bin.

Es gibt auch jetzt noch Tage, an denen mich die Welt ganz ehrlich am Arsch lecken kann. Warum soll ich dann hinausgehen und so tun, als wäre alles in Ordnung? Was ist so schlimm daran, ab und zu das Haus zu verlassen und der Welt den Mittelfinger hinzuhalten? Und einfach das zu tun, worauf man Lust hat? Ja, ich bin hin und wieder ungehobelt, unwirsch und schroff. Na und?

Eine Lüge verwende ich nur noch dann, wenn sie mir und dem Belogenen hilft – oder wenigstens keinen Schaden anrichtet. Und ich achte darauf, welche Menschen wie viel Ehrlichkeit vertragen. Der Fußballtrainer Jürgen Klopp sagte einmal, dass sich in einem Fußballkader 22 Sensibelchen befinden und er jeden einzelnen anders behandeln muss. Wenn man das auf seine eigene kleine Welt anwendet, dann wird sich die Zahl der Sensibelchen deutlich erhöhen, aber die Kernaussage bleibt. Nicht jeder Mensch ist bereit für die volle Ladung Ehrlichkeit.

Ich habe mir auch vorgenommen, meine Steuererklärung von nun an immer ehrlich auszufüllen. Für alle, die mich nun für verrückt erklären: Wenn ihr verdammten Idioten auch ehrlich wärt, dann könnten wir das bescheuerte Steuersystem ändern und jeder hätte am Ende mehr Geld in der Tasche. Aber solange ihr bescheißt, wird sich gar nichts ändern. Genauso ist es in vielen anderen Situationen auch: Wären alle Menschen auf der Welt stets ehrlich, würde *Radical Honesty* funktionieren. Aber solange es Menschen gibt, die sich durch die Lüge einen Vorteil verschaffen, ist der Ehrliche der Dumme.

Es darf aber nicht unerwähnt bleiben, dass ich heute, mehrere Monate nach dem Projekt, an manchen Tagen lüge wie gedruckt. Der Mensch muss einfach Kompromisse schließen, Zugeständnisse machen und hin und wieder aus lauter Freundlichkeit lügen. Ja, die Lüge hat in vielen Situationen durchaus ihre Daseinsberechtigung. Niemals werde ich wieder einen Freund verraten, wie Immanuel Kant es einst forderte. Freundschaft ist wichtiger als Ehrlichkeit, und ich finde, lieber stehe ich zu den Menschen, die mir etwas bedeuten, als dass ich sie aufgrund meines Ehrlichkeitswahns im Stich lasse. Der Mensch muss in solchen Momenten zwischen zwei Übeln – Lüge und Verrat – wählen, und ich habe für mich beschlossen, dass Verrat deutlich schlimmer ist als eine Lüge.

Ich habe auch nichts gegen die kleinen Lügen, die den Alltag angenehmer gestalten. Ich wünsche auch Menschen einen »Guten Morgen«, die ich nicht mag. Zum einen, weil ich durch Ehrlichkeit nichts ändern würde, außer dass sie noch größere Idioten werden. Zum anderen bringt es mir gar nichts, wenn ich sage: »Nein, dir wünsche ich keinen guten Morgen, sondern Fußpilz.« Ich fühle mich nicht einmal kurzfristig besser. Ich sage »Guten Morgen« – das tut keinem weh. Aber wenn mich so einer fragt, ob ich ihn mag, dann sage ich ehrlich: »Nein, du bist ein Idiot!«

Und natürlich hat das Wort »nett« einen schlechten Ruf, es gilt als der kleine Bruder von »scheiße«. Wissen Sie was? Ein netter Kerl ist ein netter Kerl ist ein netter Kerl – und ich bin lieber mit netten Kerlen zusammen als mit Arschlöchern. Nett, das ist ein Kompliment – und wenn ich jemanden in Zukunft als nett bezeichne, dann meine ich das positiv.

Radical Honesty, wie Brad Blanton und seine Jünger es praktizieren und wie ich es 40 Tage lang versucht habe, das ist nichts für mich, und ich glaube, dass es tatsächlich nur Kriege und eingeschlagene Köpfe geben würde, wenn die Menschen radikal ehrlich wären.

Die Lüge ist gesellschaftlich anerkannt, und einer wie ich wird das nicht ändern können. Aber ich führe in meine kleine Welt etwas ein, das ich *respektvolle Ehrlichkeit* nenne. All die egoistischen Lügen, falschen Schleimereien und fiesen Beleidigungen verschwinden aus meinem Leben. Ich versuche, anderen Menschen respektvoll die Wahrheit zu sagen – und sollte ich eine Lüge verwenden müssen, dann wird auch bei ihr Respekt vor anderen die Maxime sein. Sie können den Begriff gerne verwenden und *respektvolle Ehrlichkeit* in Ihr Leben einführen. Mich würde es freuen.

Die wichtigsten Lehren zum Thema *respektvolle Ehrlichkeit* erteilt mir jedoch – in Verbindung mit dem, was ich in den 40 Tagen der Fastenzeit erlebt habe – mein kleiner Sohn. Ja, er ist mittlerweile geboren – und obwohl seine Fähigkeiten beim Krabbeln und am Tambourin ganz außerordentlich sind und ich ihn als Einwohner von Lake Wobegon zum Wunderkind erklärt habe, kann er wie alle Kinder unter vier Jahren nicht lügen. Und doch ist mein Sohn das beliebteste Mitglied meiner Familie und vielleicht sogar meiner Stadt. Das liegt nicht nur daran, dass er unglaublich süß ist. Dieser kleine Bub ist so, wie ich gerne wäre.

Gerade habe ich die Packungsbeilage der Medizin gelesen, die ihm heute verabreicht werden soll. Es ist ein Nasenspray ausschließlich für Säuglinge. Auf dem Zettel steht, dass der Patient keine schweren Maschinen bedienen und im Straßenverkehr vorsichtig sein soll. Ich beschließe, diese Warnung sehr ernst zu nehmen und ihm heute das Autofahren zu verbieten und das Training mit den schweren Hanteln zu dosieren.

Stattdessen will ich ihn nachahmen. Er hat mich Dinge gelehrt, die in Verbindung mit meinem Ehrlichkeitsprojekt tatsächlich zu allgemeingültigen Regeln für mein Leben geworden sind. Die 15 schönsten habe ich aufgeschrieben, und ich versuche, nach ihnen zu leben. Sie lauten:

- Wenn dich jemand anlächelt, dann lächle zurück!
- Wenn du Hunger hast, dann sage Bescheid!
- Wenn dir etwas nicht schmeckt, dann verlange etwas anderes!
- Wenn sich keiner für dich interessiert, dann mache auf dich aufmerksam!
- Wenn du keine Klamotten tragen willst, dann zieh sie einfach aus!
- Lass dich nicht beeinflussen: Wenn du gut gelaunt bist, dann lache. Wenn du schlecht gelaunt bist, dann zeige es auch allen!
- Man braucht keinen Luxus, um glücklich zu sein. Eine Schmusedecke, liebe Menschen und ein bisschen Essen reichen vollkommen.
- Keine falsche Scham: Wenn dich etwas drückt oder belastet, dann lass es heraus!
- Wenn dich ein Mensch langweilt, dann dreh dich um und beschäftige dich mit etwas Interessanterem. Das Leben ist zu kurz für Langweiler!
- Wenn du jemanden nicht magst, musst du ihn nicht beleidigen. Nichtbeachten reicht vollkommen.
- Wenn du lachst, interessiert sich keiner für dein dreckiges T-Shirt.
- Sei nett zu deinen Eltern und besten Freunden!
- Wenn dich die Welt am Arsch lecken soll, lass sie dich am Arsch lecken!
- Wenn du jemanden kennenlernst, dann lächle ihn erst einmal an!
- Wenn dir etwas zu schwer erscheint, bedeutet das noch lange nicht, dass man es nicht trotzdem versuchen sollte.

– Und noch eine Zusatzregel: Wenn du ungestraft eine Brust berühren darfst, dann greif ungeniert zu!

Eltern müssen von ihren Kindern lernen, vor allem in Bezug auf Wahrheit und Ehrlichkeit. Sehen Sie Kindern einfach nur zu, und dann versuchen Sie es mal ein paar Tage lang mit Ehrlichkeit und Offenheit. Es wird Ihnen guttun.

Lügen mögen ein Schmiermittel für die Gesellschaft sein, Ehrlichkeit und Aufrichtigkeit jedoch bleiben ihr Motor. Lügen sind ein notwendiges Übel, wahres Glück wird der Mensch jedoch nur erfahren, wenn er von Grund auf ehrlich ist. Das ist meine ehrliche Meinung.

Nein, der Ostersonntag war nicht wie der, als ich wieder Schokolade essen durfte. Die erste Lüge war kein grandioser Moment, an den ich mich jahrelang erinnern werde – was nicht nur daran liegt, dass es keine »Lügen vom Barren« gibt. Ich habe vergessen, wen ich zuerst belogen habe, bei welcher Gelegenheit es war und was genau ich gesagt habe. Es ist vollkommen egal. Wichtiger ist, dass es viele Menschen gibt, denen ich weniger Lügen erzähle.